수필로 읽는 고사성어

수필로 읽는 고사성어

초판 1쇄 인쇄 | 2025년 01월 30일
지은이 | 한판암
펴낸이 | 이재욱(필명:이승훈)
펴낸곳 | 해드림출판사
주 소 | 서울 영등포구 경인로82길 3-4(문래동1가 39)
　　　　센터플러스빌딩 1004호(07371)
전 화 | 02-2612-5552
팩 스 | 02-2688-5568
E-mail | jlee5059@hanmail.net

등록번호　제2013-000076
등록일자　2008년 9월 29일

ISBN　979-11-5634-617-3

수필로 읽는
고사성어

한판암

해드림출판사

펴내는 말

고사성어를 되새겨 보며

　글을 쓰기 시작하면서부터 고사성어(故事成語)를 주제로 쓴 글을 모아 책으로 펴내고 싶다는 생각을 해왔었다. 하지만 이런 저런 핑계로 계속 뒤로 밀리며 실천에 옮기지 못한 채 세월만 흘러가 자칫하면 영영 기회를 잃어 미완의 꿈으로 머물지 싶던 차에 스무 번째의 작품집을 펴낼 계획을 하다가 무리가 따를지라도 실천에 옮기기로 단안을 내렸다.

　주지하는 바와 같이 고사(故事)는 '어떤 의미를 지니는 옛일로서 대부분 중국에서 발생했던 역사적인 사실'을 의미하고, 성어(成語)는 '사람들이 만들어낸 관용어'를 지칭한다. 그런 까닭에 거의가 중국의 역사적 사실에 뿌리를 둔 한자성어(漢字成語)라서 한글전용 교육을 받은 젊은이들에게는 낯설어 점점 멀어지며 사장(死藏) 되어가는 느낌이다.

젊은 세대들에게는 익숙지 않을지라도 어려서부터 듣고 배워 왔던 때문에 때로는 긴 말이나 글로 표현하는 쪽보다 고사성어로 대신하는 게 편리하고 효과적이라는 생각이 들기도 한다. 이런 맥락에서 고매한 철학을 위시해서 천리(天理)나 자연의 섭리를 담고 있어 촌철살인의 교훈이나 삶의 지혜를 일러주고 길을 밝혀 주는 등불 같은 역할을 다시 곱씹어 보고픈 욕심의 시도이다.

대상으로 고른 하나하나는 우리 주위에서 흔히 사용되면서 자연스럽게 친숙해진 내용으로 특정한 분야에 치우치지 않고 전 분야를 골고루 아우를 수 있도록 했다. 따라서 코흘리개 초등학교 시절부터 듣거나 배운 내용에서 여든을 넘긴 지금까지 내가 쓰거나 주위에서 들었던 낯익은 면면들이다. 좀 더 많은 사례를 담고 싶었지만, 지면(紙面)을 고려할 때 고집을 접을 수밖에 도리가 없었다. 한편 불가피하게 인명과 지명을 비롯해서 사건명 따위를 괄호 안에 한자(漢字)로 병기(倂記)했다. 하지만 익숙하지 않을 경우 무시하고 읽어나가도 아무런 문제가 없지 싶다.

고사성어를 주제로 했다는 뜻에서 책의 얼굴엔 '수필로 읽는 고사성어'라고 새기기로 했다. 그리고 전체 내용은 여섯 마당(章)으로 나눠 차례대로 곡학아세, 독서백편의자현, 빈계지신, 빙탄불상용, 절차탁마, 출필곡반필면 등의 이름표를 붙였다. 한편 모두 81개의 글을 담았다. 책의 맨 앞에 자리한 하나를 제외하고 80개 글의 제목을 '가나다' 순으로 분류(sort)해서 첫 번째 것부터 차례대로 13~14개씩 각 마당(章)에 배치했다. 한편 각 마당의 이름표는 해당 마당에 포함된 글 중의 하나이다. 아울러 글의 개수(個數)를 81로 정한 것은 책이 나오는 해의 내 나이와 맞추기 위한 것이다.

좀 더 풍부한 자료와 해박한 지식을 바탕으로 탈고했다면 하는 아쉬움이 남는다. 하지만 어쩌랴. 필자의 능력이나 앎이 이를 넘어설 수 없는데. 부족하고 미련이 남을지라도 최선을 다한 결과이기에 너그럽게 혜량(惠諒)해 주시면 더 할 수 없이 고맙겠다. 원고 정리를 마무리하며 큰 숙제를 하나 했다는 안도의 숨을 내쉬면서 또 다른 목표를 넘보려는 집착에 스스로 생각해도 답이 없다.

을사(乙巳) 원단(元旦)

한판암

차례

펴내는 말 | 고사성어를 되새겨 보며   4

I. 곡학아세

고서성어와 사자성어	16
가렴주구	19
간서치	24
결자해지	28
결초보은	32
경전하사	37
계구우후	40
계륵	44
고복격양	49
곡학아세	53
과전이하	57
관포지교	62
괄목상대	66

Ⅱ. 독서백편의자현

교학상장	72
구밀복검	76
군계일학	81
귤화위지	85
기호지세	89
낙불사촉	93
노생지몽	98
눌언민행	104
다기망양	108
단도직입	112
당랑거철	116
독서백편의자현	119
동병상련	123

Ⅲ. 빈계지신

두문불출	129
등고자비	133
망양보뢰	137
목불식정	141
반식재상	145
발본색원	149
방약무인	154
백면서생	158
백미	162
백안시	166
백척간두	171
붕정만리	175
빈계지신	179

Ⅳ. 빙탄불상용

빙탄불상용	186
살신성인	190
삼고초려	194
삼인성호	199
상선약수	203
상전벽해	207
새옹지마	211
설상가상	215
수구초심	218
수적천석	222
애이불상	225
어부지리	230
양두구육	234
연목구어	238

V. 절차탁마

오매불망	244
와신상담	247
우공이산	252
위편삼절	256
읍참마속	260
이란투석	265
자가당착	269
장삼이사	273
절차탁마	277
절치부심	281
정저지와	285
조변석개	290
좌고우면	293
증삼살인	298

Ⅵ. 출필곡반필면

지록위마	305
청천벽력	309
청출어람	314
출필곡반필면	319
타산지석	323
토사구팽	327
파천황	331
평지풍파	336
풍수지탄	339
학수고대	343
한단지몽	346
해로동혈	350
허장성세	354
효시	358

I. 곡학아세

고서성어와 사자성어

가렴주구

간서치

결자해지

결초보은

경전하사

계구우후

계륵

고복격양

곡학아세

과전이하

관포지교

괄목상대

고사성어와 사자성어

  닮은 듯 서로 판이한 고사성어(故事成語)와 사자성어(四字成語) 얘기다. 둘 모두 한자(漢字)로 만들어진 성어로서 외형상 뚜렷한 차이가 없는 데다가 쓰임에서도 특별한 제한 없이 일상에서 널리 사용되고 있기 때문에 시시콜콜 따지지 않고 구렁이 담 넘어가듯 적당히 혼용하는 걸까. 둘의 구분 기준이 엄연히 다름에도 상당한 사람들이 뚜렷이 구분하지 못하는 현실이다.

  둘의 뿌리는 각각 이렇다. 먼저 고사성어는 '오래된 고사(故事)에서 유래하였는지를 기준'으로 구분하는 성어이다. 이에 비해 사자성어는 '한자(漢字) 4자로 이루어진 성어'이다. 달리 말하면 사자성어는 '한자 몇 글자로 이루어진 성어'인가에 따라 구분하는 분류기준을 적용한다. 이렇게 구분 기준이 전혀 다름에도 둘을 서로 혼동하는 이유는 뭘까. 아마도 고사성어가 '한자 4자로 이루어진 경우가 많아' 부지불식간에 혼동했던 게 아닐까. 그러나 고사성어를 좀 더 관심을 가지고 들여다보면 미봉(彌

縫), 완벽(完璧), 백안(白眼), 봉문(蓬門)처럼 두 글자인 경우도 있다. 이에 비해 '눈으로는 백보 밖을 볼 수 있으나 자기의 눈썹은 보지 못한다는 뜻으로 자기의 허물을 모른다는 비유'를 뜻하는 경우는 "목능견백보지외이불능자견기첩(目能見百步之外而不能自見其睫)"으로 무렵 14자의 한자로 만들어졌다.

앞에서도 잠시 언급한 바와 같이 고사성어란 '고사를 바탕으로 만들어진 한자로 표현하는 관용어'이다. 여기서 고사는 '유래가 있는 옛날 일인 역사적 사실'을 뜻한다. 한편 성어는 '옛 선인들이 만들어낸 관용어'를 의미한다. 그런데 고사성어의 상당 부분은 중국의 전국시대(戰國時代)부터 생겨났다는 전언이다. 당시 제자백가들이 위정자들에게 설(說) 혹은 강(講)을 하는 과정에서 역사적 일화를 근거로 설득하면서 수없이 생겨났다는 지적이다. 몇 가지 언뜻 떠오르는 것으로 형설지공(螢雪之功), 위편삼절(韋編三絶), 도원결의(桃園結義), 삼고초려(三顧草廬), 우공이산(愚公移山), 군계일학(群鷄一鶴), 결초보은(結草報恩), 고립무원(孤立無援), 경거망동(輕擧妄動) 등을 위시해서 끝이 없다.

고대 중국에서 생겨난 고사성어가 도입되면서 옛날 우리 사회에서도 생겨난 사자성어가 수월찮다. 몇 가지 떠오르는 대로 열거하면 이렇다. 함흥차사(咸興差使), 두문불출(杜門不出), 공수편매(公水騙賣), 이전투구(泥田鬪狗), 흥청망청(興淸忘淸), 야단법석(野壇法席), 칠세입춘(七歲立春), 이판사판(理判事判), 억불숭유(抑佛崇儒) 따위를 들 수 있겠다.

한자성어(漢字成語)는 한자로 만들어진 말로서 우화(寓話)

따위의 비유나 교훈을 비롯해서 고전 문헌에서 유래한 내용을 담고 있다. 이들 중에서 특별하게 '한자 네 글자로 이루어진 말'이 사자성어이다. 그런데 사자성어가 고사성어와 다른 점은 '고사에 유래하지 않았다는 점'이다. 이 같은 맥락에서 볼 때 '사자성어는 구태여 성어라고 이름을 붙이기보다는 자연스럽게 한자어(漢字語)로 가름하는 게 타당할지도 모른다. 이들 중에 몇 가지 예이다. 불광불급(不狂不及), 신토불이(身土不二), 주차금지(駐車禁止), 부귀영화(富貴榮華), 복지부동(伏地不動), 검수완박(檢搜完剝), 여촌야도(與村野都), 삼한사온(三寒四溫), 홍동백서(紅東白西), 조율시이(棗栗柿梨), 어동육서(魚東肉西), 유전무죄(有錢無罪), 무전유죄(無錢有罪), 고사성어(故事成語) 등이 언뜻 떠오른다.

요즈음은 학교에서 한자 교육을 거의 하지 않는다. 따라서 젊은이들은 흔히 쓰이는 고사성어나 사자성어를 제대로 읽거나 해석하지 못하는 문맹에 가깝다. 그런 터수이기에 아직도 우리 사회 도처에서 흔히 사용되는 고사성어나 사자성어가 만들어진 배경이나 유래를 제대로 이해하지 못한 채 어물쩍 넘기며 적당히 눙치는 경우가 허다하리라. 이럴 경우 분명 우리글이나 자료를 읽거나 말을 듣고도 그 정확한 뜻을 갈파하지 못할 개연성에 대한 지혜로운 대책은 뭘까. 우리의 어문 정책은 이런 문제에 대해 과연 제대로 된 정책을 펼치고 있는지 모르겠다.

2022년 7월 14일 목요일

가렴주구

우연히 재미있는 자료를 접했다. 조서 후기 탐관오리(貪官汚吏) 대명사로 고부군수(古阜郡守)였던 조병갑(趙秉甲)과 경상우도(慶尙右都) 병마절도사(兵馬節度使)였던 백낙신(白樂莘)을 들고 있었다. 주지하는 바와 같이 조병갑은 탐관오리의 상징으로 지나친 수탈과 학정을 거듭해 원성과 지탄의 대상이었다가 끝내 녹두장군(綠豆將軍) 전봉준(全琫準)의 대변되는 동학농민혁명(東學農民革命 : 1894년)의 발단이 되었다. 한편 무관(武官)이었던 백낙신은 경상우도 병마절도사로 일하며 탐관오리로 악명을 떨치다가 끝끝내 진주농민봉기(晉州農民蜂起 : 1862년)라는 민란(民亂)을 일으켰다. 그뿐 아니라 유사 이래 가장 규모가 컸던 임술농민봉기(壬戌農民蜂起)의 방아쇠를 당기는데, 일등공신 노릇을 했다. 이들이 한 짓을 한마디로 요약하면 가렴주구(苛斂誅求)로 날이 새고 저문 탐관오리의 전형이다.

가렴주구를 직역한다면 '가혹하게 거두고 강제적으로 빼앗

(수탈)는다.'로 정의할 수 있다. 이를 좀 더 넓은 뜻으로 확대해석하면 '가혹하게 세금을 거둬들이고 재물을 강제로 수탈하는 관리 혹은 그러한 정치 상황 때문에 백성들의 삶이 힘들다.'는 의미가 된다. 이 말과 동의어 혹은 유의어는 참으로 다양하다. 가정맹어호(苛政猛於虎), 주구무이(誅求無已), 탐관오리(貪官汚吏), 할박지정(割剝之政), 어궤조산(魚潰鳥散), 횡정가렴(橫征苛斂), 손상박하(損上剝下), 조걸위악(助桀爲惡), 백골징포(白骨徵布), 무단향곡(武斷鄕曲), 취렴지신(聚斂之臣), 도탄지고(塗炭之苦), 기렴각리(箕斂榷利), 타가겁사(他家劫舍) 따위가 있다.

이 말의 유래는 두 가지로 알려져 있다. 우선 《구당서(舊唐書)》의 〈목종기(穆宗紀)〉와 《춘추좌씨전(春秋左氏傳)》의 〈양공(襄公)* 삼십일년(三十一年)〉에 나타난 가렴(苛斂)과 주구(誅求)를 합해서 가렴주구(苛斂誅求)라는 기록이 있다. 다음은 공자(孔子)가 제자들과 태산(泰山)을 찾아가던 길에서의 경험을 통해 설파했다는 가정맹어호(苛政猛於虎)에서 유래했다는 설이 전해진다. 이 두 가지 설(說)과 만남이다.

《구당서(舊唐書)》의 〈목종기(穆宗紀)〉와 《춘추좌씨전(春秋左氏傳)》의 〈양공(襄公) 삼십일년(三十一年)〉에 관련된 내용이다. 아마도 당(唐)나라 헌종(憲宗) 시절에 가난으로 나라가 몹시 어려운 세월이었던 것 같다. 그런 때문에 헌종은 황보박(皇甫鎛)을 발탁해 재상(宰相)으로 임명해 어려운 나라 살림을 타개하려고 시도했다. 그런 왕에 뜻과는 정반대로 그(황보박)는 백성들에게 세금을 가혹하게 거두고 힘들게 다그치기를 거듭해 원성이 자자했던 모양이다. 그 상황을 기술한 원문 내용이다.

/ 세금을 가혹하게 부담시키고 야박하게 굴어(加斂剝下 : 가렴박하) /

이 때문에 하나같이 그에 대한 원성이 하늘을 찌를 듯 높아지며 민심이 예사롭지 않게 나빠지자 헌종은 엄중하게 책임을 물어 재상 자리에서 물러나게 했다고 한다. 여기서 '세원(稅源)에 근거하지 않고 시도 때도 없이 징수하는 세금'인 가렴(苛斂)이라는 말이 생겨났다.

한편, 중국 춘추시대 정(鄭)나라 정치가였던 자산(子産)*은 자기 나라가 여러 강대국 틈에 끼어 평소에 이런저런 어려움과 서러움을 겪어야 했던 처지를 빼거나 더함 없이 곧이곧대로 말했던 내용 원문이다.

/ 가혹한 요구가 때를 가리지 않는다(誅求無時 : 주구무시) /

이렇게 강대국들이 시와 때를 가리지 않고 가혹한 요구를 해오기 때문에 편안히 지내거나 마음을 놓을 수 없어 무척 불안했을 것이라는 짐작을 할 수 있다. 여기서 '정당한 법적 근거 없는 징구(徵求)'를 뜻하는 주구(誅求)라는 말이 생겨났다. 위의 두 사실에서 생겨난 가렴과 주구를 합쳐져 생긴 게 가렴주구이다.

또 하나의 설이다. 중국 춘추시대 공자의 조국인 노(魯)나라에서 조정을 좌지우지하던 계손자(季孫子)가 가혹한 세금을 거둬들이던 시절에 공자(孔子)와 관련된 일화에서 생겨난 가정맹어호(苛政猛於虎)에서 비롯되었다고 한다.

공자가 제자들과 태산(泰山)을 찾아가던 길에 깊은 산중을 지날 때 어느 여인이 3개의 묘 앞에서 섧게 통곡하고 있었다. 예사롭지 않다고 생각한 공자가 제자 자로(子路)에게 그 연유를 알아보라고 했다. 자로가 다가가 사연을 물었더니 "지난날엔 시아버지와 남편이 호환(虎患)을 당했는데, 이번에는 아들이 또 당했습니다."라고 했다. 그에 자로가 "그렇다면 이곳을 떠나 살면 될 터인데 왜 고집스럽게 여기에 눌러사느냐?"고 다시 물었다. 그 말에 여인이 "이곳은 가혹한 세금이나 부역을 강요하는 일이 없기 때문입니다."라고 답했다. 이 말은 전해 들은 공자가 "가혹한 정치는 백성들에게 호랑이보다도 더 무서운 것이다." 즉 가정맹어호(苛政猛於虎)라고 설파했다. 이 얘기의 주인공인 여인은 '시아버지와 남편 그리고 아들까지 호환으로 잃고도 그곳을 떠나지 않는 이유는 가혹한 세금이나 힘겨운 부역이 없기 때문이었다.' 이 이야기에서 목숨을 앗아가는 호랑이보다도 가혹한 학정(虐政)이 무섭다는 사실을 에둘러 웅변하고 있다. 한편 이 설화를 통해 가정맹어호라는 말이 생겨났다. 그리고 가렴주구는 이 가정맹어호에서 비롯되었다는 견해이다.

가렴주구의 부정적인 이미지를 일거에 씻어낼 말은 무엇일까. 그 옛날 학정을 일삼는 탐관오리가 있었는가 하면 정반대로 청렴결백한 관리인 청백리(淸白吏)나 염근리(廉謹吏) 혹은 염직리(廉直吏)가 있다. 이들은 '청렴결백한 관리(官吏)*로 녹선(錄選)*된 인물'이었다. 그런데 염직리는 '살아 있는 사람 중에서 뽑히고', 청백리는 '사후(死後)에 추서(追敍)된다.'라는 점이 서로 다르다. 이 제도는 중국의 한(漢)나라 때부터 시작된 것으로 알려졌으며 조선 시대 이들로 녹선(錄選)된 숫자는 출처에 따라 다른데 200명 안팎에 이른다고 한다.

"후한 끝은 있어도 악한 끝은 없다." 말이 있다. 개인이든 국가이든 가렴주구에 눈이 멀어 어리석은 짓을 저질렀던 경우의 결말은 하나 같이 비운을 피하지 못했던 게 세상 이치이다. 물론 사적인 관계에서도 마찬가지임을 우리는 많이 보고 들어왔다. 그 때문일까. 궁핍을 면치 못해 궁상맞은 삶을 살았다 해도 지조와 긍지를 지켰던 염근리나 청백리가 훨씬 격조 높은 삶이었지 싶다.

=====

* 양공(襄公) : 중국 춘추시대 송(宋)나라의 군주로서 재위(在位) 기간은 기원전(紀元前) 651~637년이다.
* 자산(子産) : 중국 춘추시대 정(鄭)나라 정치가로 공손교(公孫僑)라고도 호칭되던 정나라 귀족 출신이다.
* 관리(官吏) : 관리자(官)와 실무자(吏)를 통틀어 지칭하는 개념이다.
* 녹선(錄選) : 추천을 받아 뽑음을 의미한다.

현대작가, 제19호, 2024년 3월 10일

간서치

 간서치(看書癡)는 '책만 보는 바보'를 의미하며 조선 시대의 이덕무(李德懋)가 떠오른다. 왜냐하면 그 스스로 〈간서치전(看書癡傳)〉이라는 글을 썼기 때문이다. 그는 진정 '책만 보는 바보'여서 간서치라고 비하했을까. 범연치 않은 그의 세계와 조우이다.
 영조(英祖) 때 태어나 정조(正祖) 시절에 활동했던 조선 후기의 북학파 실학자로 임금의 친척인 종실(宗室)로 태어났으며 호는 형암(炯庵)·아정(雅亭)·청장관(靑莊館)이었다. 별칭은 선귤자(蟬橘子)·간서치(看書癡)라고 불렸으며 박학다식하고 개성이 뚜렷한 문장으로《청장관전서(靑莊館全書)》등을 위시하여 많은 저술을 남겼다. 서출(庶出)이기 때문에 크게 등용되지 못했으나 박제가(朴齊家)·이서구(李書九)·유득공(柳得恭) 등과 함께 시문사대가(詩文四大家:四家)라고 이른다. 한편 중국에서 대표적인 서치(書癡)는 당(唐)나라의 두위(竇威)라고 한다.《신당서(新唐書)》의 〈두위열전(竇威列傳)〉에 따르면 그 시절 나라가 혼란기로서 그의 형제들은 모두 무예에 능했지만 유일하게 두위만 글을 숭상해 서치(書癡)라고 놀림을 당했다고 한다.

이덕무는 〈간서치전〉에서 "그의 전기(傳記)를 쓰는 이가 없어 붓을 들어 간서치전을 썼는데 그의 성명은 밝히지 않는다."라고 천명했으나 따지고 보면 자신의 전기인 것이다. 그렇다면 그가 왜 간서치라고 명명했을까? 술에 취한 사람이 취하지 않았다고 박박 우기거나 미친 사람이 미치지 않았다고 항변하듯이 자기를 비하하는 표현은 피하려는 게 일반적인 정서이다 이와 정반대 정서의 이면에는 뭔가가 분명 숨겨져 있지 싶다.

〈간서치전〉에서 고백한 내용의 대략이다. "목멱산(木覓山 : 현재의 남산) 아래에 치인(癡人)이 있는데 말재주가 없을 뿐 아니라 성품은 게으르고 용렬하며 세상 물정에 어두운 데다가 장기나 바둑 같은 잡기에는 더더욱 숙맥이다. 오로지 책을 보는데 몰입해 추위와 더위를 비롯해 배고픔까지도 잊었었다."라고 얘기하고 있다. 시가(詩歌)에 능한 대가(大家)가 자기를 한껏 낮춤은 타고난 겸양이나 출신 성분을 에둘러 표현한 게 아니었을까.

〈간서치전〉의 시작부터 자신을 치인(癡人)이라는 표현을 하고 있다. 진정한 바보이기 때문이 아니라 자기를 내세우는 게 쑥스러워 '책을 매우 좋아하는 애호가' 즉 독서광(讀書狂)을 에둘러 간서치라고 낮춰서 표현한 것으로 판단한다면 또 다른 그의 진면목을 볼 수 있지 않을까. 조선 시대 시문사대가(詩文四大家)가 바보라는 것은 어불성설이다.

Ⅰ. 곡학아세 | 25

그는 "글을 읽기 시작한 이후에 스물한 살까지 단 하루도 손에서 책을 내려놓은 적이 없다."라고 밝히고 있다. 이를 미루어 생각할 때 책을 읽는 것을 무척 좋아했던 것은 분명하다. 그 이면에는 이런 말 못 할 측면도 있지 않았을까. 우선 그 시대엔 서얼(庶孼)은 사회 진출의 기회가 근본적으로 막혀 있었다. 한데, 시문에 능한 명석한 젊은이의 유일한 탈출구가 책을 읽는 일로써 한과 서러움을 되새기는 방편이 되었을 성싶다. 그래서 책에 미친 독서광이라고 자조하는 의미에서 스스로 간서치라고 했을지도 모르겠다. 그 정도의 명석한 젊은이가 적자(嫡子)였다면 과거에 소년급제(少年及第)하여 벼슬길에 나가고도 남았을 터이다. 이러한 엉뚱한 생각은 유추일 뿐 그 어디에도 전해지는 내용이 아니다.

서자인 때문에 입신양명은 못 했을지라도 규장각 검서관(檢書官)이 되어 박제가·유득공·서이수(徐理修) 등과 함께 4검서관(四檢書官)으로 널리 알려졌다. 이 같은 그를 각별하게 아꼈던 정조(正祖)는 그가 관직에 머물던 15년 동안 무려 5백여 회의 하사품을 내렸다고 한다. 그리고 그가 별세하자 그의 아들을 검서관에 특채하여 국비(國費)로 그의 유고집《청장관서(靑莊館書)》를 펴내도록 은전을 베풀었다. 한편 시가에 능했으나 서출이기 때문이었던지 경제적으로는 무척 빈한한 삶을 누린 것으로 알려졌다.

어찌 되었든 그가 책에 크게 미쳤던 간서치는 분명했던 것 같다. 단적인 예로서 그의 서재 이름인 구서재(九書齋)가 아닐까 싶다. 이 서재에서 다음과 같은 아홉 가지를 하겠다는 의미를 담은 뜻이라는 전언이다. 책을 집필하는 저서(著書), 읽는 독서(讀書), 보는 간서(看書), 보관하는 장서(藏書), 빌리는 차서(借書), 내용을 발췌해 옮겨 쓰는 초서(抄書), 볕과 바람을 쐬는 폭서(曝書), 교정하는 교서(校書), 평하는 평서(評書) 등의 구서(九書)를 하는 곳이라는 의미를 지닌 서재로 욕심도 많았다 싶다.

우리는 어떤 일에 지나치게 집중하거나 매달려 모두걸기할 때 흔히 '미쳤다.'라고 한다. 이 말은 정말로 미치광이를 이르지 않듯이 '책만 보는 바보'라는 표현은 지나치게 책을 좋아하는 자신을 겸손하게 표현한 것으로 실제로는 독서광을 뜻했으면 좋겠다. 왜냐하면 몇 만 권의 책을 읽으며 규장각(奎章閣)의 검서관을 역임했던 이가 팔푼이 같은 치인일 수 없다는 이유에서 이다.

Ⅰ. 곡학아세 | 27

결자해지

 일의 처리 과정에서 원인 제공자의 역할 문제이다. 요즘 다양한 분야에서 일을 벌여놓은 채 책임을 방기(放棄)한 까닭에 엉뚱한 사람이 그 뒷마무리를 하는 경우가 숱하게 많다. 일찍이 이런 불합리한 사태를 경계하여 '묶은 사람(結者)이 풀어야 한다(解之).'라며 결자해지(結者解之)라고 일렀던가 보다. 그래서 우리는 '원인이나 단초를 제공한 사람이 그 문제를 해결해야 한다.'라는 의미로 결자해지라는 말을 사용하고 있다.
 '어떤 상황에 처하더라도 자신이 저지르거나 벌인 일은 끝까지 책임을 지고 해결하거나 풀어야 한다.'라는 뜻으로 쓰이는 결자해지에 대한 유래이다. 첫째로 조선의 인조(仁祖) 시절 학자였던 홍만종(洪萬宗)이 지은 《순오지(旬五志)》의 내용이 널리 소개되고 있다. 하지만 극히 소수에서는 중국 전국시대(戰國時代) 후기 사람으로 전국사군자(戰國四君子)* 중의 대표적인 인물인 맹상군(孟嘗君)에 관련된 일화에서 비롯되었다고 밝힌 경우도 있다*.

홍만종의 《순오지》에 아래와 같은 내용이 나타남이 널리 알려져 우리가 너무도 잘 알고 있는 바이다. 이 내용에서 결자해지라는 성어가 생겨나 쓰이기 시작했다는 견해이다.

/ 맺은 자 풀어야 하며(結者解之 : 결자해지) / 일을 시작한 자는 (其始者 : 기시자) 마땅히 마지막까지 책임을 져야한다(當任其終 : 당임기종) /

한편 중국의 맹상군에 얽힌 사연의 대강을 간추리면 다음과 같다. 전국사군자 중에서도 가장 존경을 받으며 맞아들인 빈객이 하도 많아 그의 집은 언제나 북적거렸을 뿐 아니라 대접 또한 타의 추종을 불허해 평판이 최고였다. 그런 그를 시기하고 모함하는 벼슬아치들의 미움을 받아 어쩔 수 없이 다른 나라로 피신했다가 해당 문제가 해결되고 난 뒤에 제(齊)나라로 돌아왔다. 환국 소식을 듣고 교분이 두터웠던 고급관리 담습자(譚拾子)가 찾아와 얘기를 나누던 자리에서 물었다.

"당신을 모함했던 벼슬아치들에게 복수할 계획이냐?"고. 이에 솔직하게 답했다. "그들에게 합당한 대가를 치르게 할 것."이라고. 맹상군의 말에 담습자가 이렇게 충고했다.

/ "돈이 많고 귀해지면 따르는 자가 많아지며, 가난해지거나 천해지면 주위 사람이 떠나가는 게 세상 이치이지요. 그런 이치를 깨달

I. 곡학아세 | 29

으면 누구에게도 한을 품거나 증오할 까닭이 없는 법이랍니다. 하오니 사람들에 대한 서운함을 스스로 푸는 게 상책이지 싶습니다."라고. 결국은 담습자가 했던 말을 곰곰이 되새겨보면 "맹상군을 따랐던 것도 맹상군 때문이며, 모함도 결국 맹상군 자신 때문이라는 지적으로 원인을 밖(타인)에서 찾아 해결(보복)하기보다는 그 원인을 내부(자신)에서 찾아 해결하라."라는 의미심장한 충고였다. /

이 말을 듣고 정신이 번쩍 들었던 맹상군은 자기를 모함했던 벼슬아치 무리의 이름을 잊고 없었던 일로 치부하여 평정심을 되찾을 수 있었다고 한다. 이 대화 속에 담긴 철학과 뜻을 이어받아 결자해지라는 성어가 생겨났다는 얘기다.

종교는 문외한이다. 하지만 스님에게 들었던 얘기와 여기저기 자료에서 접했던 자료에서도 결자해지와 유사한 철학과 만날 수 있었다. 불교에서 원인은 행위(行爲) 즉 업(業)이고, 업의 결과인 업과(業果)는 매듭으로 보는 것 같다. 이런 이유에서 매듭이라면 악한 업의 결과를 지칭하며, 이를 원결(怨結)이라고 한다는 얘기다. 그런데 누구나 자신의 행위 즉 업에 따라 매듭을 만들거나 풀기도 한다는 것이다. 다시 말하면 악업은 매듭을 만들고 선업은 매듭을 푼다고 한다. 그런 까닭에 매듭이 생기면 불행하게 되고, 풀리면 행복해진다. 한편 분노나 한이 쌓이면 매듭이 생기고, 너그러움과 자비가 가득해지면 매듭이 풀린다는 가치관을 바탕으로 하고 있다. 이 같은 철학을 원칙으로 하기 때문에 자신이 쌓은 업을 해결하지 않으면 그 업이 다음 생으로 이어져 자신에게 돌아온다고 믿고 있다. 그래서 새끼를 꾠 사람이 풀어 놓지 않으면 끝끝내 그 새끼에 자신이 묶인다고 여기는 것 같다. 이러한 사상은 결자해지와 상당한 부분에서 맥을 함께하지 싶다.

양지쪽만 찾으려는 심리의 팽대 때문일까. 요즈음 여러 분야에서 일을 저질러 놓고 힘에 부친다고 생각되거나 어렵다 싶으면 대책도 없이 무조건 포기하는 경우가 허다하다. 원칙적으로 일을 시작한 사람이 책임지고 마무리해야 순리인데 말이다. 모든 분야에서 이(利)만 쫓는 부류가 따로 있고 그 부작용이나 문제점을 설거지 해주는 사람들이 별도로 존재한다면 적지 않은 갈등이 유발되지 싶다. 비근한 예로서 애완용으로 사육하다 툭하면 유기(遺棄)하기 때문에 사회적 두통거리로 대두되는 유기견(遺棄犬) 문제가 그런 유형 중의 하나가 아닐까. 이런 맥락에서 결자해지의 참뜻을 되새겨 본다.

=====

* 전국사군자(戰國四君子) : 중국 춘추시대 제(齊)나라 맹상군(孟嘗君), 조(趙)나라 평원군(平原君), 위(魏)나라 신릉군(信陵君), 초(楚)나라 춘신군(春申君) 등을 말하며 이들의 공통점은 문하에 다수의 식객을 두고 각 나라에서 절대적인 지지를 받았으며 진나라에 대항하기 위해서 부국강병을 꾀한 인물이라는 점이다. 이들 중에 가장 유명한 이가 맹상군이다.
* https://storytable.tistory.com/entry/결자해지-유래-뜻

결초보은

갑자기 하찮은 까마귀와 까치의 보은(報恩) 얘기가 떠올랐다. 까마귀의 경우는 어린 새끼가 자라서 늙은 어미에게 먹이를 물어다 준다는 효(孝)성스러운 새라고 하여 반포조(反哺鳥)라 하는데 연유하고, 까치의 경우는 우리 전래동화인 '은혜를 갚은 까치' 얘기 때문이다. 이처럼 하등 동물들의 보은 얘기에 대비되어 자연스럽게 회자되는 말 중의 하나가 결초보은(結草報恩)이 아닐까.

결초보은이란 본디 "풀을 묶어 은혜를 갚는다."라는 의미이지만 "죽어서까지 잊지 않고 보은한다."라는 뜻으로 쓰이고 있다. 그러므로 "은혜를 입으면 어떻게라도 반드시 갚는다."라는 의미를 함축하고 있다. 원래 이 말은 중국《춘추좌씨전(春秋左氏傳)*》에서 진(晉)나라 위과(魏顆)가 전장에서 겪었던 얘기에서 유래했다. 동의어로 결초(結草)가 있다. 그리고 유의어로 난망지은(難忘之恩), 결초함환(結草啣環), 불망지은(不忘之恩), 각

골난망(刻骨難忘), 난망지택(難忘之澤), 백골난망(白骨難忘), 음수사원(飲水思源), 명심불망(銘心不忘), 반포지은(反哺之恩) 따위를 열거할 수 있겠다.

진(晉)나라 위무자(魏武子 : 魏犨)가 병이 들면서 자신이 세상을 뜬 뒤에 자신의 젊은 애첩 처리 문제를 아들은 과(顆)에게 당부했다. "젊디젊은 너의 서모(庶母)는 반드시 개가시키라(必嫁是 : 필가시)."라고. 그러나 병세가 악화되면서 말을 바꿔 "자신이 죽으면 서모는 반드시 순장(殉葬)시키라(必以爲殉 : 필이위순)."라고. 얼마 지나 위무자가 세상을 뜨면서 아들인 과(顆)는 아버지 병세가 악화되어 정신이 완전치 못할 때의 유언을 무시하고 정신이 맑았을 때의 유언에 따라 서모를 개가시켰다.

그 후 진(秦)이 진(晉)을 침공해옴에 어쩔 수 없이 위과(魏顆)는 군사를 거느리고 전장으로 향해 전투가 벌어졌다. 그런데 그때 진(秦)나라 두회(杜回) 장군이 이끄는 군사가 워낙 강해서 매우 위태로운 진퇴양난에 빠져 대치하고 있는 상황이었다. 그 순간 '위과는 한 노인을 봤는데(顆見老人 : 과견노인)', 그 노인이

/ '두회를 막으려고 풀을 묶어 매듭을 만들어 놓았다(結草以亢杜回 : 결초이항두회). /

그리고 노인은 홀연히 바람처럼 자취를 감추며 사라졌다.

한동안 대치하고 상대방을 탐색하다가 다시 교전이 시작되었

다. 적군들이 말을 타고 호기롭게 달려오다가 맥없이 쓰러지며 여기저기 나뒹굴었다. 그런 혼란을 틈타 위과의 병사들은 별로 힘도 들이지 않고 적군의 목을 베거나 생포하여 대승을 거두는 한편 공포의 대상이었던 적장 두회도 생포하는 빛나는 승전을 거뒀다. 치열한 전투가 끝나고 살펴보니 앞서 노인이 만들어둔 풀매듭에 적군의 말발굽이 걸려 쓰러지면서 병사들이 속절없이 낙마했던 것이었다. 그날 밤 위과의 꿈에 그 노인이 나타나 말했다(夜夢之曰 : 야몽지왈). "난 장군이 개가시켜준 서모의 친정 아버지랍니다(余而所嫁婦人之父也 : 여이소가부인지부야). 장군은 부친 정신이 맑을 때의 명을 따랐습니다(爾用先人之治命 : 이용선인지치명)". 내 딸을 살려줘서

/ 그 은혜에 보답한 것이지요(余是以報 : 여시이보) /

라고 말했다. 이 이야기에서 결초보은이라는 말이 생겨났으며 특히 '은혜를 입었음에도 살아서 갚지 못하면 죽어서라도 반드시 갚는다.'라는 뜻으로 확대하여 해석되었다.

결초보은 얘기를 들을 때마다 어릴 적 들었던 전래동화 '은혜를 죽음으로 갚은 까치'가 떠오른다. 과거를 보러 한양을 향하던 선비가 어느 산속에서 까치의 단말마적인 절박한 소리가 요란해 다가갔다. 그런데 나무 위 까치집에 커다란 구렁이가 까치 새끼들을 잡아먹으려는 찰나였다. 마침 가지고 있던 활을 쏴서 구렁이를 죽임으로써 어린 까치 새끼들을 구해줬다. 그러고 나서

길을 서둘렀지만 아무도 없는 산속에서 날이 저물어 깜깜해졌다. 당황하여 어둠을 헤치고 이리저리 헤매던 중에 저 멀리에 오두막에서 불빛이 새어 나왔다. 선택의 여지가 없어 그 집을 찾아가 젊은 여주인에게 간곡하게 청해 허락을 득해 어렵사리 하룻밤 신세 지기로 했다. 피곤했던지 곧장 잠이 들었다. 곤히 자고 있는데 온몸에 무엇인가가 친친 감고 옥죄어 답답해 숨을 쉬기 어려워 깨어났다.

오호통재(嗚呼痛哉)라. 커다란 구렁이가 온몸을 친친 감고 있었다. 그 이유가 궁금해서 물었더니 낮에 죽인 구렁이가 자기 남편이라며 원수를 갚기 위해 너를 잡아먹겠다고 했다. 그러면서 날이 새기 전에 저 위쪽 절의 종(鐘)이 세 번 울리면 살려주겠노라는 여유도 부렸다. 아무리 궁리해도 절의 종을 세 번 울려줄 사람이나 방법은 어디에도 없어 절망한 채 죽음의 순간을 기다렸다. 그런데 이게 웬일인가? 여명이 밝아올 무렵에 기적처럼 종이 한 번 울리더니 두 번 그리고 마지막 세 차례 울렸다. 그래서 살아나 절에 있는 종각을 찾아가 확인하려는 순간 소스라치게 놀랐다. 종루(鍾樓) 바닥에는 수십 마리의 까치들이 머리가 깨진 채 피를 흘리고 죽어 있었다. 바로 어제 새끼를 구해준 어미 까치들이 주위의 동료들 도움을 받아 종을 치면서 죽음으로 은혜를 갚은 숭고한 현장이었던 것이다. 이 까치의 보은 얘기는 결초보은과 결만 다를 뿐 내용이나 바탕에 깔린 철학은 판박이가 아닐까.

어쩌다 여든의 문턱을 넘어섰다. 지금까지 여기저기 여러 곳

I. 곡학아세 | 35

이나 지인들로부터 받은 은혜는 해가 지날수록 쌓여만 가는데 협협하지 못해 갚는 데는 인색했다. 이러다가는 이승의 삶을 접고 떠나는 저승길에 빚의 무게에 짓눌려 길을 잃고 구천을 떠도는 게 아닌지 모르겠다.

=====

* 춘추좌씨전(春秋左氏傳) : 중국 노(魯)나라의 좌구명(左丘明)이 《춘추(春秋)》를 해설한 책으로 30권으로 되어 있다.

경전하사

'고래 싸움에 새우 등이 터진다.'라는 말을 많이 듣는다. 원래 이 말은 경전하사(鯨戰蝦死) 혹은 경투하사(鯨鬪鰕死)로서 직역하면 '고래 싸움에 새우 죽는다.'로서 그 의미와 유래이다.

조선 후기 문신이자 학자였던 홍만종(洪萬宗)이 지은 《순오지(旬五志)*》에 경전하사라는 내용에서 비롯된 성어이다. 그 원문은 다음과 같다. 이의 유의어는 지어지앙(池魚之殃)·앙급지어(殃及池魚)·간어제초(間於齊楚) 따위가 있으며 반대말은 어부지리(漁父之利) 정도를 열거할 수 있지 싶다.

/ 경전하사(鯨戰蝦死 : 경전하사)는 / 강자들의 싸움에 약자들이 화를 당한다(言小者介於兩大而受禍 : 언소자개어양대이수화) /

여기서 강자라 함은 국가·단체·기업·개인 등을 총칭하는 개념이다. 이에 비해서 약자는 강자에 비해서 상대적으로 약해 바

I. 곡학아세 | 37

로 대결이 불가능하다는 의미이다. 그러므로 강자끼리 첨예한 대결이나 다툼으로 인한 약자의 피해는 우리 사회 각계각층의 도처에서 수시로 다양한 형태로 발생할 개연성이 상존한다. 예를 들면 대기업의 첨예한 대결로 중소기업이나 소비자에게 심각한 피해가 초래되는 경우를 비롯해 강대국 다툼으로 애먼 약소국이 고스란히 피해를 떠안아야 하는 경우는 수없이 많았었다. 이런 상황이 발발했을 때 피해 당사자들은 그 어디에서도 피해를 보상받을 여지가 없다.

왜 바다에서 덩치가 제일 큰 고래와 가장 작은 새우를 등장시켜 비유했을까. 아마도 외형적으로 상대가 되지 않는 둘을 등장시키면 강자와 약자가 확연해져 상황을 쉽게 인식시키기 안성맞춤이라서 그리 설정했지 싶다. 정작 싸움 즉 다툼은 덩치가 큰 고래끼리 하는데, 피해는 아무 관련이 없는 새우가 옴팡지게 뒤집어쓰는 격이니 얼마나 서럽고 떫으며 불공평한 일인가. 따지고 보면 이런 불합리 혹은 모순이 하도 빈번하게 발생하면서 시나브로 길들여져 웬만한 충격에는 꿈쩍도 하지 않는 게 오늘날 우리의 참모습일지도 모른다.

우리나라는 지정학적으로 대륙에서 대양으로, 대양에서 대륙으로 팽창해 나가려는 나라들의 교두보(橋頭堡)나 관문에 해당하는 전략적 요충지에 자리 잡고 있다. 때문에 예로부터 전쟁을 일으켰던 열강들의 빈번한 침략으로 발생하는 전화(戰禍)를 감수해야 했다. 따라서 언제나 주변의 열강들이 전쟁을 일으키면 그들 사이에 끼어 이러지도 저러지도 못하는 서러움을 무수히 겪었다. 이런 게 대표적인 경전하사의 예가 아닐까.

요즘 우리의 정치판은 중과부적인 여당과 거대 야당이 매일 으르렁 왈왈대는 꼴사나운 모습으로 변명의 여지가 없는 경전하사 모양새이다. 아무리 눈을 씻고 들여다봐도 민생을 위한 정책의 개발이나 법의 개정을 비롯해 입법 소식은 실종된듯하다. 결국 국민은 안중에도 없다. 그런데다가 내 편이면 무조건 감싸고 아니면 무턱대고 몰아세우며 아이들이 들을까 걱정되는 저 속어를 마구 퍼붓는 게 그들의 문화로 자리 잡았지 싶다. 이런 상황에서 흑묘백묘(黑猫白猫) 구분이 무의미해 빗자루로 쓸어 깨끗해질 수 있다면 그리했으면 후련하겠다. 그렇게 거대 양당이 불구대천(不俱戴天)의 원수 대하듯 싸움만 하고 계속 민생을 등한시한다면 그 피해는 고스란히 힘없는 백성들의 몫이 됨을 그들은 진정 모르는 걸까. 그리하다가 벼랑 끝에 몰리면 몇 백 가지 법령을 묶어 한꺼번에 날치기로 통과시키고도 뻔뻔하게 세비는 꼬박꼬박 챙겨가는 그들은 누가 뽑은 어느 나라 선량일까. 그럴 경우 방금 통과된 "법령의 내용은 차치하더라도 이름이나 제대로 꿰고 있느냐?"고 묻고 싶다.

=====

* 순오지(旬五志) : 조서 후기 문신이며 학자였던 홍만종(洪萬宗)이 고사일문(古史逸聞), 시화(詩畫), 양생술(養生術), 삼교합론(三敎合論), 속언(俗言) 따위를 수록하여 1678년에 저술한 잡록(雜錄)이다.

계구우후

　우연히 인터넷에서 고사성어 계구우후(鷄口牛後)를 검색하다가 혼란에 빠졌다. 이는 사마천(司馬遷)의 《사기(史記)》〈소진열전(蘇秦列傳)〉에서 한(韓)나라 선혜왕(宣惠王)과 소진(蘇秦)의 대화중에서 나온 성어이다. 이는 '영위계구(寧爲鷄口) 물위우후(勿爲牛後)'의 줄임말이다. 여기서 문제의 발단은 뒷부분인 물위우후(勿爲牛後) 중에서 후(後)의 해석이었다. 한학(漢學)에 대한 지식이 짧고 얕아 발생한 해프닝이었으면 좋으련만 내 깜냥에는 결코 가벼운 문제가 아니다.

　인터넷에 올린 글을 샅샅이 살펴보니 영위계구(寧爲鷄口)의 해석에는 모두가 "닭의 부리가 될지라도"라는 범주로 해석해 이론의 여지가 없었다. 한데 뒷부분에 나오는 물위우후(勿爲牛後)의 해석에서 거의 모든 글에서 "소의 꼬리가 되지 말라."는 뜻으로 해석하고 있었다. 검색했던 수많은 글 중에 단 한 군데*에서는 여타의 다른 경우와 다르게 "소의 항문은 되지 말라."로 해석해 놓았었다. 두 해석에서 차이점은 대부분은 한자 '뒤 후(後)자'를 꼬리(尾)로 해석했는데 비해서 단 한 군데에서는 항문(肛門)으로 전혀 다르게 해석하고 있다는 점이다. 잘 모르는 입장에서 볼 때 같은 '후(後)자'를 꼬리와 항문으로 다르게 옮김은 어느 하나가 잘 못 되었지 싶어 여기저기 자료 및 옥편(玉篇)을 열심히 뒤져봐도 속 시원한 답을 찾지 못했다.

이 같은 맥락에서 엉뚱한 상상을 해봤다. 앞부분의 영위계구(寧爲鷄口)에서 '부리(口)가 먹이를 먹는 긍정적인 기능'과 격을 맞추려면 뒷부분의 물위우후(勿爲牛後)에서 '후(後)는 비록 클지라도 하찮은 배설 기능을 담당'하는 항문으로 해석함이 타당하지 싶기도 했다. 그리고 대부분의 설명에서처럼 후(後)가 꼬리를 뜻한다면 그 글자 대신에 한자 '꼬리 미(尾)자'로 표현하지 않았을까 싶기도 했다. 왜냐하면, 사자성어 용두사미(龍頭蛇尾)에서 뱀의 꼬리를 지칭할 때 '꼬리 미(尾)자'를 쓴 것처럼 말이다.

후(後)를 꼬리가 아닌 항문이라고 강력하게 주장한 근거는 어디에 연유했을까. 고대 중국《사기(史記)》의 대표적인 주석서(注釋書)로 배인(裵駰)의《사기집해(史記集解)》, 사마정(司馬貞)의《사기색은(史記索隱)》, 장수절(張守節)의《사기정의(史記正義)》등의 사기삼가주(史記三家注)가 있다. 그런데 이 중에서《사기정의(史記正義)》에서 "닭의 부리는 비록 작을지라도 음식을 먹을 수 있으며, 소의 항문은 비록 클지라도 똥(糞)을 배설한다."라고 이르고 있다는 전언이다. 또한, 최근에 우리 글로 번역된《사기열전(史記列傳)*》의〈소진열전(蘇秦列傳)〉에서 사기 삼가주(史記 三家注)* 중의 하나인 사기정의에서 "소의 항문은 비록 크지만, 똥(糞)을 배설한다."라고 밝힌 근거를 제시하고 있다. 한편 나무위키(namu wiki)에 글을 작성한 이는 이를 근거로 "우리나라 사람 99.99%가 우후(牛後)를 소의 꼬리로 잘못 알고 있다."라고 단언하고 있다. 따라서 소의 항문으로 바로 잡아야 한다는 견해를 강력히 펴고 있다.

이의 유래 요약이다. 중국 전국시대(戰國時代) 낙양(洛陽) 출신 소진(蘇秦)이 우여곡절을 겪으며 여섯 나라(한(韓), 위(魏), 조(趙), 연(燕), 제(齊), 초(礎))에서 '진(秦)나라의 동진(東進)을 막기 위한 계책'인 합종책(合從策)을 설파하고 다녔었다. 그러다가 한나라 선혜왕(宣惠王)과 대담 과정에서 나왔던 말이라고 전해진다.

선혜왕과 소진의 대화 내용은 대충 이렇지 싶다. "전하! 비록 작지만, 성군 밑에 충성스러운 강군을 보유한 까닭에 여섯 나라가 힘을 합쳐 남북 즉 종(從)으로 방어벽을 구축하는 합종책을 펴면 아무리 진(秦)나라가 강하더라도 주변의 나라를 함부로 겁박하거나 침공하지 못할 것"입니다. 따라서 합종책이 이루어지면 모든 나라가 국태민안을 구가할 것으로 사료됩니다. 그러하오니 "합종책을 성공시키는데 진력해 주십시오."라고 건의했다. 그 과정에서 예로부터 전해오는 "비록 닭의 부리가 될지라도(寧爲鷄口), 소의 항문은 되지 말라(勿爲牛後).'는 말을 상기하셨으면 좋을 듯하옵니다."라고 했다. 그렇게 성사된 합종책은 15년 동안 지속되며 관련 국가들은 진나라의 위협을 받지 않고 나라를 다스렸던 것으로 전해진다.

한학에 좀 더 관심을 가지고 갈고 닦으며 식견을 충실하게 쌓으며 수련했다면 '뒤 후(後)자'가 꼬리를 뜻하는지 아니면 항문을 지칭하는지 명쾌하게 판단했으련만 그렇지 못한 현실이 부끄럽다. 어느 쪽이 정확한지는 다양한 자료를 들춰 확인해 봐야 할 숙제가 되었다. 어찌 되었든지 이는 '큰 조직의 말단보다는 비록 작은 조직일지라도 우두머리 역할을 해야 한다.'라는 의미로 통용되고 있다. 한편 인터넷의 일부 글에서 용두사미(龍頭蛇尾 : Better be the head of a dog than tail of a lion)를 이와 유사한 개념으로 열거하고 있는데 이는 얼토당토않은 주장으로 어불성설이다.

=====

* https://namu.wiki/w/계구우후
* 사기열전(상, 하), 송도진, 글 항아리, 2023년
* 사기 삼가주(史記 三家注) : 사기집해(史記集解), 사기색은(史記索隱), 사기정의(史記正義)를 말한다.

계륵

　계륵(鷄肋) 얘기다. 직역하면 '닭의 갈비'이지만 현실적으로는 '버리려면 아깝고 먹으려면 얻을 게 없다.'라는 범주의 의미로서 '이러지도 저러지도 못할 애매한 상황'에 쓰인다. 그러므로 '그다지 득이 되지 않는데 버리기에는 아까운 물건이나 경우'를 뜻한다.

　계륵에 대한 유래이다. 중국 후한(後漢)시대 위(魏)나라의 조조(曹操)와 촉(蜀)나라 유비(劉備) 사이에 전략적 요충지인 한중(漢中)의 지배권 다툼 전쟁 과정에서 생겨났다고 한다. 계륵에 관련된 고사(故事)는 《삼국지연의(三國志演義)》, 《삼국지 위서(魏書)》 〈무제기(武帝紀)〉*, 《후한서(後漢書)》 〈양수전(楊脩傳)〉 등에서 나온다. 출전(出典)에 따라 다소 상이한 내용으로 묘사되지만, 공통적인 것은 한중에서 촉나라 군사들과 장기적인 대치를 하다가 고심 끝에 내렸던 조조의 군령(軍令)에 계륵이라는 말이 포함되어 있다는 사실이다.

《삼국지》〈위서 무제기〉에 나타난 계륵에 관련 부분 대강의 요약이다. 조조가 장안(長安)을 떠나 한중에 도착해 유비의 군사와 맞붙어 전투를 벌인 최초의 시기가 춘삼월이었다. 몇 차례 교전이 있었으나 유비의 군사가 호락호락하지 않아 전과는 지지부진해 장기전에 대비해야 할 맹랑한 상황으로 꼬여갔다. 그런 까닭에 군의 사기가 떨어지고 탈영병까지 발생하면서 고민이 깊어지는데다가 유비의 군사들은 험준한 지형을 이용해 진을 쳐 난공불락이라고 판단되어 진퇴양난의 상황으로 빠져들었다고 판단되었다. 그래서 조조는 마음속으로 한중에서 철수를 결정했다. 왜냐하면 그 무렵의 상황이《구주춘추(九州春秋)*》에 이렇게 기록되어 있었다는 내용이 그를 뒷받침한다. 왕 즉 조조는 군을 철수할 결심을 하고 군령을 내리며 다른 얘기 없이 달랑 이렇게 말했다(出令曰 : 출영왈).

/ 계륵(鷄肋) /

하지만 모든 관속(官屬)은 그 말 즉 계륵이 무엇을 뜻하는지 도통 이해할 수 없었다. 그런데 신통방통하게도 주부(主簿)인 양수(楊脩)만은 계륵이 무엇을 의미하는지 정확하게 꿰뚫고 그에 따른 후속 조치를 취했다. 다시 말하면 조조의 깊은 뜻을 헤아리고 철수를 위한 준비로 짐을 꾸렸다. 그 모습이 동료들의 눈에 띄었다. 전쟁터에서 짐을 꾸리는 이유가 하도 괴이해서 연유를 물었다. 그랬더니 양수가 말했다. 왕이 철군하신다는 뜻으로 계륵이라는 군령을 내리셔서 그에 따른 것임을 얘기했다. 주위 동료들이 어떤 이유에서 그리 판단했느냐는 물음에 양수가 답했다.

/ 대체로 '계륵'이란(夫鷄肋 : 부계륵) / 그를 버리기는 아깝고(棄之如可惜 : 기지여가석) / 그를 먹기엔 얻을 게 없어(食之無所謂 : 식지무소위) / 이를 한중(漢中)에 비유한 것이기에(以比漢中 : 이비한중) / 왕께서 돌아갈 것을 알았지요(知王欲還也 : 지왕욕환야) /

결국은 여름인 5월에 군사들을 이끌고 장안(長安)으로 돌아왔다는 얘기다. 따라서 수많은 군사가 3개월이나 한중에 머물다 아무 소득 없이 회군했으니 그 손실이 어마 어마했을 터이다.

한편《후한서》〈양수전〉에 나타나는 계륵에 대한 내용을 간추리면 다음과 같다. 이에 따르면 양수(楊脩)라는 이는 학문이 출중하고 재주가 빼어났던 사람으로 위(魏)의 승상(丞相)인 조조(曹操)의 주부로 발탁되어 지근에서 일하며 모셨다. 그러던 어느 날 촉나라 유비가 평정한 한중 지역을 놓고 조조가 전쟁을 일으켰다. 전쟁이 발발할 무렵 단기전으로 쉽게 승리를 거둘 것으로 예상하고 출전했다. 하지만 실제 촉나라 군사와 접전을 해보니 앞날을 예측할 수 없는 장기적으로 대치하는 형국으로 많은 문제가 쌓여가며 전황은 고약하게 꼬여 가고 있어 진퇴양난의 처지로 몰려갔다. 이런 때문에 조조는 중대한 단안을 내릴 필요가 있다고 판단해 드디어 행동으로 옮겨 군령을 내렸다.

/ 조조가 대응하기 위해 나와서(是出) 명령을 내렸다(操於是出敎
: 조어시출교) / 대체로(唯曰) 계륵(鷄肋)이라는 말 뿐이었다(而
已)(唯曰鷄肋而已 : 유왈계륵이이) /

위의 군령 중에 계륵이라는 말을 정확하게 이해하는 것은 명을 내렸던 조조밖에 없을 것 같았다. 그런데 진영 내의 수많은 군사나 군속(軍屬) 중에 유일하게 주부인 양수가 그 군령의 참뜻을 깨우치고 말했다.

/ 대체로 계륵이라 함은(夫鷄肋 : 부계륵) / 그를 먹으려면 먹을
게 없고(食之則無所得 : 식지즉무소득) / 그를 버리려면 아깝지요
(棄之則如可惜 : 기지즉여가석) / 승상께서는 환국하시기로 결정
한 것입니다(公歸計決矣 : 공귀계결의) /

라고 일갈했다. 그의 말처럼 모든 군사에게 철저하게 귀환 준비를 시킨 다음 철군을 했다고 한다. 위의 두 가지 출전 내용 모두 조조가 한중에서 유비 군사와 맞서 장기적인 대치를 하다가 실익이 없는 소모전을 끝내기 위해 단안을 하고 내린 군령에서 계륵이라는 말이 생겨났다.

속된 표현으로 '남 주자니 아깝고 내가 먹자니 먹을 게 없는' 상황으로 이러지도 저러지도 못할 난감한 상황에서 뭇 사람들의 입에 오르내리는 계륵이다. 살면서 나 자신이 다른 사람에게 그런 부담스러운 존재가 되었던 적이 없다면 괜찮은 삶을 꾸려

온 게 아닐까?

=====

* 여기서 무제(武帝)는 조조(曹操)를 지칭한다.
* 구주춘추(九州春秋) : 서진(西晉)의 사마표(司馬彪)가 저술한 사서(史書)이다. 후한 말(後漢 末)의 내용을 수록했다고 알려졌으나 현재는 전해지지 않는다.

고복격양

선조들이 누렸던 태평세월이 과연 존재했었을까. 단군의 고조선을 필두로 삼국시대를 거쳐 고려와 조선조를 지나 오늘날에 이르렀던 지난 세월을 아무리 곱씹어 봐도 명확히 감이 잡히지 않는다. 도대체 태평성대란 어떤 상황을 이르는 개념일까. 쉬운 말 같지만, 흔히들 꿈꾸는 이상향이나 유토피아와 유사한 사회로 '다툼이 없으며 백성들이 모두 행복을 구가하는 삶을 꾸리는 상황'을 이르는 것이지 싶다. 동서고금을 막론하고 태평성대였던 사회의 예를 찾아보기 어렵다. 다만 중국 상고시대(上古時代) 신화 속의 군주인 요순(堯舜)이 통치하던 시절이 태평성대였다는 설이 전해지고 있다. 그 시대를 상징하는 말이 고복격양(鼓腹擊壤)*이다. 본디 이는 '배를 두드리고(鼓腹) 흙덩이를 친다(擊壤).'라는 뜻으로 '배부르게 먹고 흙덩이를 치는 놀이를 한다.'라는 의미이기 때문에 살기 좋은 태평세월을 이른다고 하겠다.

요(堯)와 순(舜)은 중국 상고시대 신화 속의 대표적인 성군

I. 곡학아세 | 49

(聖君)으로 추앙받는다. 그런 이유에서 발군(拔群)의 군주 치세(治世)를 일컬어 요순시대(堯舜時代)라고 부르기 때문에 결국 이 말은 태평성대와 동의어로 통용되고 있다. 얼마나 완벽한 세상으로 각인 되었으면 중국에서 태평성대란 '되돌아갈 수 없는 좋은 옛 시절'을 의미한다는 전언이다.

먼저 고복격양에 대해서 사마천(司馬遷)이 펴낸 《사기(史記)》의 〈오제본기편(五帝本紀篇)〉에서 이렇게 기술하고 있다*.

/ 제왕세기에서(帝王世紀 : 제왕세기) / 요임금 시절(帝堯之世 : 제요지세) / 천하가 태평하고(天下太和 : 천하태화) / 백성들은 무탈했다(百姓無事 : 백성무사) / 어느 노인이(有老人 : 유노인) / 격양놀이를 하면서 이 노래를 불렀다(擊壤而歌曰 : 격양이가왈) /

라고 했다.

/ 해 뜨면 일하고(日出而作 : 일출이작) / 해지면 돌아와 쉬누나(日入而食 : 일입이식) / 우물 파서 물마시고(鑿井而飮 : 착정이음) / 밭 갈아서 밥을 먹네(耕田而食 : 경전이식) / 임금 힘이 내게 무슨 소용이 닿겠는가!(帝力於我何有哉 : 제력어아하유재) /

한편 《십팔사략(十八史略)》 〈제요편(帝堯篇)〉에 이렇게 나타난다.

/ 요(堯)임금이 천하를 다스리기 시작 한지 50년이 되었으나(治天下五十年 : 치천하오십년) / 천하가 잘 다스려지고 있는지(不知天下治歟 : 부지천하치여) / 그렇지 않은지(不治歟 : 불치여) / 천하의 백성들이 자기를 섬기고 있는지(億兆願戴己歟 : 억조원대기여) / 자기를 섬기기 원치 않는지(不願戴己歟 : 불원대기여) / …… 그래서 미복(微服) 차림으로 밖의 넓은 네(四)거리를 거닐다가(乃微服游於康衢 : 내미복유어강구) / 아이들이 노래 부르는 소리를 들었다(聞童謠 : 문동요) /

/ 우리 백성들이 살아감은(立我蒸民 : 입아증민) / 임금의 은덕이 아님이 없다네(莫匪而極 : 막비이극) / 닫거나 알지도 못하는 새에(不識不知 : 불식부지) / 임금님이 하시는 대로 따르리(順帝之則 : 순제지칙) /

/ 또한, 어떤 노인이(有老人 : 유노인) / 뭔가를 잔뜩 먹어 빵빵한 배를 두드리며(含哺鼓腹* : 함포고복) / 격양가(擊壤歌)*를 부르고 있었다(擊壤而歌曰 : 격양이가왈) / ……*

아무리 성군으로 성현의 반열에 들 정도의 덕망을 두루 갖췄다고 하더라도 길거리를 걷다가 순진무구한 어린이들의 노래에서 가식 없는 민의를 파악할 수 있었고, 온갖 풍파를 다 겪었던 노인의 마음의 소리인 격양가를 들으며 아마도 자기가 추구했던 무위지치(無爲之治)의 경지에 도달했다고 흡족해했지 싶다.

어찌 되었던지 지금까지 살펴본 위의 함포고복(含哺鼓腹)과 격양이가왈(擊壤而歌曰)에서 '배를 두드리고(鼓腹), 흙덩이를 친다(擊壤).'라는 의미의 고복격양이라는 성어가 생겨났다.

이제 겨우 여든의 문턱을 넘어섰다. 따라서 세상을 그리 많이 경험하지 못했으나 민족상잔의 6·25전쟁 무렵에 비하면 지금 모두가 부자이고 고대광실에서 사는 셈이다. 게다가 아마도 지금이 유사(有史) 이래 가장 잘사는 게 분명하다. 그럼에도 현재를 태평성대라고 할 수 없나보다. 남북대결이 그렇고 그들끼리 치고받고 이전투구하며 날이 샜다가 저무는 정치판은 차치하더라도 '극심한 경쟁과 정신건강'의 측면에서 볼 때 푸른 눈의 이 방인에게는 "세계에서 가장 우울한 국가"로 투영되는가 보다.* 우리는 언제쯤이면 자타가 공인할만한 태평성대 언저리에라도 다다를 수 있을까. 하기야 동서양을 막론하고 딱 부러지게 태평성대를 맞아 복고격양을 누렸던 예가 없음을 감안할 때 상상 속의 이상향으로 남겨 두는 게 꿈을 꿀 수 있는 여지가 있어 정신건강에도 더욱 좋지 싶다.

=====

* https://blog. naver. com/ PostView. nhn?blogid=swings81&...
* 함포고복(含哺鼓腹) : '음식을 배불리 먹고 배를 두드린다.'라는 뜻이기 때문에 결국은 태평성대를 에둘러 이르는 말이다.
* 격양가(擊壤歌) : 풍년이 들어 농부가 태평한 세월을 즐기는 노래이다. 중국의 요임금 시절에 태평한 생활을 즐거워하여 불렀다고 한다.
* 이 부분에는 앞에서 살펴봤던 격양가가 고스란히 되풀이되어 생략했으니 참고하기 바란다.
* '신경끄기 기술(2016년)'의 저자인 미국의 마크 맨슨(Mark Manson)이 우리나라를 여행하고 만든 "세계에서 가장 우울한 나라를 여행했다."라는 유튜브(YouTube)를 상당 부분을 부정하면서도 일면 수긍하며 지칭하는 얘기다.

곡학아세

　학자에 대한 부정적인 용어이다. 그 대표적인 개념이 어용학자(御用學者)와 폴리페서(polifessor : 政治敎授)*가 아닐까. 여기서 어용학자란 "권력자의 비호를 받고 그에게 아부하기 위하여 그의 정책을 찬양하거나 정당화하는 학자" 또는 "자신의 이익을 위하여 권력자나 권력기관에 영합하여 줏대 없이 행동하는 것을 낮잡아 이르는 말"이다. 한편 폴리페서는 "국내에서 쓰이는 현대 사회의 신조어 중 하나로서 교수가 정치에 기웃거리면서 정계 입문을 노리느라 자기 본분을 잊게 된 경우"를 일컫는다. 이들 두 가지 개념에 대한 정확한 정의는 논란점이 상당히 많다. 이 부류들은 언필칭(言必稱) 학문을 한다는 학자로서 본분을 잊고 학문을 빙자하여 권력에 아부할 가능성이 다분한 부류로 간주된다. 이처럼 '학문을 굽혀(曲學) 세상에 아첨하는(阿世) 것.'을 곡학아세(曲學阿世)라고 한다.

　곡학아세는 결국 "학설을 굽혀(曲學) 세상 속물들에게 아첨

(阿世)"하는 것을 뜻한다. 그러므로 '사사로운 출세욕 때문에 학문의 정도나 신념을 저버리고 가치관을 변절하면서 타협하거나 아부하는 행태'를 포괄하는 개념으로 통용되고 있다. 원래 이 말은 한(漢)나라 시절 무제(武帝) 때 성품이 강직한 학자로 알려진 원고생(轅固生)이 공손홍(公孫弘)에게 했던 말에서 비롯되었다. 이를 전하는 출전(出典)은 중국 사마천의 《사기(史記)》〈유림열전(儒林列傳)〉이다.

　원래 원고생은 벼슬살이를 하다가 어지러운 정쟁에 휘말려 벌을 받고 초야에 은둔하던 노학자이자 원로 정객이었다. 그런데 한무제(漢武帝)가 즉위하면서 원고생을 다시 조정으로 불러들여 현량(賢良) 벼슬을 제수했다. 인간 세상인 때문일까. 그 옛날에도 남을 헐뜯고 시기하며 모함하는 족속들이 즐비했던가 보다. 원고생의 재등장에 아첨과 모함을 일삼는 벼슬아치들이 벌떼 같이 들고 일어나 "원고생은 노쇠했다."라며 부당하다고 물고 늘어지며 온갖 이유를 쏟아냈던 모양이다. 이에 황제는 원고생의 벼슬을 철회했다. 그 때 그의 나이가 아흔에 가까웠다고 한다.

　원고생에게 다시 현량 벼슬을 내리던 자리에서 공손홍이라는 사람도 함께 임명장을 수여했던 것 같다. 그런데 공손홍이라는 사람은 재목의 됨됨이나 학문의 수준 역시 내세울 바가 없었을 뿐 아니라 원고생을 우습게 여기고 깔보면서 오로지 출세욕에 사로잡혔던 신출내기에 불과했다고 한다. 어찌 되었든 둘이 함께 임용장을 받던 자리에서 공손홍은 곁눈질로 고고한 자태의 원고생을 봤다(눈치를 봤다)고 한다. 이 때 원고생은 나이 어린

풋내기에게 다음과 같은 조언을 했다는 기록이다.

/ 공손 선생은 바른 학문에 진력하여 직언을 올리고(公孫子務正 學以言 : 공손자무정학이언) / 학문을 굽혀서(曲學) 세상에 아첨 하지 마시게(無曲學以阿世 : 무곡학이아세) /

위에서 곡학아세라는 성어가 탄생했다. 이 충언을 듣고 난 이후 공손홍은 많이 반성하고 진솔한 사람으로 변했고 원고생을 흠모하게 되었다고 한다. 한편, 이 뒤부터 제(齊)나라에서 시경을 연구하고 강론하는 사람들은 한결같이 원고생의 철학과 가치관과 궤(軌)를 같이했다고 전해진다. 따라서 결국 제나라 출신 시경을 연구했던 전부가 원고생의 제자였다는 얘기도 전설처럼 전해지고 있다.

일제로부터 해방이 되고 건국 이후 수많은 법과 제도가 생겨났다가 사라지기가 되풀이되고 있다. 그들 중에는 탄생하지 말았어야 할 악법이나 제도가 숱하게 많았고 현재에도 엄연히 존재하고 있다. 그들 하나하나에 대하여 이론적인 근거를 제시하고 구체적인 내용을 조목조목 정리했던 문구는 과연 누구의 몫이었을까. 그것은 누가 뭐라고 해도 소위 그 분야를 전공했던 학자였다는 사실을 부인할 수 없으리라. 따라서 못된 악법이나 제도에는 결코 무시할 수 없는 부작용(side effect)이나 치명적인 독소의 위험성이 내포될 가능성을 몰랐을 리 만무하다. 그런 문제점을 예측하면서도 권력자의 비위를 맞추거나 아부하려는 의도나 허무하고 부질없는 권력 혹은 탐욕스러운 이득을 취할 마음이었다면 그것은 분명 곡학아세에 해당한다.

  그렇다고 학자로서 본연의 영역인 연구와 봉사 그리고 교육에 출중한 성과를 내면서 자기 연구 관련 분야의 법이나 제도를 위시해 정책 입안과 수행에 참여한다고 무조건 지탄받거나 척결의 대상이 되는 것은 아니리라. 문제는 학자로서 변변한 연구실적은 물론 사회봉사나 후진 교육 따위는 뒷전이고 오로지 자신의 영달을 위해서 정치판이나 행정부 주위를 하이에나처럼 어슬렁거리는 족속들은 오갈 데 없는 곡학아세의 전형이 아닐까.

=====

* 폴리페서(Polifessor : 政治敎授)는 Poli(Poli tics)와 fessor(Pro fessor)의 합성어이다.

수필과 비평, 2024년 5월호(통권 271호), 2024년 5월 1일

과전이하

과전이하(瓜田李下) 얘기다. 이를 곧이곧대로 해석하면 과전(瓜田)은 오이밭, 이하(李下)는 자두나무 밑이라는 뜻이 된다. 하지만 실제로는 과전(瓜田)은 '오이밭에서는 신을 고쳐 신지 말고(瓜田不納履 : 과전불납리)'를 의미하고, 이하(李下)는 '자두나무 밑에서는 갓(冠)을 고쳐 쓰지 말라.'는 의미이다. 이 말은 결국 그 같은 행동을 한다면 오이나 자두를 도둑질하는 것으로 의심받을 수 있으니 애초부터 하지 말라는 뜻이 담겨있다. 이런 맥락에서는 오늘날엔 '남에게 의심받을 행동을 피하거나 삼가 하라.'는 의미로 사용되고 있다.

동의어로 과전리이하관(瓜田履李下冠)이 있으며 원래의 말은 이하부정관(瓜田不納履 李下不整冠)이다. 너무도 유명하고 실생활에서 쉽게 거론될 수 있기 때문일까. 이 말을 담고 있는 출전(出典)이 다양하다. 첫째로 중국 송(宋)나라의 곽무천(郭茂倩)이 펴낸 《악부시집(樂府詩集)*》 권삼십이(卷三十二) 상화가

I. 곡학아세 | 57

사(相和歌辭)7 평조곡(平調曲)3에 실려진 〈군자행(君子行)〉, 둘째로 한(漢)나라 시대 유향(劉向)이 편찬한《열녀전(列女傳)*》의 〈변통(辨通)〉, 셋째로《명심보감(明心寶鑑)》의 〈정기편(正己篇)〉 등에 나타나 있다.

먼저《악부시집》〈군자행〉에 나오는 내용의 대강이다. 원문에는 군자(君子)는 미리미리 조심하여 의심을 받을 혐의(嫌疑)에 휘말리지 않아야 한다면서 이렇게 일깨우고 있다.

/ 오이 밭(瓜田)에서는 신(履)을 고쳐 신지 않고(瓜田不納履) / 자두나무 밑에서는(李下) 갓(冠)을 고쳐 쓰지 말라(李下不整冠) /

그러면서 이어서 이르기를 형수(兄嫂)와 시(媤)동생은 친하게 주고받지 말고 어른과 아이는 어깨를 나란히 하지 말라면서 예의를 지키라는 뜻의 말을 하고 있다.

한편《열녀전》의 〈변통〉에서는 대충 이런 내용이 전개되는 과정에서 과전이하의 내용이 나온다. 제(齊)나라 위왕(威王)이 즉위한 뒤 여러 해가 지나도록 나라가 매우 어려운 처지를 면치 못했는데 그 원흉은 간신이었던 주파호(周破胡)였다. 그는 왕으로부터 위임받은 권력을 함부로 휘두르면서 사리사욕 채우는데 날이 새고 해가 저물었다. 그 폐단이 나라의 안위를 걱정할 정도로 심각하다는 사실을 정확히 꿰뚫었던 후궁 우희(虞姬)가 왕에게 곧이곧대로 간언했다. "주파호는 음흉하고 재목이 아닌 까닭에 내치는 게 상책이라면서 대신에 현명하고 덕망을 두루 겸비한 북곽선생(北郭先生) 같은 분을 등용하시면 좋을 것 같다."라고. 임금께 자기의 비리를 고했다는 사실에 분기탱천한 주파호는 말도 되지 않게 우희와 북곽선생이 내통한 사이라고 혐의를 조작해서 왕에게 무고(誣告)했다. 총애하던 후궁이 배신했다는 사실에 울화통이 터졌던 왕이 우희를 감금시켰다가 친히 심문에 나섰다. 그 과정에서 임금의 하문에 답하는 과정에서 적극적으로 자신의 결백을 주장했다.

"/ 경전(經典)에서 오이 밭에서 신(履)을 고쳐 신지 말고(經瓜田不躡履 : 경과전불섭리) /자두나무 과수원(李園)을 지나갈 때는 갓(冠)을 고쳐 쓰지 말라(過李園不整冠 : 과이원부정관)"고 일렀음에도 / "첩(虞姬)이 그것을 피하지 못했으니 이것이 어찌 저의 죄 중에 하나(罪一)입니까(妾不避此罪一也 : 첩불피차죄일야)"/라며 항변했다. 그러면서 "주파호는 간사하기 이를 데 없고 나라를 다스릴 위인이 아니오니 즉각 내치지 않으면 나라가 위태롭습니다."

라고 주청(奏請)했다. 잠자코 듣고 있던 왕은 갑자기 꿈에서 깨어나듯 번쩍 정신이 들어 우희를 즉시 석방했다. 그리고 아대부(阿大夫)였던 주파호를 잡아들여 참형을 시킨 뒤에 정사를 바로잡아 다시 부강한 나라로 만들었다. 한편《명심보감》〈정기편 21〉에서도 다음과 같이 나오고 있다

/ 태공이 이르기를(太公曰) / 오이밭(瓜田)에서는 신(履)을 고쳐 신지 않고(瓜田不納履) / 자두나무 밑에서는(李下) 갓(冠)을 고쳐 쓰지 말라(李下不整冠) /

과전이하를 살피다가 단순히 의심이 아니라 황당무계한 모함(謀陷)으로 목숨을 잃는 경우는 얼마나 억울했을까 하는 뚱딴지같은 생각과 함께 문득 남이(南怡) 장군이 떠올랐다. 주지하는 바와 같이 조선의 세조 때 이시애(李施愛)의 난을 비롯해 변방의 오랑캐(여진족)를 물리치고 20대에 병조판서에 이르렀던 그가 읊었던 북정가(北征歌) 때문에 역적으로 몰려 참형을 당한 불세출의 장군이다. 그 시(詩) 중에 이런 내용이 있다.

/ 남아로 태어나 20대에 나라를 평화롭게 하지 못하면(男兒二十未平國) /

장군과 반대파이며 서얼(庶孼) 출신의 유자광(柳子光)이 미평국(未平國)에서 '화평할 평(平)'자를 '얻을 득(得)'자로 바꿈으로써 '남아가 20세에 이르러 나라를 얻지 못하면'으로 만들었다. 이렇게 얼토당토아니하게 날조하여 왕께 올려 역모의 굴레를 씌워서 끝끝내 형장 이슬로 사라졌다. 이런 경우 저승에 가서도 눈을 감을 수 없어 절치부심하지 싶다.

사노라면 본의 아니게 다양한 오해나 의심을 받을 가능성이 다분하다. 그럴 경우 지난 세월엔 변명이나 해명이 비교적 간단

하고 쉬웠다. 하지만 디지털 시대가 열리면서 세상이 복잡다기하게 얽히고설켰을 뿐 아니라 가상공간(cyber space)까지 이어져 맹랑하기 짝이 없어졌다. 이런 이유에서 고루하다고 할지 모르지만 과전이하의 참뜻을 곱씹어보는 지혜도 필요하지 싶다.

=====

* 악부시집(樂府詩集) : 중국 송(宋)나라 때 곽무천(郭茂倩)이 지은 책이다. 요(堯) 임금에서 오대(五代)에 이르는 악부(樂府)의 가사를 모아 12종으로 분류하여 그 해제(解題)를 밝혔다. 100권으로 되어 있다.
* 열녀전(列女傳) : 중국 한(漢)나라의 유향(劉向)이 지은 책이다. 고대로부터 한대(漢代)에 이르는 중국의 현모와 열녀들의 약전(略傳)으로서 송(頌)과 도설(圖說)을 엮었다.

관포지교

 가까운 벗을 다시 생각한다. 친구는 '오래도록 친하게 사귀어 온 사람 또는 나이가 비슷하거나 아랫사람을 낮추거나 친근하게 이르는 말'이다. 예로부터 마음이나 뜻을 같이 하는 돈독한 친구를 많이 사귄 사람은 인간관계에서 성공한 사람으로 여기며 닮고 싶어 하면서 선망의 대상이 되었다. 그런 우정의 상징적인 예로서 흔히들 관포지교(管鮑之交)를 들고 있다. 우리의 경우는 조선 시대 오성(鰲城 : 李恒福)과 한음(漢陰 : 李德馨)의 우정이 아름다운 교분의 표상처럼 우뚝 높은 곳에서 샛별처럼 빛을 발한다. 진정한 벗은 삶에서 따르게 마련인 희로애락을 공유하면서 수양을 쌓고 덕을 닦는 길라잡이나 사표가 될 터이기에 축복이 틀림없다. 이런 때문에 생을 영위하면서 마음이나 뜻을 교유하며 내일의 꿈을 함께 이뤄가면서 기댈 친구 몇 명만 제대로 사귀어도 옹골진 교우 관계가 분명하지 않을까!
 관포지교는 관중(管仲)과 포숙아(鮑叔牙)의 사귐으로 친구 사이의 각별한 우정을 뜻한다. 유의어로서 문경지교(刎頸之交), 막역지우(莫逆之友), 금란지교(金蘭之交), 수어지교(水魚之交), 교칠지교(膠漆之交), 지란지교(芝蘭之交), 담수지교(淡水之交), 백아절현(伯牙絶絃), 단금지교(斷金之交), 금석지교(金石之交) 따위가 있다. 유래는 사마천(司馬遷)의 《사기(史記)》〈관안열전(管晏列傳 : 史記列傳(卷62))〉의 해당 부분 주요 내용의 대강이다.

중국 춘추시대 관중과 포숙아의 사귐에서 비롯되었다. 원래 관중은 영상(潁上) 사람이었으나 어린 시절엔 명문가의 도련님인 포숙아와 어울려 놀았다. 포숙아는 관중이 현명하지만 가난하다는 사실을 알고도 짐짓 모르는체하며 오로지 진솔한 친구로 대했다. 시간이 지나며 관중은 공자(公子)인 규(糾)를 주군(主君)으로 모셨고, 포숙아는 규의 동생인 소백(小白)을 주군으로 모셨다. 그런데 훗날 이들 형제 사이 왕위 승계를 놓고 다툼이 벌어졌다가 끝내 동생인 소백이 왕에 등극(훗날 제(齊)의 환공(桓公))하며 반대편에 섰던 관중은 투옥되어 처형될 위기를 맞았다.

포숙아는 절체절명의 위기에 처한 관중을 적극적으로 구명하여 마침내 관리로 등용의 길을 열어줘 제나라 국정 일익(一翼)을 맡게 되었다. 총명한 관중은 환공이 여러 제후(諸侯)를 규합해 천하를 지배할 계책을 수립하는데 혁혁한 공헌을 해서 크게 신임을 받고 승승장구를 거듭했다. 그 무렵 관중은 포숙아의 깊은 우정과 인품에 대해 다음과 같은 몇 가지 예를 들어 말하며 자기보다 몇 백 배 빼어난 인물임을 자랑했다.

"첫째로 가난했던 지난날 포숙아와 장사를 동업할 때 자기가 부당하게 이득이나 재물을 취(取)해도 가난 때문이라며 탐욕스럽다고 비난하지 않았다. 둘째로 포숙아를 위해 나섰던 일이 꼬여 더 악화시켰어도 어리석다고 탓하지 않고 시의(時宜)가 맞지 않았을 뿐이라고 옹호해줬다. 셋째로 벼슬길에서 세 차례나 쫓겨났어도 모자람이 아니라 관운이나 시운(時運)이 맞지 않았을 뿐이라고 적극적으로 변호해줬다. 넷째로 비겁하게 싸움에서 세 차례나 꽁무니를 뺐어도 겁쟁이가 아니라 노모 봉양 때문이라고 너그럽게 이해해줬다. 다섯째로 주군이었던 규가 왕위 승계 싸움에서 패한 뒤에 내가 감옥에 갇혀 모욕을 받을 때 부끄러움을 모른다고 여기지 않았다. 그러면서 내가 되레 사소한 일에는 초연했으나 그것은 천하에 공명을 드러내지 못함을 수치스러워한다는 것을 알기 때문이라고 이해해 주었다."고 고백했다. 이런 맥락에서 관중은 이렇게 생각한다며 포숙아에 대한 무한한 존경심을 더덜이 없이 표했다

/ 나를 낳아준 사람은 부모이지만(生我者父母 : 생아자부모) / 나를 알아준 사람은 포숙이다(知我者鮑叔也 : 지아자포숙야) /

상상하기 어려운 일이 벌어졌다. 관중을 천거하여 벼슬길을 열어줬던 포숙아가 관중의 휘하로 들어가 일을 하는 전대미문 초유의 일이 벌어졌다. 그런데 포숙아 집안은 대대로 제나라의 녹(祿)을 받았음은 물론이고 봉읍(封邑)을 십여 대(代) 동안 소유했던 명문가 대부(大夫) 집안이었는데 믿기지 않는 파격적인 결

정을 했던 것이다. 이런 포숙아에 대한 세상 사람들의 반응이다.

/ 천하의 사람들은 관중의 현명함에 대한 칭송보다는 포숙의 사람 됨됨이를 꿰뚫는 혜안을 칭송하는 경우가 더 많았다(天下不多管仲 之賢而多鮑叔能知人也 : 천하불다관중지현이다포숙능지인야) /

위와 같은 관중과 포숙아의 진정한 친구 사이의 사귐으로부터 관포지교라는 성어가 비롯되었다. 보통 사람들에게 친구란 자기 자신의 참모습을 투영해 볼 수 있는 거울이며 나침반이 되기도 한다. 인정하고 싶지 않을지 모르지만, 친구라는 거울은 자신의 숨겨진 진면목을 더덜이 없이 파악할 바로미터이기도 하다. 게다가 자신의 언행이나 성품을 친구의 그것과 견줘봄으로써 자기 승화를 겨냥하는 성찰의 방편이 되기도 한다.

진취적이고 도전적인 삶을 추구하는 경우와는 거리가 먼 밋밋하고 평범한 삶을 누리는 터수이다. 그래도 연신 고개를 들고 주억거리던 대책 없던 탐욕은 부질없고 덧없었으며 선택의 여지없이 외곬으로 치달았던 집착은 허망하기 짝이 없던 경우가 숱했다. 하지만 그 고민과 번뇌를 무겁게 양어깨에 걸머지거나 두 손에 잔뜩 거머쥔 채 내려놓거나 비우지 못했던 과욕으로 끌탕을 치며 갈등을 겪어야 했던 순간이 숱했다. 그렇게 힘겨워할 즈음에 으레 음양으로 격려를 보내주던 아름다운 선연에 한없이 감사하고 더할 수 없이 귀한 그들과 함께해온 삶은 진정 행복이었고 축복이었다.

괄목상대

 가장 보람을 느끼며 희망을 품게 했던 제자는 어떤 유형이었을까. 타고난 천재성보다는 내세울 바가 없음에도 성실한 자세로 도전하여 하루가 다르게 발전하는 유형이 가장 보람이 컸지 싶다. 이런 유형을 일컬어 괄목상대(刮目相對)*라고 지칭한다. 이를 곧이곧대로 해석하면 '눈을 비비고 상대를 대한다.'라는 뜻으로서 '일취월장을 거듭하는 상황'을 이른다고 하겠다. 이 같은 견지에서 '타인의 학식이나 재주가 놀랄 정도로 발전함'을 칭송하는 말로 많이 쓰이고 있다. 유의어는 괄목상간(刮目相看)이나 일취월장(日就月將)이 있다.
 중국의 《삼국지(三國志)》〈오지(吳志)〉〈여몽전(呂夢傳)〉에 나오는 내용이다. 삼국시대(조위(曹魏), 촉한(蜀漢), 손오(孫吳)) 동오(東吳) 혹은 손오(孫吳))의 창업 군주인 손권(孫權)*이 신하인 여몽(呂蒙)과 장흠(蔣欽)에게 이제 경들은 대사를 맡았으니 열심히 공부해서 깨우쳐야 한다고 독려했다. 이에 여몽은 무관인 장수가 책을 읽을 필요가 없다는 단견에서 군무(軍務) 때문에 시간 여유가 없다는 핑계를 댔다. 그러자 손권이 다시 말했다.

경들에게 공부하라는 뜻은 학자가 되라는 의미가 아니랍니다. 다만 지난 일을 되새겨 보고 앞일을 예측할 능력을 기르라는 뜻이지요. "경은 일이 많다고 했지만, 그 어찌 나의 업무와 비교하겠소?"라고 일갈했다. 그리고 자기는 어려서부터 다양한 공부를 했기 때문에 아직 읽지 못한 책은《주역(周易)》뿐이라고 했다. 한편 나랏일을 떠맡은(왕제 즉위) 후에도《삼사(三史)》를 비롯해서 다양한 병서(兵書)를 읽으며 깨우친 바가 많다고 얘기했다. 경들의 경우는 심지가 굳고 영명하여 시작하면 일취월장할 터인데 왜 주저주저 망설이는지 이해가 되지 않습니다. 서둘러 도움이 될 만한 책(《손자(孫子)》,《육도(六韜)》,《좌전(左傳)》,《국어(國語)》,《삼사(三史)》)을 읽으시면 많은 얻음이 있을 것입니다.

한편 공자가 "종일 먹지 않고(終日不食 : 종일불식) 날밤을 새우며 생각해도(終夜不寢以思 : 종야불침이사) 얻는 게 없고(無益 : 무익) 배우는 것만 못하다(不如學也 : 불여학야)."라고 말하며 배움의 중요성을 설파했다고 일렀다. 또한 광무제(光武帝)가 책 읽기를 얼마나 중요시했던가를 들려주기도 했다. 광무제의 얘기를 통해 '손에서 책을 내려놓지 않는다.'라는 수불석권(手不釋卷)이라는 말을 인식시키며 일깨웠다.

"광무제(光武帝)도 군대의 일을 처리하면서도(光武當兵馬之務 : 광무당병마지무), 손에서 책을 내려놓지 않았다(手不釋卷 : 수불석권), 맹덕(孟德)*도 마찬가지로 늙어서도 책을 가까이 했다(孟德亦自謂老而好學 : 맹덕역자위노이호학)."라고.

손권의 간곡한 권유로 학문에 뜻을 두고 몰입해 책을 읽기 시작한 여몽의 수준은 그 누구도 따르기 어려울 정도로 놀라운 발전인 일취월장을 거듭했다. 그렇게 학문에 몰입하고 적지 않은 시간이 흐른 뒤에 주유(周瑜)*를 대신해서 재상이었던 노숙(魯肅)이 여몽과 국사를 논의할 기회가 있을 때마다 당해낼 재주가 없을 정도였다. 그래서 이렇게 얘기했다. 여기서 오하이몽(吳下阿夢)은 '여몽을 가리키며, 책을 읽어 일취월장하기 전의 젊은 시절의 여몽처럼 학식이 없는 사람'을 의미한다. 그리고 비부오하이아몽(非復吳下而阿蒙)은 '오하이아몽(吳下而阿蒙)이 아니라는 말로서 장족의 발전을 한 사람'을 의미한다.

"지금에 이르니(至於今者 : 지어금자), 학식이 박식하고 뛰어나니(學識英博 : 학식영박), 더 이상은 오하아몽(吳下阿夢)이 아니로다(非復吳下而阿蒙 : 비부오하이아몽)."라고.

위와 같은 노숙의 말에 여몽이 이렇게 대꾸했다. 여몽의 말을 요약하면 '선비가 헤어지고 나서 사흘이 지나면(士別三日) 눈을 비비고 다시 봐야 할 만큼 학식이 크게 변해 있어야 한다(卽更

刮目相待).'고. 원래의 표현에서는 오늘날처럼 '대답할 대(對)'를 쓰지 않고 '기다릴 대(待)'를 썼다. 어찌 되었던지 이 말을 통해 유명한 괄목상대(刮目相對)라는 말이 탄생했다.

선비가 사흘 떨어져 있으면(士別三日), 즉시 다시 눈을 비비고 상대방을 대해야 할 겁니다(卽更刮目相待 : 즉갱괄목상대).

이 고사를 통해 우리에게 금언 같은 고사성어 수불석권을 비롯해서 괄목상대가 생겨나 지금도 널리 사람들의 입에 오르내리고 있다. 물론 현재 우리가 그다지 잘 사용하지 않지만 비부오하이아몽도 물론 이때 생겨난 말이다.

우리 집에 올해 고등학교 2학년이 되는 손주가 있다. 학생의 본분에 게으르고 아무리 얘기해도 무사태평으로 쇠귀에 경 읽기라서 속이 까맣게 탄 지 오래이다. 몸매나 얼굴은 어디에 내놔도 빠지지 않을 정도로 훤칠하고 수려하다. 이 덜떨어진 손주가 이 글을 보고 무언가 깨우치는 바가 있었으면 오래된 체증(滯症) 같은 답답함이 후련하게 쑥 내려갈 터인데.

=====

* 괄목상대(刮目相對) : 원래의 표현에서는 현재 우리가 표기하는 '대답할 대(對)'가 아니라 '기다릴 대(待)'로서 괄목상대(刮目相待)로 표기되어 있다. 한편 중국에서는 '대(對)' 대신에 '간(看)'으로 표기해 괄목상간(刮目相看)으로 쓰는 경우가 많다는 전언이다.
* 손권(孫權) : 중국 삼국시대 삼국의 하나인 손오(孫吳)의 창업 군주이다.
* 맹덕(孟德) : 삼국지에 등장하는 조조(曹操)를 말한다.
* 주유(周瑜) : 중국 후한 말기의 장수이다.

Ⅱ. 독서백편의자현

교학상장

구밀복검

군계일학

귤화위지

기호지세

낙불사촉

노생지몽

눌언민행

다기망양

단도직입

당랑거철

독서백편의자현

동병상련

교학상장

　타고난 운명일까. 여든의 문턱을 넘어선 여태까지 했던 일이라곤 누군가를 가르쳤던 게 전부이다. 대학 재학 시 시작되었던 가정교사 역할이 묘하게도 군 생활까지 이어졌다. 병역의무를 마치고 대학원 재학시절에도 용돈을 해결하기 위해서 선배의 소개로 여자상고의 시간강사를 했다. 대학원을 졸업한 뒤엔 수년 동안 몇 군데 대학을 전전하며 흔히들 보따리장사로 폄하해 호칭하는 시간강사를 하다가 이립(而立)의 중반에 대학에 일자리를 얻어 뿌리 내렸다가 정년을 맞아 퇴임하고 오늘에 이르렀다. 이제 사 겸허한 마음으로 돌아보니 누군가를 가르친다고 요란하게 큰소리만 쳤다. 하지만 학생들에게서 배운 게 더 많았기에 소위 말하는 교학상장(敎學相長)의 세월이었다.
　교학상장은 문자 그대로 '가르치고 배우며 상호 성장한다.'라는 뜻이다. 다시 말하면 '스승이 가르치고 제자가 배우는 과정에서 서로가 함께 성장하는 상황'을 이르는 말이다. 되지 못한 객기 때문이었을까. 젊은 혈기에 교만과 아집이 넘쳐나던 시절 내가 제일이고 모든 것을 다 안다는 식의 언행이 습관처럼 굳어졌던 것 같다. 속된 표현으로 개떡같이 알려줘도 찰떡같이 받아들였고 아울러 '바담 풍'이라고 잘못 얘기해도 '바람 풍(風)'으로 제대로 알아듣던 현명한 젊은 지성들이 있어 큰 무리 없이 일터를 지키다가 내려올 수 있었는데 말이다. 그런데 지난날엔 그런 사실을 똑바로 꿰뚫을 재간이 없었던 까닭에 만시지탄의 각성이 무척 부끄럽고 민망하다. 지금의 시점에서 곰곰이 되짚어보니 젊은 지성들과 함께했던 세월은 가르치고 배우는 큰 틀에서 가르침보다 배운 게 훨씬 많아 쑥스러울지라도 교학상장의 상황이었다고 말해야 아귀가 맞을 것 같다.

원래 교학상장이라는 말은 중국의 오경(五經) 중의 하나인 《예기(禮記)*》의 〈학기편(學記篇)〉에서 비롯되었다. 이에 관련된 내용을 간추리면 대충 다음과 같다. 한편 유의어로 효학상장(斅學相長), 효학반(斅學半) 등이 있다.

자고로 옥(玉)은 정교한 절차탁마(切磋琢磨)의 과정을 거치며 자르고(切) 쓸고(磋) 쪼고(琢) 갈지(磨) 않으면 보석이나 그릇으로 탄생할 수 없는 법이다. 마찬가지로 사람도 배우지 않으면 아무리 좋은 도(道)가 있다 해도 그를 깨우칠 도리가 없는 것이라고 이르고 있다. 이런 견지에서 그 옛날부터 임금은 나라를 창건하고 만백성의 우두머리가 되어 가르치고 배우는 것을 우선으로 삼았으리라는 지적이다. 중국의 《상서(尙書)*》에서 "태어나 죽을 때까지 배움에 힘을 써야 한다."라고 일렀던 것은 이런 이치의 일깨움이 아니겠냐고 되묻고 있다.

그러면서 아무리 좋은 안주라도 먹어보지 않으면 그 맛을 알 도리가 없는 법이고, 더할 수 없이 훌륭한 도(道)가 있어도 배우지 않으면 그 참뜻을 알 길이 없는 것이라면서 무뎌진 의식을 일깨워 주고 있다. 사람이란 배운 뒤에 부족함을 깨닫고 가르친 후에야 문제(막힘)를 깨닫게 마련이라고 일갈한다. 아울러 부족함을 인지한 뒤에 스스로 반성이 가능하고 문제를 깨우친 뒤에 스스로 보강할 수 있다는 지적이다. 그러면서 이렇게 이르고 있다.

/ 그러므로 이르기를, "가르치며 배우면서 서로 성장한다."라고 하는 것이다(故曰 教學相長也 : 고왈 교학상장야) /

여기서 교학상장이라는 성어가 탄생했다. 한편 《상서(尙書)》의 〈열명하편(說命下篇)〉에서 이르기를 "가르침은 배움의 반이니(惟斅學半 : 유효학반)"라고 일갈한 것은 이런 이치를 두고 했던 말이 아니겠냐고 묻고 있다.

이미 언급한 바와 같이 교학상장은 '스승이 가르치고 제자가 배우는 과정에서 상호 성장한다.'라는 뜻으로 모든 인간관계는 일방적인 경우보다는 서로 주고받으며 함께 모자라는 부분을 채우고 성장해 나감을 시사하고 있지 않을까.

가르치고 배우는 것은 쉬운 일 같지만, 곰곰이 되새겨보니 그만큼 어려운 일도 없다는 생각이 든다. 쌍방의 역할을 감안해 줄탁동시(啐啄同時)의 철학을 벗어나지 않았어야 했다. 다시 말하면 교육의 주체는 제자이고 스승은 안내자이면서 조언자 존재에 불과하다는 사실이다. 그러므로 제자가 주도적으로 이끌며 스승은 바른 방향으로 유도하면서 조력자 역할을 충실하게 수행하는 창의적인 학습을 지향해야 마땅했다. 그럼에도 지난날 전통적인 교육방침이나 틀을 답습했기 때문에 고루했었음을 부정할 수 없다. 결국 가르침 즉 교육을 하면서 학생들에게 케케묵은 구닥다리 철학이나 가치관을 따르도록 암묵적인 강요를 되풀이했었다. 그럼에도 불구하고 현명한 젊은이들은 미욱한 나를 훌쩍 뛰어넘어 청출어람(靑出於藍)을 이룩했으니 오그랑장사는 면한 셈이다. 젊은 시절 가르치고 배움은 교학상장이라는 진리를 바로 깨우쳤더라면 어떤 결실을 거뒀을까?

=====

* 예기(禮記) : 유학 오경(五經)의 하나이다. 한나라 무제 때에 하간(河間)의 헌왕(獻王)이 공자와 그 후학들이 지은 131편의 책을 모아 정리한 뒤에 선제(宣帝) 때 유향(劉向)이 214편으로 엮었다. 후에 대덕(戴德)이 85편으로 엮은 대대례(大戴禮)와 대성(戴聖)이 49편으로 줄인 소대례(小戴禮)가 있다. 의례의 해설 및 음악·정치·학문에 걸쳐 예의 근본정신에 관하여 서술하였다. 모두 49권으로 되어 있다.
* 상서(尙書) : 상서(尙書)는 유교의 십삼경(十三經) 중에 하나로 요순시대(堯舜時代), 하(夏)나라, 상(商)나라, 주(周)나라의 왕들이 내린 포고문, 신하들의 상소, 왕의 연설문 등 각종 기록을 모은 책이다. 정통적인 역사서는 아니다. 하지만 당대의 국가 기록을 정리한 것이라 역사서로 분류하기도 하며, 중국 전통 산문의 전범으로 꼽히기도 한다. 원래는 정치 문헌들을 그냥 문서란 의미의 《서(書)》라고 불렀다. 그런데 전한시대(前漢時代)에 유학이 국가이념이 되자 존중의 의미를 담아 "상(尙)"자를 붙여 《상서》라고 호칭하기 시작했다. 이후 송나라 때 유교의 《시경(詩經)》, 《상서(尙書)》, 《주역(周易)》 등을 3경(三經)이라고 했다. 따라서 이때부터 《상서(尙書)》를 《서경(書經)》이라고 개칭했다.

구밀복검

 겉과 속이 다른 언행을 할 때 "호박씨 간다."라고 한다. 이와 상통하는 말의 하나가 구밀복검(口蜜腹劍)이지 싶다. 면전에서는 온갖 감언이설을 쏟아내다가 막상 뒤에 가서는 뒤 담화를 일삼는 경우를 이른다. 직역하면 "입에는 꿀을 담고 배에는 칼을 지니고 있다."라는 의미이다. 결론적으로 겉으로는 더할 나위 없이 친절하지만, 속으로는 해칠 독기를 품거나 뒤에서 헐뜯거나 적대 행위를 일삼는 경우에 쓰이는 말이다. 한편 이 말은 중국 당나라 현종 시절 간신인 이임보(李林甫)의 행동에서 비롯되었다.
 평소에 간이나 쓸개를 몽당 떼어 줄 듯이 살살거리면서도 마음속으로는 잔뜩 악의를 품고 호시탐탐 기회를 엿보고 있는 여우같은 사람을 묘사하는데 쓰인다. 흔히들 "열 길 물속은 알아도 한 길 사람 속은 모른다."라고 한다. 이런 맥락에서 표리부동한 이중적인 태도를 보이는 사람들의 특징을 간파하고 조심한다면 대인관계에 도움이 되지 않을까. 한편 넓은 의미에서 유의어(類義語)로는 소리장도(笑裏藏刀)·양두구육(羊頭狗肉)·면종복배(面從腹背)·인면수심(人面獸心)·양봉음위(陽奉陰違)·표리부동(表裏不同)·소면호(笑面虎) 등을 열거할 수 있겠다.

구밀복검을 언급하고 있는 출전(出典)은 《자치통감(資治通鑑)*》과 《십팔사략(十八史略)*》이다. 《자치통감》에서 구밀복검이 나온 해당 내용이다.

세상에서 이임보를 가르며(世謂李林甫 : 세위이임보) / 입에 꿀이 있지만(口有蜜 : 구유밀) / 배에는 칼이 있다(腹有劍 : 복유검) /

한편 십팔사략에 나타난 해당하는 내용은 이렇다.

/ 성품이 음흉해서(性陰險 : 성음험)/ 사람들은(人以爲 : 인이위) / 입에는 꿀이 있으며 배에는 칼이 있다(口有蜜腹有劍 : 구유밀복유검) /

당나라 현종(玄宗)이 즉위한 초기에는 요숭(姚崇) 같은 명재상과 함께 혁신적인 정책을 시행하며 선정을 펼쳐 당대최성기(唐代最盛期)인 개원지치(開元之治) 즉 '개원(開元)의 치(治)'를 연 현군이었다. 그런데 노년에 이르러 정치에 뜻을 잃고 자기 딸같이 어린 양귀비(楊貴妃) 치마폭에서 헤어나지 못해 정사(政事)를 등한시하고 주색에 빠졌다. 그 무렵 자신의 일가친척인 이임보에게 국정의 전권을 위임하다시피 했다. 그는 19년 동안 재상으로 재임하면서 온갖 악행의 자행뿐 아니라 수많은 충신을 내쫓거나 죽이며 조정을 떡 주무르듯이 자기 뜻대로 휘둘렀다. 그러면서도 황제의 눈과 귀 역할을 하던 지근인 후궁이나 환관들의 환심을 사는 일에는 물불을 가리지 않았다.

원래 이임보는 글과 그림에도 뛰어났다. 그러나 본디 성품이 음흉하고 아부에 능해 황제의 비위 맞추기에 심혈을 기울이며 충신이나 백성들의 간언을 황제에게 전달하지 못하도록 철저하게 차단했던 간신이었다. 그렇게 무소불위의 막강한 권력을 이용해 정적이나 눈에 거슬리는 인사들을 가차 없이 살해하거나 벼슬에서 내쫓고 귀양을 보내 모든 사람은 두려워 멀리하며 이렇게 평했다.

/ 이임보 입에는 꿀이 있고, 배 속에는 칼이 들어있다(口蜜腹劍) /

대단한 사람들의 한심한 얘기다. 매우 유명한 학자이며 정치가였던 이가 산지사방에 남긴 글귀에 많은 사람이 공감해 박수와 응원을 보냈었다. 그는 또한 "모두가 용이 될 필요는 없으며 가재나 붕어로 살아도 보람 있으면 된다."라는 말을 남겨 박수갈채를 받았었다. 그런데 뒤 구석에서는 자기 아들과 딸은 용으로 만들기 위해 온갖 부정한 편법을 동원하여 진학시켜 놓고도 정당했었다는 어불성설을 늘어놓으며 극구 항변해 원성의 대상으로 전락했다.

그런가 하면 누구나 우러러보는 높은 자리에 앉은 사람이 자기는 서울의 노른자위인 강남에 살면서 "모두가 강남에 살 필요는 없다."라는 얼빠진 얘기를 해서 전 국민의 지탄의 대상이 되기도 했다. 한편 최고의 고위직 임용에 병역 기피·위장 전입·부동산 투기·논문 표절·음주 운전 따위는 결격 사유라고 흰소리를 해댔었다. 하지만 웬걸 여야를 막론하고 추천하는 인사들은 한결같이 그 조건에서 자유로운 인사는 없었다. 우리 사회 엘리트들의 일그러진 도덕관 때문인지 입으로는 선(善)을 얘기하면서 드러나지 않은 속내는 비참할 정도로 썩어 문드러진 진면목을 보여주는 실상의 단면이라면 너무도 참담하다.

예로부터 '윗물이 맑아야 아랫물이 맑다.'라고 하여 원청유청(源淸流淸)이라 했다. 또한 '윗물이 흐리면 아랫물도 깨끗하지 못하다.'고 하여 상탁하부정(上濁下不淨) 혹은 상즉불리(相卽不離)라고 일렀다. 우리 사회 지도층의 도덕적 해이 때문일까. 서민들 삶에서도 구밀복검의 사례가 툭하면 이 구석 저 구석에서 불거져 크고 작은 사회적 문제를 제기해 갈등을 겪는 현실을 부정하기 어렵다.

흔히들 남에게는 끝없는 관용과 양보는 물론이고 희생하라는 그럴듯한 조언을 한다. 하지만 그게 자기의 일이 되었을 때는 표변하여 조금도 손해 보려 들지 않는 경우가 비일비재하다. 과연 말과 행동 즉 언행이 일치하는 인품을 갖추는 게 그리도 어려운 걸까. 그래서 입으로는 부처님 가운데 토막같이 달콤한 말을 주워섬기면서 양보하고 용서하며 희생하겠다는 구두선(口頭禪)을 달고 사는지 모른다. 하지만 마음속의 칼을 버리지 못하는 모순에서 벗어나지 못하면 그게 무슨 소용이 닿겠는가.

=====

* 자치통감(資治通鑑) : 중국 송(宋)나라의 사마광(司馬光)이 영종(英宗)의 명을 받아 펴낸 중국의 편년서(編年書)이다. 주(周)나라 위열왕(威烈王)으로부터 후주(後周) 세종(世宗 : 柴榮)에 이르기까지의 113왕 1362년간의 역대 군신의 사적(史跡)을 편년체(編年體)로 엮었으며 정사(正史) 이외의 풍부한 자료와 고증을 첨가하였다. 1065~1084년에 간행되었으며 294권으로 되어있다.
* 십팔사략(十八史略) : 중국 원(元)나라의 증선지(曾先之)가 《십팔사(十八史)》를 요약하여 초학자용(初學者用)으로 편찬한 책이다. 이는 중국 태고(太古)에서 송말(宋末)까지의 사실(史實)을 압축하여 기록했는데 원간본(原刊本) 2권으로 되어 있다.

군계일학

　군계일학(群鷄一鶴)의 본디 뜻은 '닭 무리 중에 학 한 마리'이다. 현실적인 쓰임에서는 닭 무리(群鷄)는 수많은 평범한 사람, 한 마리 학(一鶴)은 발군의 뛰어난 기라성같은 사람을 지칭한다. 그러므로 '수많은 평범한 사람들 가운데 샛별처럼 뛰어난 특출한 사람'을 가리키는 의미로 통용되고 있다. 여기서 '발군의 샛별처럼 뛰어나며 특출한 사람'이란 '뛰어난 재능'을 지녔거나 '다른 사람은 도저히 따를 수 없는 혁혁한 업적을 이룩한 경우'를 의미한다.

　이 말은 위진(魏晉)시대 혜강(嵆康)의 아들인 혜소(嵆紹)에서 비롯되었다. 동의어로 학립계군(鶴立鷄群)이나 계군일학(鷄群一鶴)이 있다. 한편 유의어로 발군(拔群), 출중(出衆), 낭중지추(囊中之錐), 백조조황(百鳥朝凰), 백조조봉(百鳥朝鳳), 철중쟁쟁(鐵中錚錚), 절륜(絶倫), 백미(白眉) 따위를 들 수 있겠다.

　세태가 몹시 어지럽던 위(魏)·진(晉)시절 세상에 염증을 느꼈던 칠현(七賢)들이 무위자연(無爲自然) 사상에 심취하여 세상을 등지고 죽림(竹林)에 모여 은거하면서 거문고를 타고 술을 마시며 유유자적했다. 세상은 그들을 죽림칠현(竹林七賢)*이라고 불렀다. 이들 중에서 문학에 특히 재능이 출중하던 혜강이 무고(誣告)한 죄를 뒤집어쓰고 억울하게 목숨을 잃었다. 그 혜강에게 어린 아들 혜소(嵇紹)가 있었는데 성장하면서 아버지를 닮아 영민하고 재주가 출중했다. 하지만 자기 아버지의 죄과 때문에 벼슬길이 꽉 막혀 있었다.

혜소의 됨됨이나 재능을 잘 알고 안타깝게 지켜보면 아버지 친구이며 죽림칠현의 하나였던 산도(山濤)가 서진(西晉)의 태조(太祖)인 무황제(武皇帝) 사마담(司馬談)에게 그에게 벼슬길에 나갈 수 있도록 은전을 베풀어 달라고 간곡하게 천거(薦擧)했다. 황제가 그의 주청(奏請) 받아들여 관직에 나갈 길이 열렸다. 그래서 혜소가 임용되어 황제인 사마염 알현을 위해 가는 모습을 지켜보던 한 사람이 왕융(王戎)에게 이렇게 말했다. 이는 《진서(晉書)》〈혜소전(嵇紹傳)〉에 나타난 관련 원문(原文) 내용이다. 이 대화를 바탕으로 군계일학이라는 말이 생겨났다.

/ 앞서 여러 사람 중에 있던 혜소를 처음 봤었는데(昨于稠人中始見嵇紹 : 작우조인시견혜소) / 고고한 기품은 야생 학이 닭의 무리에 있는 듯했지요(昂昂然如野鶴之在鷄群 : 앙앙연여야학지재계군). / 왕융이 말했다(戎曰 : 융왈), 선생은 그의 아버지를 본 적이 없지 않은가(君復未見其父耳 : 군부미견기부이)? /

군계일학의 몇몇 예이다. 조선 시대 과거 합격자는 예상보다 훨씬 많다(15,151명). 그중에 가장 뛰어난 발군으로 별 중의 별은 과연 누구였을까. 보편적인 관점에서 볼 때 아홉 번이나 장원 했다는 의미에서 구도장원공(九度壯元公)으로 불리는 율곡(栗谷) 이이(李珥)가 떠오른다. 이런 이유에서 오늘날 현재 통용되는 천원 권(券) 지폐에 그의 존영이 새겨져 있는 게 아닐까. 한편 우리 역사상 수많은 장수 중에서 지략과 용맹을 비롯해 덕까지 두루 갖춰 샛별처럼 빛나는 대표적인 경우는 을지문덕, 김유신, 이순신 등을 열거할 수 있지 싶다. 그런가 하면 미색이 출중하게 빼어나 결국에는 경국지색(傾國之色)에 이르렀던 대표적인 예는 양귀비가 아닐까. 이 세상엔 글을 썼던 문필가들이 수없이 많았다. 하지만 셰익스피어(William Shakespeare), 헤밍웨이(Ernest Miller Hermingway), 톨스토이(Tolstoi), 타고르(Tagore) 등과 같은 문장화국(文章華國)에 이를 정도의 군계일학들은 흔하지 않다.

일반적으로 어떤 집단에서 군계일학이라 함은 해당 집단에서 혁혁한 성과를 거두거나 남들이 따를 수 없는 업적을 이뤘다는 뜻이다. 그러므로 그 집단의 다른 이들에 비해 우월하며 독특한 존재라는 얘기가 된다. 한편 그가 남들과 확연하게 차별되는 특별한 능력과 특성을 지녔다는 의미이기도 한다. 또한 남들이 도저히 따를 수 없는 성과나 업적을 이룬 것을 비롯해서 남들과 차별되는 독특한 특성이나 능력을 지녔다는 사실이다. 이러한 점은 주변의 모든 사람에게 긍정적인 영향을 줄 가능성을 비롯해 본보기가 되어 변화의 동기를 유발시킬 가능성도 다분하다.

학창 시절엔 친구들의 추종을 불허할 정도로 공부를 잘하는 친구가 가장 선망의 대상이었다. 그 후에 사회인이 될 무렵엔 속물로 변해 부모로부터 경제적인 지원이 탄탄한 친구가 무척 부러웠다. 범재의 처지에 학문의 세계에 자리 잡으며 학문적 성과에서 거듭거듭 탁월한 업적을 자랑하던 샛별 같은 이들이 무척 부러웠다. 하지만 내 능력이 따르지 못하는데다가 신실한 노력까지 턱없이 부족해 부질없는 욕심을 접으며 최선을 다하는 차선 쪽으로 방향을 바꿨다. 일터에서 물러나 생의 후작으로 시작했던 글쓰기 역시 재능이 부족하고 노력도 변변치 않았던 까닭에 변방의 충수꾼으로 세월을 보내며 지금에 이르렀다. 이 또한 뚜렷한 성과 없이 남들이 갔던 길을 어림으로 답습하면서 세월만 축내다가 어느결에 여든이라는 나이를 맞이했다. 예에 이르니 무엇보다 건강에서 군계일학의 독보적인 모습을 보이는 이들이 가장 멋있어 보이고 부럽다. 일부러 내려놓거나 버린 것도 아닌데 지금 내 손은 텅 빈 채이다.

=====

* 죽림칠현(竹林七賢) : 중국 위(魏)·진(晉)의 왕조시절 완적(阮籍), 혜강(嵇康), 산도(山濤), 상수(向秀), 유령(劉伶), 완함(阮咸), 왕융(王戎)을 지칭한다. 그들은 정치나 권력에는 전혀 뜻이 없었고 죽림에 함께 은거하며 거문고와 술을 즐기면서 청담(淸談)을 주고받는 것을 낙으로 삼고 삶을 누렸던 일곱의 선비이다. 극히 개인주의적이고 무정부주의적인 노장사상(老莊思想)을 신봉했었다.

귤화위지

'귤(橘)이 탱자(枳)가 되다.'라는 뜻의 귤화위지(橘化爲枳) 또는 남귤북지(南橘北枳)와의 만남이다. 이 말은 귤이 환경의 영향에 따라 탱자가 될 수 있음을 함축하고 있다. 좀 더 확대해석한다면 생명을 가진 식물이 주어지는 환경 조건에 따라 다른 모습으로 변할 수 있을 뿐 아니라 사람의 경우도 달라질 개연성이 다분함을 암시하는 뜻을 담고 있다. 다시 말하면 사람은 처한 환경에 따라 선악, 인품, 됨됨이, 생각 따위가 전혀 달라짐을 의미한다. 그런데 원래의 성어에서 말하는 남과 북의 기준은 회하강(淮河江)* 이란다. 원래 귤화위지는 춘추전국시대 말기의 제(齊)나라 유명한 재상인 안영(晏嬰)과 초(楚)나라의 영왕(靈王)의 만남에서 주고받았던 대화 중 안영이 했던 말에서 비롯되었다.

제나라 재상인 안영은 학문이 뛰어났을 뿐 아니라 인품 또한 고매해 뭇사람들의 칭송을 받았다. 하지만 키가 작고 왜소하며 외모는 볼품없어 위풍당당한 옥골선풍으로 보이지는 않았던 것 같다. 이런 안영이 어느 날 초나라에 사신으로 가게 되었다. 이 소식이 제나라 영왕에게 곧바로 알려졌다. 평소 소문을 들어 안영의 명성을 익히 알고 있던 왕은 그를 시험해 보고 싶었다. 그래서 신하들과 안영을 떠보기 위한 시나리오를 마련했다. 사신을 환영하는 주연을 베푸는 자리에 '가짜로 제나라 사람 범인'을 등장시켜 시험하기로 했다.

또 다른 전언의 일부 내용이다. 이런 유(類)의 전언은 출전(出典)은 아니지만 여러 갈래로 전해지는 내용 중 하나이다. 사신으로 방문한 안영을 마주한 자리에서 초나라의 영왕은 왜소하고 작달막해 볼품없는 외모를 비하는 조롱을 했단다*.

키가 작은 외모를 빗대 "선생 같은 사람을 사신으로 보내는 제나라는 인물이 없는가 보오."라고 왕이 말했다. 이에 안영이 태연자약하게 되받아쳤다. "우리나라에서는 대국에는 기골이 장대한 사람을, 약소국엔 소생처럼 작은 사람을 사신으로 보낸답니다."라고 말이다. 결국은 초나라가 약소국이라고 일갈한 쐐붙임이었다. 이는 언변이 능수능란한 안영에게 영왕이 일방적으로 완패를 당한 증좌가 아닐까.

한편 귤화위지의 출전은 《안자춘추(晏子春秋)》이다. 앞에서 잠시 언급했던 영왕과 신하들이 사신인 안영을 시험하기 위한 시나리오로부터 고사(故事)는 전개된다. 사신으로 초나라에 도착한 안영을 위해서 환영의 자리가 펼쳐져 몇 순배(巡杯) 술잔이 돌면서 분위기가 무르익었을 무렵이었다.

저쪽에서 포졸들이 포승줄에 묶인 범인 한 사람을 데리고 지나갔다. 왕은 깜짝 놀라는 시늉을 하며 "왜 그 사람을 포박해 연행하는가?"라고 물었다. "제나라 사람으로 도둑질을 한 현행범을 연행하는 것입니다."라고 포졸이 아뢰었다. 왕이 옆에 있던 안영을 보고 "제나라 사람들은 도둑질을 잘하는가 보오."라고 비웃었다. 왕의 말에 한 치도 물러서지 않고 안영은 곧바로 즉답했다. 여기서 귤화위지라는 말이 탄생했다.

/ 제가 듣기로는 귤은 회하강(淮河江) 남쪽에서 생산되면 귤(橘)이 되지만(嬰聞之 橘生淮南 則爲橘 : 영문지 귤생회남 즉위귤) / 회하강 북쪽에서 생산되면 탱자(枳)가 된다고 합니다(生于淮北 則爲枳 : 생우회북 즉위지) /

"본디 귤과 탱자는 같은 종류이기 때문에 잎은 비슷할지라도 그 열매 맛은 아주 판이하게 다릅니다. 그 이유가 어디에 있을까요. 풍토와 환경의 차이 때문입니다. 마찬가지로 제나라에서 태어나 제나라에 살면 도둑질을 아예 모르는데 초나라로 옮겨오면 도둑질을 하니 이는 필시 제나라의 풍토 즉 환경의 영향으로 여겨집니다."라고 일갈했다. 이 말을 묵묵히 듣고 있던 영왕이 "안영의 손을 덥석 잡고 선생은 소문으로 듣던 대로 천하제일의 군자(君子)로다."라고 탄복하며 칙사 대접을 했다고 한다.

견해에 따라 다르겠지만 귤화위지라고 하면 연상되는 맹모삼천지교(孟母三遷之敎)*이다. 같은 사람도 환경에 따라 전혀 다른 사람이 될 개연성이 얼마든지 있다는 견지에서 얘기다. 맹자(孟子)의 교육을 위해 세 차례나 이사하였던 맹자의 어머니 급씨(伋氏)가 한없이 우러러 보이기 때문이다. 원래 맹자가 살던 동네는 공동묘지 근처였기 때문에 어린 시절 상엿소리와 곡(哭)을 흉내 내며 놀았다. 이를 방치하면 안 되겠다 싶었던 그의 어머니가 이번에는 시장 근처로 이사를 했더니 매일 장사꾼 흉내만 냈다. 그래서 또다시 문묘(文廟)* 근처로 이사를 했다. 그러자 맹자는 관원들의 예절을 따라 배우고 제례를 모시는 시늉을 하는가 하면 책을 가까이하며 학문에 뜻을 두고 노력해 결국 성현이 되었다. 물론 맹자의 어머니 행동은 오늘날 치맛바람의 주인공인 극성스러운 엄마의 표본으로 폄하되기도 하지만 자라나는 새싹들에는 환경이 중요함을 일깨워 주는 이정표 같다면 지나친 미화일까.

결국 귤이 어느 지역에서 자라느냐에 따라 탱자가 될 수 있듯이 사람도 주어지는 환경의 영향을 받아 전혀 다른 사람이 될 수 있음 일깨워 주는 귤화위지의 의미를 여든의 문턱에 이르러 되새겨 보는 나는 누구일까.

=====

* 회하강(淮河江) : 중국의 하남성(河南省) 동백산에서 발원하여 안휘성(安徽省)과 강소성(江蘇省)을 거쳐 황하로 흘러드는 강이다.
* 아무리 외모가 무녀리 같다고 해도 상대 국왕을 대신해 자기 나라를 방문한 사신에게 이런 모욕적인 언사를 면전에서 했을까, 의문이 들어 허구가 아닐까 싶다.
* 전한(前漢) 시절 유향(劉向)이 지은《열녀전(列女傳)》에 등장한다.
* 문묘(文廟): 공자(孔子)의 신위(神位)를 받드는 묘우(廟宇)를 말한다.

기호지세

　기호지세(騎虎之勢)의 본디 뜻은 '호랑이를 타고 달리는 모양(형세)'을 묘사하는 말이다. 생각만 해도 끔찍한 일이다. 어쩌다가 맹수 중에 가장 무서운 호랑이의 등에 앉아 내달리게 되었다고 가정한다면 보통의 경우 놀라 기절하지 않으면 다행이리라. 그렇다면 도대체 어떤 상황에 처했을 때 기호지세라는 말을 사용할까. 그 용처를 비롯해 유래와 만남이다.

　자의나 타의를 막론하고 호랑이 등을 타고 달리는 형국이 되었을 경우 중간에 함부로 내리면 되레 호랑이에게 잡아먹힐 개연성이 다분하다. 그렇다고 무한정 그 상태로 계속 달릴 수도 없는 진퇴양난의 상황에 빠진 형국이 틀림없다. 결국 '이미 시작되어 중간에 포기하거나 물러설 수도 없는 형편'이다. 그러므로 이러지도 저러지도 못할 맹랑한 상황에 처하여 돌이키기 어려운 경우를 빗대 기호지세라고 이른다.

　사노라면 전혀 자신의 의지와 무관하게 애매한 상황에 휩쓸려

발을 들여놓았지만, 중간에 손을 털고 발을 뺄 처지도 아닐 뿐 아니라 계속 참여하기도 난감한 경우를 맞닥뜨릴 때가 있을 수도 있으리라. 이런 난감한 상황 즉 기호지세에 처했을 때 현명한 판단으로 합리적인 대처 방안을 모색한다는 것은 어쩌면 황소가 바늘구멍으로 빠져나가는 행운을 만나는 것보다 더 어려운 일이다.

동의어와 유사어로는 기호난하(騎虎難下), 기수지세(騎獸之勢), 진퇴양난(進退兩難) 따위가 있다. 한편 이 말의 유래는 북주(北周)의 선제(宣帝)가 승하했을 때 재상(宰相)이었던 양견(楊堅: 훗날 수문제(隋文帝))이 입조(入朝)*해 궁(宮) 내에서 기거하면서 문무백관들을 거느리고 총괄해 장례와 그에 따른 다양한 문제 처리에 몰두하고 있을 때였다. 그때 자기 부인(훗날 수(隋)나라 독고황후(獨孤皇后))이 환관을 통해서 은밀하게 전했던 전간(傳簡)*에서 비롯되었다. 한편 이런 고사(故事) 내용이 전해지는 출전(出典)은 《수서(隋書)》의 〈독고황후전(獨孤皇后傳)〉이다. 그에 관련된 큰 틀의 내용 요약이다.

주(周)나라의 선제(宣帝)가 승하하자 고조(高祖: 훗날 수문제(隋文帝)인 양견(楊堅)이 입조(入朝)해 궁에서 기거하면서 문무백관들을 총괄할 때 황후(皇后: 양견의 부인 독고(獨孤)씨가 환관을 시켜 은밀하게 전한 전간(傳簡)을 통해 고조에게 일렀다.

/ 대사(大事가 이미 기울어져 짐승을 타고 달려가는 모양(형세)

(騎獸之勢)이기 때문에 함부로 내릴 수 없사오니 단단히 각오를 하세요(大事已然 騎獸之勢* 必不得下勉之 : 대사이연 기수지세 필부득하면지) /

위의 전간을 통해 기호지세라는 성어가 탄생했다. 원래 양견은 한인(漢人)으로 오랑캐에게 잃었던 실지(失地)를 되찾아 한족의 나라를 다시 세우려는 뜻을 품고 있다는 사실을 아내인 독고 여사는 매구같이 꿰뚫고 있었다. 그런 그녀가 남편을 응원하고 격려하기 위해 은밀하게 전한 전간에서 "대사가 이미 돌이킬 수 없는 지경으로 날랜 호랑이의 등에 올라탄 형세가 되었으니 이제는 중도에서 그만두거나 돌아설 수 없습니다. 그렇다고 중도에 내린다면 잡아먹힐 수밖에 없는 상황이기에 끝까지 최선을 다하세요."라는 메시지를 보냈다. 그 후 선제의 뒤를 이어 등극한 나이 어린 정제(靜帝)는 왕좌를 지켜내지 못하고 사실상 주나라를 좌지우지하며 주물렀던 양견에게 형식적으로 선위(禪位)함으로써 결국은 수나라를 창건하여 왕에 등극해 수문제(隋文帝)가 되었다.

지금까지 살펴본 고사와 연관된 여담 하나이다. 주나라 황제였던 선제(宣帝)의 정실(正室)이 바로 양견의 큰딸(長女)이었다. 달리 말하면 선제의 장인이 양견이었다. 그러므로 정제(靜帝)로부터 선위를 받은 양견이 수(隋)나라를 창건하여 수문제(隋文帝)가 된 것은 결과적으로 장인이 사위의 나라를 빼앗은 형국으로 권력의 비정함을 웅변하는 징표가 아닐까 싶다. 게다가 아이러니한 것은 수나라 역시 제대로 국권을 지켜내지 못하고 공제(恭帝) 때 수문제의 처조카인 이연(李淵)에게 선양(禪讓)함으로써 그로 하여금 당(唐)나라를 건국하게 만들었다. 이들 주나라와 수나라는 판박이처럼 닮은꼴로 칠칠치 못한 왕 때문에 사실상 나라를 뺏기는 비운을 겪으며 역사 속으로 멸(滅)했다.

생각할수록 어렵고 난처한 일이다. '어떤 상황에서도 중지하거나 발을 뺄 수 없어 끝까지 가야 하는 모양이나 형세(지세)'에서 정해진 모범 답은 없지 싶다. 그때그때 상황에 따라 순간적으로 최선의 판단을 하는 외에 달리 기대할 선택지는 신도 모르지 않을까.

=====

* 입조(入朝) : 벼슬아치들이 조정의 회의에 들어가던 일.
* 전간(傳簡) : 사람을 시켜 편지를 전함.
* 오늘날은 '호(虎)'자를 써서 기호지세(騎虎之勢)로 표기하지만. 원본에는 '호(虎)' 대신 '수(獸)'를 써서 기수지세(騎獸之勢)로 표기하고 있다.

낙불사촉

낙불사촉(樂不思蜀)의 본디 의미는 '쾌락을 탐닉하다가 촉(蜀)을 생각하지 않는다.'이다. 그러므로 '부질없는 쾌락의 늪에 함몰되어 자신의 처지를 망각하는 어리석음'을 빗댄 표현으로 질책과 조롱의 함의(含意)를 지닌 말이다. 저잣거리의 우매한 왈패 무리에서 얼마든지 이런 현상이 발생할 수 있다고 여겨진다. 하지만 촉(蜀)나라의 왕권을 지켜내지 못해 나라를 멸망시킨 패주(敗主)인 유선(劉禪)에게서 유래되었다는 믿기지 않은 얘기에 구미가 당겨 한 발 가까이 다가가서 숨겨진 민낯을 들춰보기로 했다.

보통의 경우 두 나라가 겨루다가 패망하는 나라의 군주와 그 일족은 멸문지화를 당하는 게 보편적인 상식이다. 하지만 옛날 중국의 촉나라가 위(魏)나라에 패망한 뒤에도 촉나라 황제였던 유선은 어떤 이유였는지 처형되지 않고 위나라 황제인 사마소(司馬昭)와 같은 하늘 아래 같은 땅에서 살았던 모양이다. 그런 유선을 불쌍히 여기던 사마소가 인정을 베풀었던 걸까. 이에 얽혀 생겨난 낙불사촉에 대한 사연과 유래가《삼국지(三國志)》〈촉서(蜀書)〉〈후주전(後主傳)〉에 나오는 내용의 요약이다. 한편 유의어로는 낙이사촉(樂而思蜀), 한단학보(邯鄲學步), 배은망덕(背恩忘德), 망은부의(忘恩負義), 수전망조(數典忘祖) 등이 있다.

아래 얘기 내용의 출처는《한진춘추(漢晉春秋)*》임을 밝히는 문장으로부터 시작하고 있다. 어느 날 위나라 사마문왕(司馬文王) 즉 사마소가 나라를 잃고 자기 감시를 받으며 근근이 목숨을 부지하던 촉나라 유선을 위해 조출하게 베풀었던 연회에서 일이었다. 그 자리에서 유선을 위로할 요량으로 촉나라 기예를 공연하도록 했다. 그를 지켜보던 모든 촉나라 사람들은 비통한 슬픔에 빠졌는데 유일하게 유선만은 기뻐하면서 웃음을 지을 뿐 아니라 태연자약해 놀라게 했다.

그 연회 자리에 참석했던 촉나라 사람 모두 패망한 조국 생각에 침통하고 무거운 분위기인데 황제였던 유선의 한심한 작태를 조용히 지켜보던 사마소가 어이가 없어 옆에 있던 신하인 가충(賈充)의 귀에 대고 속삭였다. "사람이 형편에 따라 변하는 것은 자연스러운 현상 일 게다. 하지만 어찌하면 저렇게 철저히 망가질 수 있단 말일까? 아마도 제갈량(諸葛亮)이 살아 있다고 하더라도 그(유선)를 바로 보필하기 어려웠지 싶네. 그런데 그를 모셨던 강유(姜維)*가 어찌할 수 있었겠나."라고. 그 말에 신하인 가충(賈充)이 답했다. "(유선이) 그렇지 않았다면 전하께서 어찌 촉나라를 합병하셨겠습니까?"라고 답했다. 이 말에 담긴 참뜻은 유선이 저렇게 모자라는 위인이기 때문에 전하께서 촉을 위에 합병하지 않았느냐는 뜻을 담고 있지 싶다. 그 후 어느 날 사마소는 유선에게 물었다. "촉나라가 많이 생각나지 않느냐?"고. 이에 대한 유선의 답이었다.

/ 요즘(此間)에는 즐거워서 촉이 생각나지 않습니다(此間樂不思蜀 : 차간낙불사촉) /

위 내용에서 낙불사촉이라는 말이 비롯되었다. 유선의 옛 충신인 극정(郤正)은 유선의 얼뜨기 같은 답을 했다는 얘기를 전해 듣고 득달같이 찾아가 직설적으로 조언했다. "왕(유선)이시여! 다음에 또 사마소가 같은 질문을 한다면 이렇게 답을 하세요."라면서 어린이에게 이르듯 "선조들의 묘소가 멀리 농촉(隴蜀)에 있기 때문에 마음은 서쪽을 향하고 슬퍼 허구한 날 생각을 지울 수 없습니다."라고 말하라고 했다.

다시 얼마간의 시간이 흐른 어느 날 사마소가 유선에 다시 물었다. 이에 모자란 사람이었던지 유선은 신하인 극정이 일러준 그대로 앵무새처럼 읊어댔다. 유선의 답을 듣고 있던 사마소가 "어쩌면 극정의 말과 그리 똑같소?"라고 반문했다. 유선은 자기가 답한 말의 내용이 신하 극정이 했던 말이라는 것을 어떻게 사마소가 알았을까 의아해하며 놀라 되물었다. "어찌하여 그런 사실을 아셨느냐?"면서 "생각해 보니 그렇네요."라고 답했다. 사람들은 그런 얼뜨기 같은 유선을 비난하고 비웃었다고 한다.

이 고사(故事)를 접하면서《삼국지》〈촉서〉〈후주전〉에서 전하고 있는 내용이 도저히 믿기지 않는다. 그 기록 내용이 진실이라면 유선의 행동거지는 다음 세 가지 중 하나의 이유였으리라. 첫째로 옛날 왕위 승계 원칙인 장자 우선이라는 관습 때문에 초래되는 폐해 중의 하나라고 여겨진다. 왜냐하면 함량 미달인 장자가 왕위를 승계 받았던 때문에 한 나라의 황제로 재위하다가 적대국에 패해 구차하게 명을 이어가는 패왕(敗王)이 얼간이 같은 언행을 여러 번 되풀이 했다는 기록이 그를 증명하는 게 아닐까. 둘째로 나라를 지켜내지 못한 죄인으로서 선제(先帝)인 유비(劉備)와 만백성들에게 면목이 없어 철저하게 등신으로 위장한 채 비루한 목숨을 연명하는 패왕으로서 살아가는 처세 방안일 수도 있다. 셋째로 이야기의 흥미나 주위 이목을 끌기 위해서 패주(敗主)인 유선을 우스꽝스러워 인물로 설정하여 묘사하려는 의도로 그렇게 기술한 것일 수도 있다.

　정상적인 정신을 지닌 사람이라면 보통 사람들도 그런 언행을 되풀이하지 않았으리라는 확신을 한다. 그렇다면 결국 유선은 진정 모자라는 사람이었거나 의도적으로 바보로 위장하고 어쩔 수 없는 삶을 견뎌내는 처세술이 아니라면 작위적으로 설정한 등장인물의 성격 중의 하나 외에는 다른 이유가 없다. 이런 유선의 언행이 어디에서 연유하는지 무척 궁금하다. 의문시 되는 숙제를 풀기 위해서 지금부터 여러 자료에 접근하여 꼼꼼히 훑어보고 대략이라도 가름해 봐야겠다.

=====

* 한진춘추(漢晉春秋) : 중국 동진(東晉)의 습작치(習鑿齒)가 지은 역사서로서 후한(後漢)의 광무제(光武帝)부터 서진(西晉)의 민제(愍帝)까지 대략 300년간의 역사가 서술되어 있다.
* 강유(姜維) : 중국 삼국시대 촉한(蜀漢)의 장수이다. 자는 백약(伯約)으로 위(魏)의 군리(郡吏)였다가 제갈량(諸葛亮)이 북벌할 때 그를 따라가 촉한(蜀漢)의 장수가 되어 수차례 전공을 세웠다. 위(魏)나라 종회(鐘會)의 침공으로 유선(劉禪)이 항복하자 종회(鍾會)에게 귀순하였다. 종회와 손잡고 반란을 일으켰으나 발각되어 실패하고 자살하였다.

노생지몽*

'인생의 덧없음' 즉 부운조로(浮雲朝露)를 어렴풋이 깨우칠 세월을 맞이한 걸까. 할 일 없이 지난 세월을 돌아보는 버릇이 생겼다. 선인들이 일러왔던 '뿔이 있는 짐승은 이(齒)가 없다 즉 한 사람이 여러 가지 재주나 복을 모두 가질 수 없다.'라는 뜻의 각자무치(角者無齒)라는 말이 요즘 들어 자꾸만 와 닿는다. 젊은 날 모든 분야에 '정성을 다해 노력하는 마음'인 구마지심(狗馬之心)에 다다르지 못했었다. 그런 사정을 매구같이 꿰뚫고 있었던 신은 내 깜냥에 맞게 생의 범주를 허용한 것 같다. 늘 '앞날의 일을 정확하게 예견'하는 명견만리(明見萬里) 지혜가 턱없이 부족했던 까닭에 꿈꾸거나 바랐던 삶과는 괴리를 절감하고 있다. '빙옥(氷玉)같이 맑고 깨끗한 심성'인 빙청옥결(氷淸玉潔)의 바탕으로 삶을 꾸리지 못했다. 그럴지라도 세상살이에서 '권력이 있을 때는 아첨하고 권력이 없어지면 푸대접'하는 염량세태(炎涼世態)의 자세로 처신하면서 '한평생을 아무 하는 일 없이 흐리멍덩하게 사는' 취생몽사(醉生夢死)를 하며 '정처 없이 헤매는' 탕탕유유(蕩蕩悠悠)는 면했음을 다행으로 여겨야 할까. '기둥이나 들보가 될 만한 훌륭한 인재'인 동량지재(棟梁之材)가 아니었던 까닭일 게다. '도끼를 갈아서 바늘을 만든다. 다시 말하면 아무리 어려운 일이라도 꾸준히 정성을 다하면 이룰 수 있다.'라는 마부작침(磨斧作針)의 뜻을 꿰었었지만 이를 실천하려는 의지나 노력은 없었다. 게다가 '미치지 않으면(不狂) 미치지(不及) 못한다.'라는 불광불급(不狂不及)도 역시 마찬가지였다. 그럼에도 불구하고 시종일관(始終一貫) 진득하게 한 우물을 팠던 적이 없어 내세울 이룸이나 얻음이 없다. 그렇다고 물질문명의 만연에 따른 '돈이면 무엇이든 할 수 있다는 오만함'인 전능통신(錢能通神)*이라는 유혹을 뿌리치지 못해 그쪽이나 여타 분야에 발을 들여놓을 용기도 없었다. 결국은 대차지 못한 성격에다가 후천적인 노력도 부실한 처지에 감히 '아무 구속 없이 한가한 생활을 하며 유유자적하는 경지'인 한운야학(閑雲野鶴)한 안일을 꿈꾸는데, 문제가 있었지 싶다. 이는 '하나는 알고 둘은 모르'는 지일미지이(知一未知二)의 어리석음을 제대로 깨우치지 못한 아둔함이 부른 화(禍)이다. 예로부터 《명심보감(明心寶鑑)》의 〈입교편(立教篇)〉에서 "어려서 배우지 않으면(幼而不學) 늙어서 아는 게 없고(老無所知), 봄에 밭을 갈지 않으면(春若不耕) 가을에 거둘 게 없다(秋無所望)."라고 이르지 않았던가. 그럴지라도 '시기가 늦어 기회를 놓쳤음을 안타까워하는 마음'인 만시지탄(晚時之歎)은 아무짝에도 쓸모가 없어 공허할 따름이다.

나는 '남에게 존경받는 뛰어난 존재'인 태산북두(泰山北斗) 이거나 그럴 재목과는 거리가 멀다. 어느 모로 생각해봐도 '장가네 셋째 또는 이가네 넷째' 즉 장삼이사(張三李四)처럼 평범해서 세상 사는데 '뛰어난 재주나 신묘한 계책'인 신기묘산(神機妙算)을 생각해 낼 위인이 아니었다. 그래서 '작은 것을 버리고 큰 것을 취'하는 사소취대(捨小取大)를 원칙으로 삼고 지켜왔다. 이런 주제라서 세상사를 '깊이 생각하고 멀리까지 내다본다.'라는 심모원려(深謀遠慮) 능력이 턱없이 모자라 '말을 꺼내고 실천이 없거나 부족' 즉 언과기실(言過其實)한 경우가 허다했다. 형편이 이렇게 맹랑했던 까닭에 '남의 일에 무관심하거나 간여하지 않으려는 태도' 즉 오불관언(吾不關焉)의 자세를 견지하려 애를 썼던 것 같다. 이런 처세를 지켜보던 사람들은 아마도 '마음에 확실한 줏대가 없다.' 즉 심무소주(心無所主)한 인간이라고 비웃지 않았을까.

무슨 일을 했었느냐고 물으면 망설임 없이 '학문을 했다.'라고 답한다. 이제 와서 돌이켜보니 낯이 간지럽고 쑥스러운 대응이었다. 학문을 한다면서 읽었던 책이 '다섯 수레에 실을 만한 많은 책'인 오거지서(五車之書)쯤 된다거나 다산 정약용이 오래 앉아 책을 읽다가 '발목의 복사뼈 주위의 살갗이 세 차례나 짓물러 까졌다.'라는 과골삼천(踝骨三穿)과 견줄만한 상황에 이르렀던 적이 아예 없다. '책을 목숨처럼 좋아한다.'라는 기서약명(嗜書若命)의 참뜻을 제대로 깨우쳐 '책을 펴 놓기만 해도 유익하다.'라는 개권유익(開卷有益)이나 '손에서 책을 놓지 않는다.'라는 수불석권(手不釋卷)의 경지에 다다랐던 경험이 없다. 게다가 지나칠 정도로 책을 반복해 읽어 공자가 《주역》에 심취하여 죽간(竹簡)을 꿰고 있던 '질긴 가죽 끈이 세 번 끊어질 만큼 열심히 책을 읽었다.'라는 위편삼절(韋編三絶) 정도로 몰입했던 절절함도 없었다. 따라서 '책만 읽고 세상을 돌보지 않는 사람'인 간서치(看書癡)나 '글만 읽어 세상 물정에 어두운 사람'인 책상퇴물(冊床退物)의 자격도 없었다. '책을 읽지 않은 사람은 말도 멋이 없다.'라는 어언무미(語言無味)라는 말이 진리였던가. 아무리 곱씹어 봐도 내 말은 재미가 없다. 한편 학문의 세계에서도 '나무는 보고 숲을 보지 못한다.'라는 견수불견림(見樹不見林)의 상태에 머물며 변방을 맴돌다가 떠밀려 무대에서 내려온 격이다.

'사람은 죽어서 이름을 남긴다.'가 인사유명(人死留名)이다. 그렇다면 과연 나는 무엇으로 남길 수 있을까. 흔히들 '목이 말라야 우물을 판다.'고 하여 갈이천정(渴而穿井)이라지만 그처럼 절실했던 적이 없다. 항상 '친구 따라 강남 간다.'라는 추우강남(追友江南) 식으로 살다 보니 아예 '개천에서 용 난다.'라는 미유와구 이산신교(未有窪溝 而産神蛟)의 기대는 애초에 접었다. 이런 '우물 안 개구리' 즉 정저지와(井底之蛙)의 좁은 소견 때문에 초래된 문제를 위해 '소 잃고 외양간 고친다.'라는 망양보뢰(亡羊補牢)·실마치구(失馬治廐)를 한들 무슨 소용이 있겠는가. 하늘의 뜻에 따라 "콩 심은 데 콩을 거둔다."라는 종두득두(種豆得

묘)를 곧이곧대로 수용한다. 그래도 '말똥에 굴러도 이승이 좋다'는 수와마분(雖臥馬糞)에 동의하고 싶은 나는 진정 '어리석기 짝이 없다'라는 치인설몽(痴人說夢)을 면할 길이 없지 싶다.

과도한 탐욕일까. '곱고 덕스럽게 늙음'을 뜻하는 맥구읍인(麥丘邑人)을 닮고 싶어 일터에서 물러나며 매두몰신(埋頭沒身)했던 두 가지가 등산과 글쓰기이다. 여기서 등산은 육체적 건강, 글쓰기는 정신적 건강을 겨냥했다. 그런데 등산을 시작한 지 스무 해가 훌쩍 지난 지금은 '느림보 거북이 등산'으로 나보다 느리게 걷는 사람을 찾을 수 없다. 한편 글쓰기는 점점 매너리즘에 갇혀 헤어나지 못하고 늘 그 타령이다. 한편 글을 쓴다 해도 '말에 기대어 서서 짧은 시간에 만언의 문장을 짓는 재주 또는 글 잘 짓는 탁월한 재주'인 의마가대(意馬可待) 경지의 기대는 백년하청(百年河淸)일 뿐이다. 그러므로 '문장으로 나라를 빛낸다.'라는 문장화국(文章華國)은 언감생심(言敢生心)이다. 또한 '문장이 훌륭하여 손댈 곳이 없을 만큼 잘되었다.'라는 천의무봉(天衣無縫)이나 '베스트셀러가 되어 계속 인쇄하게 되면 종잇값이 오른다.'라는 의미의 낙양지가귀(洛陽紙價貴) 현상은 '그림의 떡'인 화중지병(畵中之餠)일 뿐이다. 그런가 하면 스무 해 넘게 일주일에 대여섯 차례 찾는 동네 뒷산 길이다. 왕복 두세 시간 정도 소요되며 삼십 리(里)쯤의 노정으로 여기에 매달렸던 게 오늘까지 별 탈 없이 육체적으로 건강을 유지하는 버팀목이지 싶다. 어찌 되었든 이들은 현재 내 삶의 근간으로서 이승의 생을 다하는 순간까지 이어갈 것을 다짐한다.

=====

* 노생지몽(盧生之夢) : 인생과 영화의 덧없음을 비유적으로 이르는 말. 서기 731년에 노생(盧生)이 한단이란 곳에서 여옹(呂翁)의 베개를 빌려서 잠을 잤다. 그런데 꿈속에서 80년 동안 부귀영화를 다 누렸으나 깨어보니 메조로 밥을 짓는 동안이었다는 데에서 유래한 고사이다. 심기제(沈旣濟)의 《침중기(枕中記)》에서 나온 말이다.
* 전능통신(錢能通神) : 중국의 진(晉)나라 때 노포(魯褒)의 저서 《전신론(錢神論)》. 한편 《전가사귀(錢可使鬼)》·《전가통신(錢可通神)》·《전가통귀(錢可通鬼)》로도 표기한다.

눌언민행

　눌언민행(訥言敏行)을 직역하면 '느린 말(訥言)과 재빠른 행동(敏行)'이라는 뜻으로 '말은 더듬거리듯 신중하게 하고 행동은 재빠르게(민첩하게) 하라.' 혹은 '말은 언제나 신중하게 하고 잘못을 깨달은 뒤에 바로 잡거나 행동을 할 때는 재빨리 해야 한다.'라는 의미로 통용되는 말이다. 예로부터 번드르르한 말의 성찬으로 사람들을 현혹시켜 놓고 행동이 따르지 않아 실망시키는 경우가 비일비재해 생겨난 경고이자 금언이었을까. 이 말이 생겨난 유래와 참된 쓰임새와 만남이다.

　오늘날 말로 희망 고문을 하는 인사들이 넘쳐난다. 특히 정치판의 각종 공약(公約)은 선거가 끝나면 무참하게 수렁으로 처박히며 공약(空約)이 되는 경우가 대표적인 사례가 아닐까. 원래 말은 식은 죽 먹기처럼 쉬워도 그 말을 행하는 것은 결코 호락호락하지 않다는 사실을 꿰뚫었던 옛 선인들이 남긴 금언이다. '말은 어눌하다고 할 정도로 신중하게 해야 하지만 행동은 재빨라야 한다.'라는 성어의 출전(出典)은《논어(論語)》의 〈이인편(里仁篇)〉이다. 여기서 나오는 공자의 말씀에서 유래했다. 그 내용은 이렇다.

/ 군자는 말이 어눌하더라도(君子欲 訥於言 : 군자욕 눌어언) 실행에는 재빨라야(민첩해야) 한다(而敏於行 : 이민어행) /

여기서 비롯되었다. 한편 이 말을 통해 공자(孔子)는 '군자는 말이 어눌할지라도 실행에는 재빨라야(민첩해야) 한다.'라고 일갈하고 있다. 달리 말하면 '군자는 말을 신중하게 하되 행동은 재빨라야 한다.' 혹은 '군자는 신중하게 말하고 재빠르게 행동해야 한다.'라고 일깨우는 것이다. 아마도 옛사람들은 충분히 생각한 뒤에 느릿느릿 말하는 것은 어눌하게 보일지라도 부끄럽게 여기지 않았던 모양이다. 이런 점보다는 말만 앞세운 채 행동으로 옮기지 않는 언행불일치(言行不一致)를 경계하며 실행을 앞세워야 한다고 강조하면서 이렇게 말했던가 보다.

/ 군자는 말보다는 행동 즉 실행을 앞세워야 한다(君子先行其言 : 군자선행기언) /

이러한 철학이나 가치관은《논어》에서도 여실히 나타난다. 그 대표적인 글귀(文句)로서 이렇게 이르며 일깨워 주고 있다.

/ 군자는 말이 행동보다 앞서는 것을 부끄러워해야 한다(君子恥其言而過其行 : 군자치기언이과기행) /

또한 공자는 《논어》의 〈위정편(爲政篇)〉에서 '말에 앞서 행동하라.'라는 뜻을 담아 이렇게 일깨워 주고 있다.

/ 말하기 전에 행동하고, 행동하고 나서 말하라(先行其言而後從之 : 선행기언이후종지) /

주위에서 자신이 내뱉은 말을 주워 담을 수 없기에 말갈망을 제대로 못 해 치욕스러운 망신을 자초하는 경우를 어렵지 않게 본다. 그럴 때마다 언행 불일치의 폐해가 얼마나 무서운가를 실감한다. 그러면서도 매사에 말부터 앞세우는 가벼운 입을 제대로 다스릴 수 없어 전전긍긍하기도 한다. 역시 공자가 일렀던 '아첨하는 말과 알랑거리는 태도'인 '교언영색(巧言令色)에는 진실함이 없다(鮮矣仁).'라는 말을 기억하면서도 그렇다는 말이다.

수사적(修辭的)인 표현이 아닌 진솔한 뜻에서 '말을 앞세우지 말고 재빠르게 행동하라.'라고 이르는 바를 곱씹어보려다가 문득 중국 후당(後唐) 시절 오조팔성십일군(五祖八姓十一君)을 모셨다는 재상(宰相)인 풍도(馮道)의 처세관을 담은 시(詩)가 뚱딴지 같이 떠올랐다. 이는 《전당서(全唐書)》〈설시편(舌詩篇)〉에서 전해지고 있다.

입은 재앙을 불러들이는 문이요(口是禍之門 : 구시화지문)

혀는 몸을 자르는 칼이로다(舌是斬身刀 : 설시참신도)

입을 닫고 혀를 깊이 감추면(閉口深藏舌 : 폐구심장설)

가는 곳마다 몸이 평안하리라(安身處處牢 : 안신처처뢰)

사람 사이에 말과 행동이 달라 다툼과 분쟁이 발생하는 경우가 부지기수이다. 배설하듯 자연스럽게 내뱉은 말에 대한 책임을 방기하는 풍조가 만연한 현실에서 눌언민행의 뜻을 한 번쯤 되새기며 자신을 돌아보는 여유가 아쉬운 지금이다.

한맥문학, 2024년 5월호(통권 404호), 2024년 4월 25일

다기망양

 끝도 시작도 분간하기 어려운 미로 같은 갈림길(岐路)에서 제대로 방향을 가늠하는 것은 무척 어려운 일이다. 그런 길에서 양(羊) 한 마리가 도망갔다면 사막에 떨어진 바늘 하나 찾기나 마찬가지가 아닐까. 이런 맥락을 나타내는 말이 다기망양(多岐亡羊)이지 싶다. 원래 다기망양은 '기로(岐路) 즉 갈림길이 많아 양을 잃어버린다.'와 '학문의 도(道)는 여러 갈래로 나뉘어 진리를 찾기 어렵다.'라는 뜻으로 통용되고 있다. 물론 오십보백보의 내용일지도 모르지만 '두루두루 경험을 쌓지만 끝내 성취에 이르지 못함.'이나 '다양한 해법이나 대책이 되레 나아갈 길을 가로막음.'을 함축하는 뜻도 아울러 지니고 있다.

 이는 중국의 《열자(列子)*》〈설부편(說符篇)〉에서 양자(楊子)의 제자인 심도자(心都者)와 그의 후배인 맹손양(孟孫陽) 사이의 대화에서 나온다. 그 유래를 따라가 본다. 한편 이의 유의어로 기로양망(岐路亡羊), 망양지탄(亡羊之歎), 망양탄(亡羊歎)

등이 있다.

　중국 전국시대(戰國時代) 사상가(思想家)였던 양자 이웃에서 양을 길렀던 모양이다. 어느 날 그 집에서 양 한 마리를 잃고 온 식솔들이 찾아 나서는 것도 모자라 양자의 식솔까지 나서 찾았다. 하지만 헛수고만 하다가 멀리 갔던 사람들이 지친 채 터덜터덜 돌아왔다. 그때 양자가 "왜, 찾지 못했느냐?"고 물었다. 그에 대한 답은 "갈림길(岐路)이 하도 많아 미로 같아 어디로 가야 할지 몰라 헤매다가 방법이 없어 돌아왔다."라고 했다.

　그 말을 들은 양자의 표정이 묘하게 일그러지더니 온종일 입을 닫고 있었다. 양자의 행동을 괴이(怪異)하게 여긴 제자들이 물었다. "양은 하찮은 짐승일 뿐 아니라 스승님이 기르던 것도 아닌데 왜 그러시냐."고. 그에 대해 일언반구의 답도 없이 묵묵부답이었다. 이를 예삿일이 아니라고 단정했던 맹손양이 선배인 심도자에게 그 사실을 아뢰었다. 그리하여 둘은 양자에게 가서 조심스레 연유를 여쭸다.

　심도자는 어떤 삼 형제 얘기를 빗대서 양자의 심기를 살펴볼 요량으로 조용히 입을 열었다. 스승님! 옛날에 제(齊)나라와 노(魯)나라를 오가며 같은 스승 밑에서 인의(仁義)의 도(道)에 대해서 배웠던 3형제가 귀향했을 때였습니다. 그들의 아버지가 "인의의 도"가 무엇이냐고 물었더니 3형제가 각각 다른 답변을 했습니다. 각기 다른 답을 했을지라도 학문의 뿌리는 똑같은 유학(儒學)이었습니다. 이 경우 "누가 옳고 누가 그른 것인지요?"라고.

제자인 심도자의 선방(禪房) 화두 같은 물음에 양자 역시 고승이 선승(禪僧)에게 내리는 화두 같은 얘기로 에둘러 답했다. "강가에 사는 이가 물에 익숙해지고 수영에 자신이 붙자 나룻배로 강을 건네주는 뱃사공을 하여 돈을 많이 벌었다는 소문이 널리 퍼졌다. 그 소문을 듣고 여기저기서 과량(裹糧 : 식량)을 싸들고 몰려와서 그 기술을 배우겠다고 아우성쳤다. 하지만 대부분은 서툴러 물에 빠져 죽었다. 죽은 사람들은 원래 수영법을 배운 것이지 빠져 죽는 법을 배운 게 아니었다네. 그러면서 세상 이치가 다 이렇다네."라고. 이에 대해서 "자네(심도자)는 누가 옳고 누가 그르다고 생각하는가?"라고 되물었다. 심도자는 유구무언이 그래도 본전을 건지는 길이라 생각하고 입을 다문 채 곧바로 그 자리를 피해 밖으로 나왔다.

스승인 양자와 선배인 심도자가 묻고 답하는 모양새가 대덕 고승들의 선문답 같아 도통 이해할 수 없었던 맹손양이 볼멘소리를 쏟아냈다. "어찌하여 선배님은 에둘러 어렵게 질문하고, 스승님 또한 뜬구름 잡는 식으로 답하시니 저는 수렁에 빠진 기분입니다."라고 직격탄을 날렸다.

잠자코 맹손양의 얘기를 듣고 있던 심도자가 조용하지만 단호한 어조로 입을 열었다.

/ 대도 즉 큰길은(大道以 ; 대도이) / 갈림길이 많아 양을 잃었고 (多岐亡羊 : 다기망양) / 학자는 길이 많아서(多方) 삶을 낭비한다네(學者以多方喪生 : 학자이다방상생) /

심도자의 이 말에서 다기망양이라는 말이 비롯되었다. 그 이후 이어진 말의 간추림이다. 큰 길에 수많은 갈림길 때문에 양을 잃은 것처럼 본디 학문의 뿌리는 같아도 접근방법이나 전개 과정이 다양한 까닭에 도출된 결과가 달라질밖에 도리가 없지. 게다가 학자는 여러 관점에서 배우기 때문에 본성을 잃을 수 있다네. 그렇다고 '근본으로 돌아가면 얻는 것도 잃는 것도 없다고 생각하시며 그렇지 못한 현실을 스승님은 탄식하는 것이라네.'라는 얘기를 들려주었다. 그리고 맹손양에게 분발과 정진을 독려하는 한 마디를 덧붙였다. 오랫동안 지근에서 스승님을 모셔왔던 자네가 아직도 미망에서 깨어나지 못한 채 눈이 어둡고 귀가 뚫리지 않아 "스승님께서 비유해 말씀하신 참뜻을 헤아리지 못하는 현실이 안타까울 따름이라네."라고 일침을 가했다.

우리 주위엔 앎이 뛰어나고 다양한 재능을 가진 이들이 숱하게 많다. 하지만 그들 중 상당수가 다기망양의 상태에 놓여있는 처지를 매우 안타깝게 생각한다. 그들이 가장 잘할 수 있는 분야로 지식이나 능력으로 모아 주는 신비한 묘방은 찾아낼 수 없는 걸까?

=====
* 열자(列子) : 중국 도가(道家)의 경전(經典) 중에 하나이다. 전국시대(戰國時代)에 도가인 열자(列子)와 그의 제자가 저술했다고 한다. 하지만 현재 전해지는 8편은 진(晉)나라 장담(張湛)이 쓴 것이다.

단도직입

 국어사전에 따르면 단도직입(單刀直入)을 첫째로 "혼자서 칼 한 자루를 들고 직진으로 곧장 쳐들어간다는 뜻으로 여러 말을 늘어놓지 아니하고 바로 요점이나 본 문제를 중심으로 접근하는 것."을 이르는 말이라고 정의하고 있다. 둘째로 "불교(佛敎)에서 생각이나 분별과 말에 거리끼지 아니하고 진실의 경계로 바로 들어감"이라고 이르고 있다. 이를 요약하면 '한 자루의 칼을 들고 곧바로 들어간다.'라는 뜻으로 "에둘러 표현하는 대신 직접 문제를 지적함, 군말이나 인사말 없이 곧장 요지를 말함, 한 자루의 칼을 들고 홀로 적진을 향해 쳐들어감, 핵심이나 요점을 좌고우면하지 않고 곧바로 말한다." 따위로 쓰인다.
 말을 하거나 글을 쓸 경우 허접하고 너절한 겉치레인 허두(虛頭)를 과감하게 생략하고 간단명료하게 주된 줄거리에 따라 요점이나 핵심을 중심으로 표현할 때 단도직입이라는 말을 사용한다. 유의어로 일침견혈(一針見血), 거두절미(去頭截尾)가 있다. 이 말이 전해지는 출전(出典)은 중국 송(宋)나라 경덕(景德) 원년(1004)에 고승 도원(道原)이 쓴 불서(佛書)인《경덕전등록(景德傳燈錄)》이다. 이와 직접 관련되는 부분의 요약이다.

여주징심원(廬州澄心院)의 민덕화상(旻德和尙)이 흥화(興化)에 머물 때이었다. 그때 흥화화상(興化和尙)이 대중들을 가르치면서 이르기를 "만일 작가(作家)가 장수(將帥)가 되어 전장에 나선다고 한다면"이라고 하며 이렇게 말했다. 여기서 작가란 불교의 경전에 능통한 승려를 뜻하지 싶다.

/ 곧장 한 자루의 칼을 들고 들어갈 뿐으로(便須單刀直入) / 이런 저런 군말을 하지 않으리라(莫更如何若何 : 막경여하약하) /

위에서 단도직입이라는 성어가 비롯되었다. 일반적으로 말이나 글에서 쓰이는 경우를 보면 불요불급한 장황함의 회피하거나 서둘러 핵심 문제를 다룰 필요가 있을 경우에 적용하며 정보 전달의 효율성 제고, 집중력 향상, 목적의 간단 명료화를 꾀할 수 있다. 또한 이 방법은 간결한 의사소통 지향을 비롯해 핵심의 부각이나 강조의 효과가 기대된다. 이렇게 됨으로써 다양한 분야에서 의사소통 효율 향상이라는 부수적인 효과도 얻는다.

한편 불교에서는 생각이나 분별을 비롯해 말에 거리낌 없이 바로 진경계(眞境界)에 들어가는 것을 비유하는 말로 생긴 성어가 단도직입이라는 귀띔이다. 이와 정반대로 '핵심을 피해 에둘러 이름으로써 입술과 혀만 힘들게 하는 것.' 즉 '부질없이 보람

없는 말을 늘어놓는 것.'을 도비순설(徒費脣舌)이라고 한다.

　흔히들 수많은 군사를 거느리는 우두머리를 장수라고 한다. 이들의 갈래를 전략이나 기획을 전문의 지장(智將), 군사를 조련하고 관리하는 분야에 적합한 덕장(德將), 일선 부대를 지휘하면서 전장의 지휘 통솔에 능한 용장(勇將)으로 나뉘는 것으로 알고 있다. 여기서 일선 장병 지휘 통솔을 주로 하는 장수라면 전투의 시기나 장소에 따라 전법을 달리할 것이다. 이는 '지피지기(知彼知己)면 백전백승(百戰百勝)'이라는 금언(金言)을 바탕으로 하는 얘기다. 왜냐하면, 철옹성을 방불케 하는 성(城)이 공격 대상인 공성전(攻城戰)이라면 창(槍)보다는 활(弓), 화공(火攻)으로 승부를 결정지을 계획이라면 여름(夏)이 아닌 겨울(冬)을 택해 공격하는 게 원칙이고, 기마병 위주의 기마전(騎馬戰)이라면 칼(劍)보다는 창(槍)이 유리하다. 그러므로 모든 전장에서 일률적인 병장기(兵仗器)나 전법을 고집하는 우매한 짓은 매우 위험하다. 전쟁의 원리가 이러함에도 불구하고 '독단으로 칼 한 자루를 휘두르면서 적진으로 질주'하는 행위는 적의 치명적인 약점을 쥐고 있는 경우가 아니면 어불성설인 자살 행위에 가까운 무모한 짓이다.

　마찬가지로 첨예하게 맞서거나 이해가 상충되는 일에서 중요한 담판이나 결정을 겨냥하는 과정에서 단도직입적으로 핵심 문제를 꺼내 드는 것은 대단히 어려운 일이다. 왜냐하면 상대의 마음을 꿰뚫고 있거나 밀고 당기는 과정에서 자신의 의도대로 이끌 자신이 없다면 언감생심이다. 그러나 일상적인 대화나 회의 혹은 글에서 거두절미하고 핵심 문제로 직행하여 해결책을 모색하려는 시도는 여러 면에서 장점이 있다. 그 범주에는 일 처리의 효율성, 정보 전달의 수월성, 핵심의 강조, 간소화 등을 기대할 수 있다. 이들을 통해서 생산성 향상에 기여한다.

당랑거철

사마귀의 한자 표기가 당랑(螳螂)이다. 그러므로 당랑거철(螳螂拒轍)을 직역하면 '사마귀가 수레를 막음(맞섬)'이 될 것이다. 하지만 현실적으로는 '지나칠 정도의 만용을 부리는 상황'이나 '강자에게 무모하게 도전하는 상황' 즉 '약자가 절대 강자에게 함부로 대항하는 무모함'을 지칭하는 말로 당랑지부(螳螂之斧)라고도 한다. 거의 이런 뜻으로 통용되고 있지만 때로는 '중과부적(衆寡不敵)인 상대에게 과감하게 맞서는 용기'를 찬탄하는 의미로 사용되는 경우도 있다. 당랑거철의 대표적인 예가 다윗과 골리앗(David Goliath)이 아닐까. 한편 쥐와 고양이, 개와 호랑이, 개구리와 뱀 따위가 맞설 때의 상황이 그렇지 싶다.

당랑거철 얘기는 중국 춘추시대(春秋時代) 제(齊)나라 황제였던 장공(莊公)으로부터 유래되었다고 전해진다. 그런데 이는 《장자(莊子)》의 〈천지편(天地篇)〉,《회남자(淮南子)》의 〈인간훈(人間訓)〉,《한시외전(韓詩外傳)》,《후한서(後漢書)》,《문선

(文選)*》 등의 다양한 책을 통해 전해진다. 출전(出典)마다 표현이 다소 다르다는 전언이다. 이 중에서 《장자》의 〈천지편〉에 나타난 내용은 이렇다. 원래는 당랑당거철(螳螂當車轍)에서 당(當)을 빼고 당랑거철(螳螂車轍)이라고 했다. 그런데 언제부터인가 '수레 거(車)' 대신에 '막을 거(拒)' 바꾸어 당랑거철(螳螂拒轍)로 표기했다는 것이다.

/ 마치 사마귀가 팔을 들고 수레에 맞서는 것과 같아서(猶螳螂之怒臂以當車轍 : 유당랑지노비이당거철) /

어느 날 제나라 장공이 사냥을 위해 수레를 타고 행차하고 있었다. 황제가 지나가는 길 양편에는 백성들이 부복(俯伏)하고 있는데 길 가운데 이상한 벌레 한 마리가 도끼(斧)같이 생긴 두 다리를 번쩍 들고 황제의 수레를 향해 맞서는 자세로 서 있었다. 그 모습이 하도 기이해 수레를 멈추고 황제가 수행하던 시종에게 물었다. 시종이 사마귀라고 말하며 "저 벌레를 어찌할까요?"라고 물었다.

비록 생김새는 두 발이 도끼처럼 생겨 사나운 모습이지만 보잘 것이 작은 벌레는 상대가 되지 않는 수레에 맞서는 듯한 기개가 가상했던지 장공이 독백하듯 말했다. "저 보잘것없는 벌레가 사람이었다면 천하의 용맹한 병사가 되었겠구나. 내게도 저런 용기와 기백 있는 병사들이 있었다면 얼마나 좋을까!"라고. 그렇게 감명을 받은 황제(장공)는 사마귀가 다치지 않도록 수레를 옆으로 몰고 지나가도록 명했다고 한다. 여기서 당랑거철이라는 고사성어가 탄생했다.

　무모한 허세나 강자에게 허무맹랑한 도전은 분명 객기이고 만용으로 권장하거나 박수치며 응원할 일은 아니지만 일반적인 당랑거철의 범주에 해당한다. 하지만 불굴의 도전 정신과 용기로 무장한 사람이 절대 불가능한 상황의 대결해서 대단한 승리를 거두거나 혁혁한 성취를 거둠으로써 뭇 사람들의 귀감이 되는 경우도 무조건 당랑거철로 몰아세우며 폄하할 일이 아니지 싶다. 이런 관점에서 당랑거철을 무조건 무모한 허세 또는 도전이 아닌 '진정한 용기와 지혜를 전제로 한 도전이라는 긍정적인 경우가 있다는 여지를 둔 개념'으로 받아들여야 하지 않을까.

　이란격석(以卵擊石)은 '계란으로 바위를 친다.'라는 뜻이다. 이런 극한 상황에 처하면 모두가 외면하고 돌아서는데도 미련하고 답답할 정도로 집착하며 도전할 경우 대부분은 당랑거철을 떠올릴 것이다. 그래도 악조건을 이겨내려는 숭고한 도전과 용기를 무조건 폄하하고 외면할 일이 아니지 싶다.

=====

* 문선(文選) : 중국 남북조(南北朝) 시대에 남조(南朝) 양(梁)의 소명태자(昭明太子) 소통(蕭統)이 진(秦)·한(漢) 이후에 제(齊)·양대(梁代)의 대표적인 사(辭)·서(序)·부(賦) 등을 수록해 편찬한 시문선집(詩文選集)이다. 소명문선(昭明文選)이라고도 한다.

독서백편의자현

학문에 왕도(王道)나 첩경(捷徑)이 있을까. 우매한 속단일지 모르지만 '없다.'가 정답이지 싶다. 그럼에도 입신양명의 방법으로서 이보다 더 좋은 방법이 없던 때문인지 그 방법을 찾기 위한 부질없는 시도가 끊이지 않고 여태까지 되풀이되고 있다. 오늘날은 말할 것 없거니와 까마득한 그 옛날에도 샛별처럼 우뚝한 학자들에게 수많은 사람이 찾아와서 학문 즉 공부를 잘하는 비법을 전수해 달라고 집요하게 매달렸던 것 같다. 그 대표적인 사례 중의 하나가 중국 후한(後漢) 말기에 발군의 학자였던 동우(董遇)가 아니었을까.

동우는 후한의 효헌황제(孝獻皇帝) 시절 학자로서 황제에게 발탁되어 황문시랑(黃門侍郎)에 임명되어 왕에게 경서(經書)를 강론했으며 훗날 대사농(大司農 : 호조판서에 해당)을 지냈던 인물이다. 그의 뛰어난 학덕과 인품을 흠모했던 많은 사람이 찾아와 제자 되기를 자청하거나 학문을 잘하는 비법을 알려달라고 목을 매는 경우가 숱하게 많았다. 그럴 때마다 그가 답하는 말은 나에게 배우려고 하거나 비법을 알려고 하지 말라고 했다. 그러면서 항상 판박이 같은 이런 대답을 되풀이함으로써 우회적으로 완곡하게 거절했던 일화가 유명하다. 동우의 사연에서 독서백편의자현(讀書百篇義自見)이라는 성어가 탄생한 유래이다.

/ 책을 백 번 읽으면 그 뜻이 자연스럽게 드러난다(讀書百篇義自見 : 독서백편의자현) / 고 하는 말에 대하여 묻던 이가 / 사는데 급급해 책을 읽을 겨를이 없다(苦渴無日 : 고갈무일) / 며 토를 달면서 항변하자 동우는 다시 / 세 가지 여가만 있으면 됩니다(當以三餘 : 당이삼여) / 라고 답해줬다.

독서백편의자현이라는 성어에 대해 전하고 있는 책 즉 출전(出典)은 사마천의 《삼국지(三國志)(卷十三)》〈위지(魏志)〉〈왕랑전(王郎傳)〉에 부기되어 있는 〈왕숙전(王肅傳)〉을 비롯해서 주자(朱子)의 《훈학재규(訓學齋規)》이다. 실제로 이 성어가 생겨난 배경에 대한 줄거리를 〈왕숙전〉에 따라 정리한 대강이다.

마음 속 깊이 동우를 따르고 싶었던 이들이 그를 찾아가 학문을 배우기를 청하거나 학문의 비법을 알고 싶어 간곡하게 청할 때 한결같은 태도와 대답이었다. 내게 배우려 하지 말고 편안하게 자기 집에서 이렇게 하라고 말했다. "반드시 우선적으로 (책을) 백 번씩 읽어라."라고 말하면서 "백 번 읽으면 뜻이 자연적으로 드러난다(讀書百篇自義見)."라고 강조했다.

동우의 말을 듣고 있던 이가 "먹고 사는데, 급급해서 책을 읽을 겨를이 없는데요(苦渴無日 : 고갈무일)."라고 퉁명스럽게 내뱉었다. 그 말에 동우가 "세 가지 여가만 있으면 충분하답니다(當以三餘 : 당이삼여)."라고 말하자 곧바로 그게 무엇입니까 라고 되물었다. 그에 동우가 친절하게 답했다.

삼여(三餘)란 첫째로 겨울(冬), 둘째로 밤(夜), 셋째로 비 내릴 때(陰雨)를 이르는 말입니다. 다시 말하면 겨울은 한 해의 나머지(餘)(冬者歲之餘 : 동자세지여)이고, 밤(夜)은 하루의 나머지(夜者日之餘 : 야자일지여)이며, 비 올 때는 한(旱)할 때(맑을 때)의 나머지(陰雨者時之餘 : 음우자시지여)라고 설명했다. 대충 이런 내용을 〈왕숙전〉에서 전하고 있다.

대학에 있었다는 이유 때문일까. 이따금 공부를 잘하는 방법을 물어 와서 난감했던 경우가 수월찮다. 보통을 벗어나지 못했던 때문에 기껏해야 친구들을 따라가는 처지였는데 말이다. 학문 혹은 공부를 하는데 왕도나 첩경인 지름길이 있을까. 미욱해서 단언키 어렵지만 '없다.'가 정답이라고 믿고 있다. 만약 솔로몬의 지혜 같은 특별한 비법이 존재할 경우 특허를 낸다면 하루 아침에 세계적인 거부의 반열에 오를지도 모르겠다는 뚱딴지같은 생각이 스치기도 한다. 그럴지라도 꼭 말부조를 할 자리에서는 "꿰뚫을 때까지 반복하고 또 반복하라."라는 게 고작이다. 따지고 보면 하나 마나 한 얘기를 하는 내가 어이없어 실소를 머금을 때가 더러 있다.

최근 글을 쓰겠다고 다부진 결기를 다지고 덤비는 이들 중에서 글을 잘 쓰는 비법을 조언해 달라는 하소연에 벼랑 끝으로 몰렸던 경우를 꽤나 많이 경험했었다. 열심히 피할 궁리에 골몰하다가 막다른 궁지로 몰리면 마지못해 입을 열고 삼다(三多)를 추천한다. 그 첫째가 '남의 글을 많이 읽어라.' 즉 다독(多讀)이고, 둘째가 '많이 생각해라.' 즉 다고(多考)이며, 셋째로 '글을 많이 써봐라.' 즉 다작(多作) 등을 주문한다. 어쩌면 누구나 할 수 있는 평범한 얘기지만 그 옛날 동우가 이른 독서백편자의현과 일맥상통하지 않을까.

한맥문학동인사화집 제24호, 2024년 5월 20일

동병상련

　동병상련(同病相憐)에 대해 살필 요량이다. 돌이켜 생각하면 비슷한 의미인데 어린 시절 이보다는 초록동색(草綠同色)을 먼저 이해했던 것 같다. 아마도 그 연유는 지천에 자라나던 풀(草)의 색깔이 바로 녹색(綠) 즉 풀과 녹색은 같은 색이라는 어른들의 말을 들으며 자연스럽게 익혔던 때문이지 싶다. 본디 동병상련은 '같은(同) 병(病)을 앓는 경우 서로(相) 가엾게 여긴(憐)다.'라는 의미이다. 이 말은 중국의《오월춘추(吳越春秋)》〈합려내전(闔閭內傳)〉에서 오자서(伍子胥)가 백비(伯嚭)와 관계를 고백하면서 〈하상가(河上歌)*〉가사를 인용하며 널리 알려졌다.

　유의어로서 초록동색(草綠同色), 유유상종(類類相從), 동기상구(同氣相求), 양과분비(兩寡分悲), 동주상구(同舟相救), 동성상응(同聲相應), 동주제강(同舟濟江) 등이 있다. 그리고 반의어로서 동상이몽(同床異夢), 각자도생(各自圖生)을 들 수 있겠다. 이 말의 유래를 따라가 본다.

초(楚)나라 명문가 태생인 오자서(伍子胥)라는 이가 있었다. 그런데 어느 날 비무기(費無忌)라는 간신의 무고(誣告)로 가족이 몰살당하는 비운을 겪으며 가정은 풍비박산이 났다. 그 엄청난 참화에도 천우신조였을까. 어렵사리 목숨을 보전한 채 천신만고 끝에 오(吳)나라로 망명을 했다. 낯설고 물선 타국에서 어렵게 정착해 복수의 기회를 엿보면서 우여곡절을 겪다가 오의 공자(公子) 광(光 : 훗날 闔閭 혹은 闔廬*)의 휘하에 자리 잡았던 것 같다.

오자서는 타고난 총명함과 동물적인 정치 감각을 지녔던가 보다. 공자 광(光)이 왕이 되고픈 야심에 불탄다는 낌새를 감지하고 슬며시 자객 전저(專諸)를 붙여 주었다. 그러자 광은 전저를 사주해 사촌 동생인 오왕(吳王) 요(僚)를 시해하고 왕위에 등극했는데 그가 춘추오패(春秋五霸)*의 하나인 합려(闔閭)이다. 그렇게 합려의 오른팔 역할을 했던 오자서는 대부(大夫)로 임명되어 막중한 국사를 출중하게 처리해 왕의 신임이 두터웠던 것 같다. 왕의 신임이 날로 두터워지고 거칠게 없이 잘나가던 시절이었다.

또다시 초나라에서 비무기의 모함으로 대신(大臣) 백주려(伯州黎) 일가가 멸문지화를 당하는 과정에서 손자인 백비(伯嚭 혹은 伯喜)는 구사일생으로 목숨을 보전하고 피신해 가까스로 초나라로 망명을 감행했다. 그를 만난 오자서는 왕에게 천거하여 대부(大夫)로 벼슬살이를 하도록 탄탄대로를 만들어 줬다. 그런데 그 과정에서 백비의 일거수일투족을 유심히 지켜보던 피리

(被離)라는 대부가 있었다.

백비를 유심히 살폈던 피리는 어느 한구석도 미덥지 못했던지 연회 자리에서 오자서에게 "무엇을 보고 백비를 믿으시려는 것입니까?"라고 물었다. 오자서가 답했다.

> 그와 내가 같은 원한을 품고 있기 때문이지요(吾之怨與喜同 : 오지원여희동)! / 그대(피리)는 하상가(河上歌)라는 노래를 들어본 적이 없는지요(子不聞河上歌乎 : 지불문하상가호)? / 같은 병을 앓게 되면 서로 가슴 아파하고(同病相憐 : 동병상련) / 같은 걱정을 하면 서로 돕게 마련이랍니다(同憂相救 : 동우상구) / 라고.

위에서 보듯이 원래는 〈하상가〉에 나오는 말로서 오자서가 이 대화에서 동병상련이라는 말을 인용해 자기의 의사를 명확하게 표현하고 있다. 이어지는 대화의 자리에서 피리는 백비의 언행이나 인품을 위시해 됨됨이를 고려할 때 국사를 함께 논하고 뜻을 같이할 재목이 될 관상이 아니니 멀리하라는 충심 어린 조언을 거듭했다. 하지만 오자서는 피리의 얘기를 귓등으로 흘려 넘기고 여전히 백비의 뒷배가 되어 보살피며 왕을 모시고 국정을 이끌어 나갔다.

그렇게 오자서의 은덕을 입고 함께 대부로 국정을 맡았던 백비는 훗날 월(越)나라 첩자가 되어 오나라가 멸망하는 데 결정적인 원인을 제공하는 역적이 되었다. 한편 자신의 출세 가도를 열어주었던 오자서를 모함해 자결하게 만들어 결국 은혜를 원수로 갚는 배은망덕을 했다.

  오자서는 왜 백비를 철석같이 믿고 뒷배가 되었을까. 자기처럼 초나라에서 명문가의 자손으로 태어났지만 결국 화(禍)를 피해 오나라로 망명 온 처지가 가엾어서 삶의 터전을 마련해주었다. 게다가 벼슬길을 열어준 은인은 물론이고 사고무친인 망명객에게 높은 벼슬인 대부(大夫)의 자리를 선뜻 내려준 초나라 왕조를 배신했다. 그 때문에 오나라가 멸망하는데 결정적인 원인을 제공한 그가 저승에서 간 곳은 극락일까 지옥일까. 요술 거울이 있다면 그 적나라한 실상을 들여다보고 싶다.

=====

* 하상가(河上歌) : 작자 미상으로 원문은 다음과 같다.

同病相憐(동병상련) 同憂相救(동우상구)
驚翔之鳥(경상지조) 相隨而飛(상수이비)
瀨下之水(뇌하지수) 因復俱流(인부구류)

* 광(光)이 오왕(吳王)에 즉위한 뒤에 개명(改名)함.
* 춘추오패(春秋五霸) : 제(齊)의 환공(桓公), 초(楚)의 장왕(莊王), 오(吳)의 합려(闔閭), 월(越)의 구천(句踐), 진(晉)의 문공(文公)을 지칭한다. 그런데 기록에 따라서는 진(晉)의 목공(穆公), 송(宋)의 양공(襄公) 또는 오(吳)의 부차(夫差) 등을 꼽는 경우도 있다.

Ⅲ. 빈계지신

두문불출
등고자비
망양보뢰
목불식정
반식재상
발본색원
방약무인
백면서생
백미
백안시
백척간두
붕정만리
빈계지신

두문불출

충절(忠節)을 얘기할 때 가장 먼저 떠오르는 말이 뭘까. 개인의 선호에 따라 천차만별이리라. 내 경우는 '충신은 두 임금을 섬기지 않는다(忠臣不事二君)'*이다. 이와 완전히 맥을 같이 하는 우리의 고사성어가 두문불출(杜門不出)이다. 고려 말에서 조선 초기에 두문동(杜門洞)에서 은거했던 고려의 유신(遺臣) 72현(賢)의 사연에서 비롯되었다.

역성혁명(易姓革命)에 성공한 이성계가 고려 마지막 임금인 공양왕(恭讓王)으로부터 선위(禪位) 형식을 빌려 조선의 태조로 등극하고 나서 고려 충신들의 참여를 획책했을 것이다. 이의 선봉장이 이방원(李芳遠)이었다. 그가 정몽주(鄭夢周)에 접근해 쇠뇌 작업을 폈으나 실패하자 단칼에 처형했다. 이를 지켜보던 고려의 충신 중에 뜻이 통하던 72현이 모든 걸 초개(草芥)같이 버리고 황해도 개풍군 광덕산 서쪽 골짜기 두문동(杜門洞)으로 숨어 들어가 은거하며 절대 밖으로 나오지 않음으로써 생겨난 말이 두문불출이다.

　실제로 이들 72현은 이성계가 조선 국왕으로 즉위하면서 끝까지 고려에 충성을 다하고 지조를 지키기 위해 두문동으로 들어가기 전의 마지막 고개인 부조현(不朝峴)에서 조복(朝服)을 벗어 던지고 두문동에 들어감으로써 새 왕조에 부역(附逆)하지 않았다. 이때 조선 왕조는 두문동을 포위하고 고려 충신 72현을 불살라 죽였다고 전해진다. 한편 두문동에 대한 기록은 조선 순조(純祖) 때 72현 중 한 사람인 성사제(成思齊) 후손이 조상에 관한 일을 기록했던《두문동실기(杜門洞實記)》가 보존되어 전해지고 있단다. 한편 조선의 정조(正祖)가 72현의 얘기를 전해 듣고 1783년 성균관에 표절사(表節祠)를 세워 72현의 충절을 기리도록 했다.

　조선을 건국하며 무소불위의 막강한 힘을 과시하던 이방원을 위시한 추종자들은 상상 이상으로 집요하고 위협적으로 고려의 충신들에게 회유와 겁박으로 벼랑으로 몰아붙였을 것이다. 새로운 세상이 도래했음을 견강부회하며 훼절할 것을 회유하면서 내세웠을 가치관이나 철학을 한마디로 요약하면 〈하여가(何如歌)*〉가 아니었을까.

　/ 이런들 어떠하리 저런들 어떠하리(此亦何如彼亦何如 : 차역하피역하여) / 만수산 드렁칡이 얽혀진들 어떠하리(城隍堂後垣頹落亦何如 : 성황당후원 퇴락역하여) / 우리도 이같이 얽혀져 백 년까지 누리리(我輩若此爲不死亦何如 : 아배약차위불사역하여) /

송죽같이 굳고 푸른 절개의 정몽주(鄭夢周)를 비롯한 두문동으로 숨어들어 은거했던 72현들은 한결같았으리라. 다시 말하면 목숨을 헌 신발짝같이 버리거나 초근목피로 연명해도 "두 임금을 섬기지 못한다(不事二君)."라면서 충절을 꺾거나 훼절할 수 없음을 단호하게 대변했던 표현이 정몽주의 〈단심가(丹心歌)*〉이었으리라.

/ 이 몸이 죽고 죽어(此身死了死了 : 차신사료사료) / 일백 번 고쳐죽어(一百番更死了 : 일백번갱사료) / 백골이 진토 되어(白骨爲塵土 : 백골위진토) / 넋이라도 있고 없고(魂魄有也無 : 혼백유야무) / 임 향한 일편단심이야(向主一片丹心 : 향주일편단심) / 가실 줄이 있으랴(寧有改理與之 : 영유개리여지) /

세상이 변해 필설로 형용하기 어려운 고초와 위협을 당하면서도 훼절하지 않고 의연하게 지조를 지켰던 두문불출의 72현을 생각하다가 불현듯 떠올랐다. 꽃의 우두머리라 하여 화괴(花魁)라는 매화에 대해 '매화는 일생을 춥게 살아도 향을 팔지 않는다.'라는 매일생한불매향(梅一生寒不賣香)이라는 말이 섬광처럼 말이다.

=====
* 이 말은 중국 연(燕)나라 장군 악의(樂毅) 앞에서 제(齊)나라 왕촉(王蠋)이 연나라에 귀순할 의사가 없음을 단호하게 밝히는 과정에서 일갈한 내용이다.

/ 왕촉이 말하기를(王蠋曰 : 왕촉왈) / 충신은 두 임금을 섬기지 않으며(忠臣不事二君 : 충신불사이군) / 정숙한 여인은 남편을 바꾸지 않는다(貞女不更二夫 : 정녀불경이부) /

* 하여가(何如歌) : 고려 말기에 이방원이 지은 시조이다. 충신 정몽주의 마음을 떠보고 회유하기 위하여 지은 것이다. 이에 정몽주는 고려에 충성을 다짐하는 〈단심가(丹心歌)〉로 화답하였다고 한다. 《청구영언(靑丘永言)》에 실려 있다. 그리고 《해동악부(海東樂府)》에는 한시(漢詩)로 수록되어 있다.
* 단심가(丹心歌) : 고려 말기에 정몽주가 지은 시조이다. 고려에 대한 충절을 읊은 시로써 이방원의 〈하여가(何如歌)〉에 답하여 지었다.

등고자비

주자(朱子)의 말이다. '많은 사람은 높은 곳에 이르려고 한다(人多要至高處 : 인다요지고처).' 그럼에도 불구하고 '밑바닥에서부터 시작할 줄은 모르고 있다(不知自底處 : 불지자저처). 원하는 자리(곳)에 오르기 위해서는 가장 낮은 밑바닥에서부터 출발하여 순리에 따라 단계를 밟아 올라가야 하는데도 무시하려 드는 경우가 비일비재하다. 이런 어리석음 일깨우기 위한 가르침 중의 하나가 등고자비(登高自卑)이다.

이는《중용(中庸)*》에서 유래했다. 원래의 뜻은 '높은 곳에 오르려면(登高) 낮은 곳에서 출발해야 한다(自卑).'라는 뜻이다. 이를 의역해 범위를 넓히면 '모든 일은 순리에 따라 철저히 절차를 지켜야 한다.' 혹은 '사람이 지위가 높아질수록 자신을 낮추는 겸양의 미덕을 지녀야 한다.'로 정의할 수 있다. 왜냐하면 '제 아무리 높은 웅장한 건물일지라도 기초공사가 튼튼하지 않으면 사상누각'일 뿐이다. 따라서 '기초를 튼실하게 하기 위해서는 절차를 철저하게 지킬 필요'가 있기 때문이다. 이와 일맥상통한다고 생각되었던지 문득 '아무리 바빠도 바늘허리 매어 못 쓴다.'라는 속담이 떠올랐다. 아마도 아무리 다급해도 바늘귀에 실을 꿰지 않으면 절대로 바느질을 할 수 없다는 이유 때문일 것이다.

공자(孔子)의 손자인 자사(子思)가 쓴 《중용》은 유교의 경전인 사서(四書)* 중의 하나이다. 이 책의 제15장에 나오는 내용 중에 등고자비(登高自卑)가 이렇게 등장한다.

/ 군자의 도(道)란(君子之道 : 군자지도) / 먼 곳을 가려면 반드시 가까운 곳부터 시작하는 것과 같으며(譬如行遠必自邇 : 비여행원필자이) / 높은 곳에 오르려 할 때는 반드시 낮은 곳부터 시작하는 것과 같으니라(譬如登高必自卑 : 비여등고필자비) /

등고자비라고 천명한 뜻과 일맥상통하는 말을 동양의 여러 선인을 비롯해 일찍이 종교 쪽에서도 많이 얘기하고 있는 것 같다. 그들 중에서 몇몇 예이다.

먼저 《맹자(孟子)》의 〈진심(盡心) 상편(上篇)〉에서 이르는 바를 요약하면 모든 것은 아래에서부터 차근차근 최선을 다해 점진적으로 성취를 추구해야 한다고 가르치고 있다. 다시 말하면 '흐르는 물은 비어있는 웅덩이(流水之爲物也 : 유수지위물야)를 채우지 않고는 흘러가지 않으며(不盈科不行 : 불영과불행)', '군자도 이같이 도(道)에 뜻을 둘 경우(君子之於道也 : 군자지어도야) 낮은 것부터 시작하여 수양을 하지 않는다면 큰 사람이 될 수 없다(不成章不達 : 불성장불달).'고 설파하고 있다. 이는 대충대충 하거나 편법에 편승하지 않고 우직하게 정도를 걸으며 처음부터 해야 한다는 일깨움이다.

한편 노자(老子)는 《도덕경(道德經)》의 64장에서 이렇게 이르고 있다. '구층의 높은 집일지라도 삼태기 흙부터 쌓아야 하고(九層之臺 起於累土 : 구층지대 기어누토)', '천 리 길도 한 걸음부터 시작한다(千里之行 始於足下 : 천리지행 시어족하).'라고 설파하고 있다. 여기서 함축하는 의미는 매사에 시작은 중요할 뿐 아니라 작은 일의 결과가 쌓여 큰 성과가 됨을 뜻하고 있지 싶다.

종교에 대해 숙맥이다. 그런데 여러 자료를 접하다 보니 불경(佛經)과 성경(聖經)에서도 등고자비와 유사한 가르침이 많다고 한다. 그중에 하나를 대충 요약해 열거한다. 먼저 불경에 나타난 내용 중의 하나이다. "어떤 욕심 많은 사람이 다른 집의 아름답고 품위 있는 삼층 정자(亭子)를 보고 몹시 샘이 났다. 당장 목수를 수소문해 정자를 지어달라는 부탁을 하면서 일 층과 이 층은 짓지 말고 곧바로 삼층만 지으라고 했다."라는 웃지 못할 일화가 있다. 이는 선업(善業)은 쌓지 않고 헛된 결과만을 바라는 욕심을 에둘러 지적하려는 우화이지 싶다. 한편 《성경》의 마태복음 18장 4절에 '그러므로 누구든지 이 어린아이와 같이 자기를 낮추는 그이가 천국에서 큰 자니라.'는 말씀이 있다고 한다. 또한 23장 12절에 '누구든지 자기를 높이는 자는 낮아지고, 누구든지 자기를 낮추는 자는 높아지리라.'라는 말씀이 있단다.

이 말의 종교적 의미는 잘 모르지만, 보편적인 관점에서 볼 때 등고자비와 일맥상통한다고 봐도 큰 무리가 없을 것 같다.

'천 리 길도 한 걸음부터(千里之行 始於足下)'라는 속담이나 '아무리 먼 길도 반드시 가까운 곳에서부터 시작됨'을 일깨우기 위해 행원자이(行遠自邇)라는 말이 회자(膾炙)되는 경우가 숱하게 많다. 하지만 다급한 일이나 위기에 처하면 공염불이 되게 마련이다. 어떤 경우를 막론하고 순리를 무시하고 편법과 불법의 선호는 뜻하지 않은 재앙을 부르는 단초가 될 개연성이 다분하다. 이 같은 맥락에서 모든 일에서 밑바닥부터 튼실하게 다지며 단계적인 성과를 기대하는 지혜로움은 열 번 강조해도 모자람이 없다. 아울러 얻음과 이룸이 클수록 더욱더 자신을 돌아보는 성찰과 자성을 통해 겸양을 갖추는 인품은 누구에게나 필요한 덕목이기도 하다. 그러므로 등고자비의 가치관은 호락호락하지 않은 현대를 사는 누구를 막론하고 되새겨 봐야 할 화두가 아닐까.

=====

* 중용(中庸) : 공자의 손자인 자사(子思 : 본명 공급(孔伋))가 펴낸 책이다. 원래는 대학과 마찬가지로 《예기》 제31편 〈중용편(中庸篇)〉에 속한 글이었으나 남송시대(南宋時代) 정자(程子)와 주자(周子) 등의 성리학자(性理學者)들에 의해 독립하여 출간되었다.
* 사서(四書) : 유교의 경전인 《논어(論語)》, 《맹자(孟子)》, 《중용(中庸)》, 《대학(大學)》을 통틀어 이르는 말이다.

수필과 비평, 2024년 7월호(통권 273호), 2024년 7월 1일

망양보뢰

망양보뢰(亡羊補牢)는 '양을 잃고(亡羊) 우리를 수리한다(補牢).'라는 뜻으로 최초에는 긍정적으로 '양을 잃은 뒤에 우리(牢)를 수리해도 늦지 않는다.'라는 의미로 쓰였다. 다시 말하면 '잘못이나 실패를 범해도 신속히 대응하면 늦지 않는다.'라는 개념이었다. 하지만 세월이 지나면서 점점 부정적인 의미로 변해 오늘날엔 '일이 잘못된 뒤에 애달파 하거나 뉘우쳐도 아무 소용이 없다.'라는 뜻으로 바뀌었다. 따라서 오늘날엔 망양보뢰하면 '양 잃고 우리를 수리해도 아무 소용없는 짓이다.'쯤으로 이해되고 있다. 결국 '매사에 미리 빈틈없이 대비해야 후회하지 않는다.'라는 의미로서 유비무환(有備無患) 정신을 강조하고 있는 셈이다.

원래 망양보뢰는 중국 전한(前漢) 시절의 학자였던 유향(劉向)이 전국시대(戰國時代) 전략가들의 책략(策略)을 편집해 펴낸《전국책(戰國策)》의 〈초책(楚策)〉에서 비롯되었다. 동의어로 망우보뢰(亡牛補牢), 망양지탄(亡羊之歎)이 있다. 유의어로는 만시지탄(晩時之歎), 대한색구(大寒索裘), 갈이천정(渴而穿井), 실우치구(失牛治廐), 실마치구(失馬治廐), 우후송산(雨後送傘), 십일지국(十日之菊), 사후약방문(死後藥方文) 따위를 들 수 있겠다. 그 유래와 만남 여행이다.

전국시대 초(楚)나라 군주였던 초양왕(楚襄王)*은 귀족을 맹신하고 간신 무리에 둘러싸여 주색잡기에 빠져 정사를 게을리하여 나라가 쇠퇴의 길로 치달았다. 이를 지켜보던 충직한 신하 장신(莊辛)이 죽기를 각오하고 어전(御前)에서 직간(直諫)했다. "성상(聖上)께서는 주후(州侯), 하후(夏侯), 언릉군(鄢陵君), 수능군(壽陵君) 같은 음탕하고 방종을 일삼는 간신 사인방(四人幇)을 위시한 못된 무리들과 한 통속이 되어 나라의 재정을 거덜 내면서 학정을 거듭하기 때문에 머지않아 우리의 수도인 영성(郢城)도 제대로 보전하기 어려울 것입니다."라고. 이에 왕은 크게 노하여 장신이 비정상의 정신 상태에서 괴설로 나라와 백성의 민심을 혼란에 빠뜨리려는 술책이라며 일거에 내쳤다.

왕의 이 같은 격노(激怒)에도 장신은 눈도 깜짝하지 않고 되받아쳤다. "소신은 작금의 실정을 목격하고 도저히 입을 닫고 벙어리처럼 지낼 수 없었습니다." "사실이 아닌 것을 가지고 소신이 어떻게 이런 고변(告變)을 드릴 수 있겠습니까."라며 말을 이어갔다. "아뢰옵기 황공하오나 왕께서 하루빨리 이를 바로잡지 않고 계속 간신 무리와 국정을 농단한다면 나라의 존망이 바람 앞의 등불 같다."라는 취지의 고언을 했다.

그래도 장신의 진언은 받아들여지지 않았다. 이에 장신은 "신의 말씀을 믿지 못하신다면 제가 잠시 조(趙)나라에 가서 세상 돌아가는 사정을 살필 수 있도록 허락해 달라고 주청(奏請)"을 했다. 장신이 왕의 윤허를 받고 조나라로 떠난 지 다섯 달 만에 진(秦)이 초나라를 침략하여 초양왕이 수도를 비우고 성양(城陽)으로 피신했다. 그제야 왕은 장신의 절절했던 충언이 떠올라 급히 조나라로 사람을 보내 불러왔다. 장신을 다시 대한 왕은 그동안 자기가 어리석었음을 이실직고하며 향후에 어떻게 대응해야 할지 모르겠다고 한탄하며 진솔하게 자문을 구했다.

왕의 뼈저린 참회를 잠자코 지켜보고 있던 장신이 조심스레 입을 열었다. 신이 이런 말을 들었던 적이 있습니다.

"토끼를 발견하고 사냥개를 불러도(見兎而顧犬 : 견토이고견) / 늦지 않고(未爲晩也 : 미위만야) / 양이 달아난(亡) 뒤에 우리(牢)를 수리(補)해도(亡羊而補牢 : 망양이보뢰) / 늦지 않는다(未爲遲也 : 미위지야) /"

라고 했습니다. 이어서 이런 얘기를 왕께 계속했다. "지난날 탕왕(湯王)과 무왕(武王)은 백 리 정도의 좁은 땅을 기반으로 건국했고, 걸왕(桀王)과 주왕(紂王)은 지나치게 광대한 나라를 제대로 다스리지 못해 결국 멸망했습니다. 현재 우리 초나라가 비록 작다고 하더라도 긴 것을 잘라 짧은 것을 기우면(切長補短 : 절장보단) 사방으로 천 리가 넘기 때문에 탕왕이나 무왕의 좁은 땅덩어리에 비하면 매우 넓은 셈이지요."라고. 결국 초양왕과 나눴던 장신의 말에서 망양보뢰라는 말이 생겨났다.

흔히들 얘기한다. "현자는 일이 닥치기 전에 예견하지만, 보통 사람은 눈에 띄어야 겨우 깨닫게 마련"이라고. 그런데 유감스럽게도 일반적인 표준에도 이르지 못하는 우매한 사람들은 눈으로 보거나 손에 쥐어줘도 모른다고 한다. 이런 관점에서 보통 이하의 사람들은 매사에 미리미리 대비할 깜냥이 되지 않는다면 '양을 잃은 뒤에라도 우리를 보수'하여 더 큰 화(禍)를 자초하지 않으려는 선제적 대응 지혜가 필요하지 않을까.

=====

* 초양왕(楚襄王)의 시호(諡號)가 경양왕(頃襄王)이다.

목불식정

어린 시절이었던 6·25 전쟁 무렵 문맹자(文盲者)가 무척 많았다. 그런 때문에 시골에서는 요즈음 상상할 수 없는 상황이 자주 발생하곤 했다. 군에 입대하여 전쟁터를 전전하는 아들의 편지가 오면 편지 해독(解讀)이 가능한 사람을 찾아가 읽어달라고 부탁하는 경우가 적지 않았다. 또한 누군가에게 편지를 보내야 하는데 쓸 줄 모르기 때문에 글을 아는 사람에게 찾아가 구술(口述)하면 그대로 받아 써주던 대필(代筆)도 흔했다. 한자(漢字)나 한글 단 한 글자도 모른 채 까막눈으로 사는 게 얼마나 힘들고 답답했을까. 그런 사람들을 지칭하는 말과 만남이다.

'단 한 글자도 모르는 철저한 문맹자'를 지칭할 때 '낫 놓고 기역 자도 모르는 사람' 즉 '고무래를 보고도 정(丁)자를 모른다.'라는 뜻으로 사용하던 말 중 하나가 목불식정(目不識丁)이다. 비슷한 말로 어로불변(魚魯不辨), 숙맥불변(菽麥不辨), 일자무식(一字無識), 일문불통(一文不通), 불식일정(不識一丁), 불학

무식(不學無識), 일자불식(一字不識), 일문부지(一文不知), 전무식(全無識) 따위가 있다.

목불식정의 유래이다. 중국 당(唐)나라 제6대 황제인 현종(玄宗) 시절의 얘기로 알려진 고사이다. 장홍정(張弘靖)이라는 위인이 있었는데 부잣집에서 태어나 버릇없이 자라서 성품이 오만방자하고 불손하기 짝이 없었다고 한다. 하지만 부친인 장연상(張延賞)이 나라에 많은 공헌을 했던 은덕으로 어려움 없이 벼슬길에 나섰다.

부족하기 이를 데 없는 장홍정이 노룡(盧龍)의 절도사(節度使)로 부임하게 되었다. 임지에 부임해서 본연의 업무는 내팽개친 채 개인적인 유람이나 놀이에 몰두하는 한편 휘하의 군사들을 괴롭히거나 백성들을 학대하는 교만한 비행이 비일비재했다. 그의 행동은 전임 절도사와 정반대였기 때문에 도처에서 불만이 봇물 터지듯 쏟아져 나왔다. 거기에 더해 각종 횡포는 점점 심해졌고 말도 되지 않는 언행이 지속되었다. 게다가 이런 망발을 스스럼없이 이죽거렸다.

"지금 천하가 태평성대인데 너희들이 무거운 활(弓)을 당겨서 무엇을 하겠느냐? 그보다는 차라리 고무래 정(丁)자 한 자(字)라도 배우는 게 낫다."라고 비아냥거리기까지 했다. 그런 망동에 가까운 언행에 부하들이 분기탱천해 반란을 일으켜 그를 포박해서 옥에 가뒀다. 그 후 중앙에서 파견된 조사관들이 엄정하게 적바림하여 왕에게 아뢰어 한통속이었던 패거리들을 죄의 경중에 따라 치죄(治罪)하고 그에게 내렸던 절도사라는 직책을 박탈했다. 그러면서 왕이 이렇게 말했다.

/ 그놈이야말로 목불식정(目不識丁)이로구나 /

라고 일갈했다는 얘기가 전설처럼 전해지고 있단다. 결국 세상사에 대해 제대로 배우지 못한 얼뜨기 같은 주제에 지나치게 과분한 감투를 뒤집어쓰고 함부로 나대며 부하와 백성들에게 군림하다가 처참한 최후를 맞았다. 그렇게 세인들의 조롱거리로 전락해 세상에 목불식정이라는 말을 남기는 치욕의 주인공이 되었다

목불식정과 유사한 의미로 통용되는 숙맥불변(菽麥不辨)의 유래도 대강 살피기로 한다. 그 시절 왕권(王權) 승계는 당연히 장자우선원칙(長子優先原則)이 시퍼렇게 살아 있던 시절이다. 중국 춘추시대 진(晉)나라 30대 국군(國君)이었던 도공(悼公)에게 한참 모자라는 형이 하나 있었다고 한다. 당시 왕위 승계는 장자가 이어받는 것이 순리라고 생각하던 시절이었기 때문에 도공도 형을 왕으로 추대하기 위해 큰 노력을 했던 것 같다. 그 일환으로 모자라는 형에게 다양한 제왕 교육을 시키는 과정에서 어느 날 콩(菽)에 관해서 설명하는 과정에서 형이 뜬금없이 말했다.

"그건 보리(麥)잖아!"

그런 형의 행동에 어이가 없었지만 못 들은 척하고 눙치며 넘겼다. 그 뒤 이번에는 보리에 대해 열심히 설명하던 순간 형이

또다시 뚱딴지같이 일갈했다.

"그건 콩(菽)이잖아!"

그래도 참고 견디며 수없이 많은 교육을 시키고 나서 이 정도면 충분하다고 판단하고 형에게 부탁했다.

"형! 콩을 좀 가져다주세요!"

당연히 콩을 가지고 올 것을 기대했는데 형은 실망스럽게 보리를 가져와 내밀어 그 자리에 있던 모든 이들을 대경실색하게 했다. 아무리 왕위 승계원칙이 지엄하다고 해도 이처럼 콩(菽)과 보리(麥)를 분별하지 못하는 어리바리한 왕자를 왕으로 추대하는 것은 어불성설이라는 대소 관료들의 비난이 비등했다. 이에 대응하기 위한 차선책으로 도공이 왕위에 등극했다. 여기서 숙맥불변이라는 말이 탄생했다.

일제로부터 해방되고 나서 민족상잔의 6·25 전쟁 무렵에도 우리 국민의 절반 이상이 사실상 문맹이었다. 해방 후 여든 해 지난 지금 우리의 청소년들은 원하면 거의 대학교육까지 받는 교육 강국으로 발돋움한 결과 선진국 대열에 합류했다. 결코 길지 않은 세월이 지났을 뿐인데 우리 사회에 문맹자가 거의 없어졌다는 사실은 세계에서 유례를 찾기 어려운 기적에 가까운 일이 아닐까 싶다.

반식재상

　반식재상(伴食宰相)은 '자리만 차지하고 무위도식하는 무능한 재상'을 비하하는 표현이다.《구당서(舊唐書)》의 〈노회신전(盧懷愼傳)〉과《십팔사략(十八史略)》에 나오는 말로 동의어는 반식대신(伴食大臣)·상반대신(相伴大臣)이 있다. 한편 유의어로는 시위소찬(尸位素餐)·녹도인(祿盜人)·의관지도(衣冠之盜)가 쓰이고 있다. 이의 유래는 당(唐)나라 현종(玄宗) 때 요숭(姚崇)과 노회신(盧懷愼)의 관계에서 생겨났다.

　당나라 현종은 즉위하고 곧바로 태평공주(太平公主)*와 그 추종 무리를 제거하고 연호(年號)를 개원(開元)으로 바꿨다. 그리고 대대적인 개혁을 감행했다. 호사스러운 관복을 불사르는 등의 사치 풍조 배척, 조세(租稅)와 부역(賦役)을 비롯한 형벌 제도 등의 개선, 모병(募兵)제도 도입, 변방 수비를 위한 절도사(節度使) 배치 같은 개혁정책을 과감하게 도입해 당대최성기(唐代最盛期)인 개원지치(開元之治) 즉 '개원(開元)의 치(治)'

를 열었다.

　이들 정책을 계획하고 수행하는 중심에는 현자(賢者) 같은 재상(賢相)인 요숭(姚崇)이 있었다. 그는 모든 정책이나 국사를 나라나 임금보다는 백성을 먼저 생각하고 추진했다. 매사에 신속 정확했으며 게다가 청렴결백까지 겸비하여 어느 누구도 그를 따를 자가 없었다. 그런 요숭이 사사로운 일로 한동안 자리를 비우게 되었다. 그의 정무(政務)를 황문감(荒文監)*인 노회신(盧懷愼)이 대신 맡았다. 노회신 역시 청렴결백하고 무욕염담(無欲恬淡)하며 멸사봉공의 자세로 나랏일을 수행하던 국보급의 재상(國相)으로 덕망이 높았다.

　노회신은 아무리 요숭처럼 물이 흐르듯 신속 정확히 처리하려 해도 여기저기서 막히고 틀어져 미결 상태의 일이 날로 쌓여갔다. 이에 자신은 그와 어깨를 나란히 하거나 능가할 수 없음을 절감하고 미뤄뒀다가 요숭이 복귀한 뒤에 확인하고 처리했다. 그 이후 노회신은 어려울 때마다 요숭의 자문을 구하게 되었다.

　이런 상황을 지켜보던 주위에서 노회신을 '재상 옆에 있는 대신'이라는 뜻으로 상반대신·반식재상이라고 불렀다. 그런데 당시에는 이 말이 노회신을 냉소하고 비하했던 표현이라기보다는 요숭에 대한 경외와 존숭(尊崇)의 의미가 훨씬 컸다고 한다. 그런데 세월이 지나면서 '곁에 모시고 밥을 먹는 재상' 다시 말하면 '자리만 차지하고 무위도식하는 재상'을 지칭하며 냉소하는 뜻으로 굳어졌다.

　즉위 초기엔 영명했던 현종은 훗날에 이르러서 총희(寵姬) 양귀비(楊貴妃)의 경국지색(傾國之色)에 사리 분별력을 잃어 국사를 등한시했다. 그러면서 직언하는 충신들을 내치는가 하면 간신들의 감언(甘言)에 현혹된 채 주색과 환락에 빠져 나라를 쇠망(衰亡)으로 이끌었던 다른 군주들과 같은 길을 걸었다.

오늘날 대표적인 반식재상 그룹은 누가 뭐라고 해도 수많은 어공*들과 적지 않은 선출직들이 아닐까. 정권이 바뀔 때마다 논공행상에 따라 별정 고위직에 임명되는 수많은 어공들은 대부분 전혀 경험이 없는 생소한 분야에 낙하산을 타고 내려와 지엄한 자리를 꿰찼기 때문에 반식재상이 아니고 무엇이랴. 해당 분야에 대해 공부했던 적도 없고 일했던 경험도 없는 주제에 늘공*들은 일생을 바쳐도 바라보기 어려운 자리에 앉아 툭하면 하위직을 겁박하거나 군림하는가 하면 특권을 누리며 그 사회에서 물의를 일으키기 일쑤인 그들이다. 원래 어공은 특수 분야에 전문가를 모시기 위한 취지로 생겨났음에도 선거에 공헌한 사람들에 대한 보은의 방편으로 악용되는 대표적인 예이다. 한편 국회의원 중에 일부의 국해의원(國害議員)*을 비롯해 수많은 선출직 중에 반식재상이 적지 않지 싶다. 그중 하나의 예로서 어떤 국회의원은 발의하는 법안에 1000번 이상 서명했다는 데 그 경우 무슨 내용인지 제대로 파악하고 했는지 모르겠다. 이는 국회의원들이 입에 거품을 물고 질타하며 비난하는 논문표절과 무엇이 다른지 모르겠다. 이도 실적 부풀리기 이기 때문에 지적하는 얘기다. 한편 당명이라면 무조건 따르며 기껏해야 거수기(擧手機) 노릇을 하는 경우 야박하다고 할지 모르지만, 전형적인 반식재상이 아닐까. 그래도 '임기는 보장되고 세비(歲費)는 꼬박꼬박 챙길 수 있으며 국회의원을 했다는 훈장(?)은 떼놓은 당상일 테니까.'라는 사실을 냉소적으로 비하하는 말이다.

=====

* 태평공주(太平公主) : 측천무후(則天武后)의 딸이다.
* 황문감(黃門監) : 환관 감독 부서의 으뜸 벼슬 이름이다.
* 어공 : '어쩌다 공무원'이 줄어든 말. 주로 공무원 시험을 거치지 않은 전문임기제 공무원 따위를 이른다.
* 늘공 : '늘 공무원'이라는 뜻으로 공무원 시험을 통해서 공무원으로 채용된 사람을 뜻한다.
* 국해의원(國害議員) : 맡은 역할을 훌륭하게 수행하는 국회의원과 구별하기 위한 별칭이다.

발본색원

　발본색원(拔本塞源)의 어감이 묘하게 이중적인 형태로 각인되어 있다. 아마도 기관 중심의 범죄나 사회악 척결을 위해 결연한 의지나 단호한 법 집행을 천명하는 경우가 빈발하면서 그리되었지 싶다. 왜냐하면 때로는 섬뜩하다거나 두려움을 안겨주면서 생겼던 공포심과 함께 이제는 그 문제로 걱정하지 않아도 되겠구나 하는 안도의 마음이 공존했던 때문일 게다. 여태까지 살아오면서 정부에서 각종 범죄와의 전쟁을 수없이 선포할 때마다 등장했던 말이 발본색원이었다. 너무 자주 듣다 보니 의례적인 수사(修辭)로 여겨져 마치 '망나니가 칼을 들고 춤을 추는 게 아니라 솜방망이를 휘두르며 겁을 주는 것.' 같다. 이런 이유에서 흘러간 유행가 가사를 귀가 아플 정도로 반복해 들어 시큰둥해진 어정쩡한 기분이 들기도 한다.

　발본색원은 본디 '나무를 뿌리 째로 뽑고(拔) 물의 근원을 막아 버린다(塞).'라는 뜻이다. 다시 말하면 발본(拔本)은 '근본을 완전히 뽑음', 색원(塞源)은 '근원을 완전하게 막음'을 의미한다. 그러므로 '폐해(폐단)를 없애기 위해 그 뿌리를 완전히 뽑아 버림' 혹은 '폐단의 근원을 완벽하게 없애 버림'을 함축하는 의미로 통용되어왔다. 유의어로는 전초제근(剪草除根), 거기지엽(去其枝葉), 삭주굴근(削株掘根) 등이 있다.

그 유래는 다음 몇 가지에서 비롯되었다고 전해지고 있다. 이 성어가 전해지는 출전(出典)은 첫째로 《춘추좌씨전(春秋左氏傳)》〈소공(昭公)〉 '구년(九年) 조(條)'에서 전해지고 있는 주(周)나라 성왕(成王)의 말, 둘째로 진(晉)나라 헌공(獻公)이 후궁 여희(驪姬)에 푹 빠졌을 때 역술인 사소(史蘇)의 진언, 셋째로 명(明)나라 왕양명(王陽明)의 제자들이 펴낸 《전습록(傳習錄)*》 등으로 알려졌다. 이들에 대한 대략적인 줄거리와 만남이다.

먼저 무왕(武王)은 주나라를 건국하고 6년 후에 연소한 아들에게 양위하고 곧 세상을 떠났다. 어린 나이에 왕위에 등극한 성왕(成王) 대신에 숙부(叔父)인 문공(文公)이 7년 동안 섭정을 했다. 그때 문공은 어린 조카인 성왕을 잘 보필해 젊은이로 성장한 왕에게 왕권을 온전하게 물려주는 타의 모범을 보였다. 이런 문공에 대한 성왕의 각별한 마음이 노(魯)나라 좌구명(左丘明)이 펴낸 《춘추좌씨전》〈소공〉 '구년 조'에서 아래처럼 기술되어 있다. 이 말의 내용에서 발본색원이 생겼다는 얘기다.

/ 내게 백부(伯父)가 계심은(我在伯父 : 아재백부)* / 마치 의복에 갓과 면류관이 있고(猶衣服之有冠冕 : 요의복지유관면) / 나무

와 물에 근원이 있으며(木水之有本源 : 목수지유본원) / 백성에게 지혜로운 임금이 계신 것과 같다(民人之有謀主 : 민인지유모주). / 백부께서 만일 갓을 찢어버리고 면류관을 부수고(伯父若裂冠冕 : 백부약열관면) / 근본을 뽑고 근원을 막아서(拔本塞原* : 발본색원) 지혜로운 임금을 버리신다면 비록 오랑캐(戎)라고 할지라도 어찌 한 사람도 남아 있겠는가(雖戎狄其何有餘人 : 수융적기하유여인) / 라고.

한편 진(晉)나라 헌공과 후궁 여희(驪姬)에 관련해 역술인 사소(史蘇)의 직간(直諫)으로 알려진 내용의 대강이다. 헌공이 이민족 징벌에 승전하고 전리품처럼 데리고 왔던 여희의 미색과 간교한 술수에 현혹되어 왕후(王侯)를 폐하려고 시도하자 역술인 사소가 왕의 면전에서 곧바로 직간했다.

여희 같은 경국지색(傾國之色)은 하(夏)나라를 망하게 한 걸왕(桀王)의 후궁 말희(妺喜), 상(商)나라 폭군인 주왕(紂王)을 망친 후궁 달기(妲己), 주(周)나라를 멸망으로 이끌었던 유왕(幽王)의 후궁인 포사(褒姒)처럼 위험한 존재이니 멀리하시라며 적극적으로 만류하는 과정에서 했던 말이다.《국어(國語)*》의 〈진어(晉語) 1편(篇)〉에 나오며 여기서 발본색원의 뜻이 함축되었다는 애기다.

/ 벌목할 때 뿌리까지 자르지 않으면 필경 되살아나고(伐木不自其本 必復生 : 벌목불자기본 필복생) / 물은 그 근원을 막지 않으

면 필경 다시 흐르며(塞水不自其源 必復流 : 색수불자기원 필복류) / 화(禍)를 없애려면 그 뿌리를 제거하지 않으면 필경 훗날 사달이 난다(滅禍不自其基 必復亂 : 멸화불자기기 필복란) / 라고.

이같이 간곡한 진언은 했으나 헌공은 자기 마음대로 하여 나라를 도탄에 빠뜨렸다. 그리고 후세 사람들은 달기, 말희, 포사. 여희를 중국의 4대 악녀라고 부르고 있다.

한편 명(明)나라 왕양명의 제자들이 편집한《전습록》에서도 발본색원을 언급하고 있다는 전언이다. 그 근본적인 요지를 간추리면 첫째로 폐해의 뿌리를 근원적으로 뽑아내고, 둘째로 사적인 욕심을 없애고, 셋째로 하늘의 섭리나 자연의 이치에 순응함으로써 욕심을 버릴 것을 주창한 것으로 알려져 있다.

'사사로운 욕심은 시작 단계에서 뿌리부터 철저하게 뽑아내고 막아야 할 곳은 미봉책이 아니라 근원부터 철저하게 틀어막음으로써 후환의 소지를 완전히 제거하라.'라는 뜻으로 발본색원이 쓰였다. 그러므로 그 옛날에는 '근본을 망치는 행위'를 뜻했다. 그런데 비해 오늘날엔 '폐해의 근원을 원천적으로 제거한다는 개념'으로 바뀌어 사용되고 있다. 하기야 세월 따라 적용 의미가 변용되는 말이 어디 한두 가지일까.

=====

* 문공(文公)은 분명히 성왕(成王)의 아버지인 무왕(武王)의 동생이기 때문에 오늘날 우리 상식으로는 백부(伯父)가 아니라 숙부(叔父)라는 표현이 맞지 싶다.
* 전습록(傳習錄) :《전습록》은 왕양명(王陽明)의 여러 학설과 교계(敎戒)·서간(書簡) 등을

그 제자들이 편집한 책이다.
* 원문(原文)에는 오늘날 우리가 쓰는 것처럼 '원(源)'이 아니라 '원(原)'으로 표기되어 있다.
* 국어(國語) : 중국 주(周)나라의 좌구명(左丘明)이 지은 역사책이다. 《좌씨전(左氏傳)》에 누락된 춘추시대(春秋時代)의 여덟 나라 인주(周), 노(魯), 제(齊), 진(晉), 정(鄭), 초(楚), 오(吳), 월(越)의 역사를 적었다. 모두 21권으로 되어있다.

방약무인

'주변에 아무도 없는 것처럼 행동한다.' 즉 '곁에 아무도 없다는 듯이 멋대로 행동하는 것.'을 뜻하는 말이 방약무인(傍若無人)이다. 이는 단순히 '주변에 아무도 없는 것처럼 행동하는 것.'을 뜻하는 외에 '주변 사람을 완전히 무시하는 행동이나 태도까지도 이르는 뜻'으로 통용되고 있다. 이를 속되게 바꿔 표현하면 '눈에 뵈는 게 없다.'라는 의미로도 쓰이고 있다. 결국 오늘날 조직 사회의 화합에 반하거나 타인의 존재를 무시하는 언행을 비판하는 부정적인 의미로 통용되고 있다. 유의어로서 오만불손(傲慢不遜), 안하무인(眼下無人), 안중무인(眼中無人) 따위가 있다.

먼저 중국의 《사기(史記)》에서 유래한 것으로 진(晉)나라 시황제(始皇帝)를 저격하려다 실패했던 형가(荊軻)의 얘기에서 비롯되었다. 형가는 연(燕)나라로 가서 개(犬)백정으로서 축(筑)*을 잘 연주하는 고점리(高漸離)와 어울렸다. 그들은 수시로 시정거리를 어정거리다가 툭하면 술을 마시면서 고점리는 축을 치고 형가는 그 장단에 맞춰 춤을 추기 일쑤였다. 그 상황에 이르면 그들 옆에 누가 있건 없건 무시하는 방자한 태도로 일관해 세인들은 이를 방약무인이라고 했다. 이처럼 고점리와 형가에 관련된 방약무인에서는 '곁에 아무도 없는 것처럼 개의치 않고 언행을 하는 것.'을 지칭하는 개념이었다.

한편 중국의 역사서인《이십오사(二十五史)*》의 〈진서(晉書)〉는 환온(桓溫)과 왕맹(王猛)에 대해 이런 내용을 요약한 것이다. "王猛捫蝨 傍若無人(왕맹문슬 방약무인)." 이 내용이 방약무인을 탄생시킨 왕맹의 고사 왕맹문슬이다. 왕맹이 이(蝨)를 잡으며 당대의 최고 권력자인 환온과 천하를 논했다는 고사로서 왕맹문슬담천하(王猛捫蝨談天下)라고 지칭되기도 한다.

천하를 호령하던 환온이 왕맹의 인품을 풍문으로 전해 듣고 어느 날 불시에 그의 누옥(陋屋)을 찾았던 것 같다. 그렇게 왕맹과 세상에 대해 얘기를 나누던 중에 다양하고 해박한 그의 인품에 푹 빠져 격식이나 위험을 완전히 무시했던 게 분명하다. 누옥의 화롯가에 앉아 이(蝨)를 잡으며 최고의 권력자와 얘기를 태연자약하게 나눴다. 이렇게 이를 잡으며 얘기를 나누며 마치 주위에 아무것도 없는 것처럼 행동하는 왕맹의 태도를 방약무인 또는 안하무인(眼下無人)이라고 한다. 결국 이 말들은 왕맹이 세간의 법도를 무시하고 자기 편한 대로 행동하던 태도에서 생겨났기 때문인지 '버릇이 없거나 교만하다는 의미를 함축'하는 의미가 강하다고 볼 수 있겠다. 따라서 왕맹으로 인해 생겨난 방약무인은 '멋대로 행동하는 것.'을 뜻한다기보다는 '주위에 대해 전혀 신경 쓰지 않고 무시하며 자기 멋대로 행동'함을 의미한다고 하겠다.

유의어인 안하무인은 중국 명(明)나라 말 작가 능몽초(凌蒙初)의 단편소설《초각박안경기(初刻拍案驚奇)》에서 유래했다. 명나라 송강부(松江府)에 어떤 부부가 있었는데 자식이 없다가 뒤늦게 아들 하나를 얻었다. 너무도 귀해 금지옥엽처럼 길렀으나 버릇이 없고 배운 데가 없어 제멋대로 행동해 무수히 타이르고 가르쳤으나 만사가 허사였다. 그뿐 아니라 나중에는 부모에게 수시로 폭력을 행사하는 망나니가 되었다. 잘못 길러 '눈앞에 아무도 없는 것처럼 행동하는 그 패륜아를 일컬어' 안하무인이라고 호칭했다. 처음엔 목중무인(目中無人) 즉 '눈 속에 사람 없다.'라는 뜻으로 쓰이다가 중간에 안하무인으로 바뀌었다.

우리 주변에서 무례에 가까운 방약무인의 예이다. 의견을 조율하기 위한 모임이나 회의에서 다른 사람의 의견은 아랑곳하지 않고 일방적으로 자기주장만 되풀이하는 경우나 직위를 앞세우고 아랫사람들에게 무조건 군림하려는 경우가 대표적인 사례이지 싶다. 아울러 여럿이 함께 타고 있는 엘리베이터 속에서 큰소리로 통화하는 경우나 복잡한 버스나 전철에서 크게 음악을 듣는 무뢰한(無賴漢)들도 역시 같은 부류이다. 모두가 함께 공존하려면 남을 먼저 배려하고 존중할 줄 알아야 한다. 그렇지 못하고 자기만 챙기거나 욕심을 부리는 방약무인의 태도는 주위에서 경원시하며 배척의 대상이 됨을 잊는 어리석음을 범하지 않았으면 좋겠다.

=====

* 축(筑) : 거문고와 비슷한 대(竹)로 만든 악기이다.
* 이십오사(二十五史) : 한(漢)나라 사마천의 《사기(史記)》부터 청(靑)나라 건륭제(乾隆帝)의 명으로 편찬된 《명사(明史)》까지 중국의 역대 왕조에서 공인된 정사 24개를 《24사(二十四史)》라고 한다. 한편 1912년 청나라가 멸망한 뒤에 편찬된 사서(史書)인 《신원사(新元史)》와 《청사고(淸史稿)》 중 하나를 더해 《25사》, 혹은 둘 다 더해 《26사(二十六史)》라고도 한다.

백면서생

　사전에 의하면 '글만 읽고 세상일에 경험이 없는 사람'을 백면서생(白面書生)이라고 정의하고 있다. 현재는 '방구석에 틀어박혀 책만 읽어 세상 물정에 어둡고 서툴며 경험이 없는 신출내기'를 이르는 말로 약간 비하하는 의미로 통용되고 있다. 동의어로 백면(白面)·백면랑(白面郎)·백면서랑(白面書郎) 등이 있다.
　이 고사성어는 중국 남북조시대(南北朝時代) 남조(南朝)인 송(宋)나라 3대 황제인 문제(文帝 : 424~453)가 숙적인 북위(北魏) 정벌(征伐)계획을 수립하는 과정에서 생겨났다. 다시 말하면 황제가 북위를 정벌하기 위한 의견을 수렴하는 대책회의를 개최했다. 그 회의에 참석했던 대신들은 대부분 전쟁을 전혀 모르는 문관(文官)이고 무관(武官)은 변경(邊境) 수비의 총사령관이었던 건무장군(建武將軍)인 심경지(沈慶之)가 유일하게 참석했던 모양이다.
　그 대책회의에서 심경지는 일신의 안위를 고려하지 않고 곧이곧대로 지난날 북벌(北伐) 실패의 경험을 들어 북위의 침공을 적극적으로 반대했다. 하지만 황제는 그때의 실패는 다른 이유 때문이라는 터무니없는 주장을 주워섬기며 심경지의 의견을 일거에 깔아뭉갠 채 전쟁에 대해서 청맹과니로서 전쟁을 전혀 모르는 문관들과 논의했다. 이를 보다 못한 심경지가 우국충정의 마음에서 죽을 각오를 하고 망설임 없이 황제에게 직간(直諫)했다. 이 이야기는《송서(宋書)》〈심경지전(沈慶之傳)〉에 기록되어 있다. 그런데 한자 표기는 자료마다 달라 전체적인 흐름을 감안해서 특정한 사이트를 기준으로 했다.*

/ 치국(治國)은 치가(治家)와 같은 이치이니(治國譬如治家 : 치국비여치가) / 밭을 가는 일은 사내종(奴)에게 물음이 타당하고(耕當問奴 : 경당문노) / 베를 짜는 일은 계집종(婢)에게 물음이 타당합니다(織當問婢 : 직당문비) / 폐하께서는 지금 적국을 정벌하시려는데(陛下今欲伐國 : 폐하금욕벌국) / 하얀 얼굴로 글만 읽은 사람들과 도모하시려 하니(而與白面書生輩謀之 : 이여백면서생배모지) / 일이 어찌 이루시겠나이까(事何由濟 : 사하유제) /

심경지의 이 말에서 처음으로 백면서생이라는 말이 생겨났다고 한다. 이 거침없는 직간 내용을 보면서 두 가지 점에서 대단히 놀랐다. 그 첫째는 아무리 황제가 신임하는 신하라고 해도 자기 목숨을 걸지 않는 한 이처럼 황제를 힐책하는 듯한 직설적인 진언은 불가능하다. 이 같은 맥락에서 최고의 충성스러운 신하의 본보기를 보는 것 같아 뿌듯했다. 둘째로 천민인 남녀 노비일지라도 전문가들은 인정해야 한다는 열린 사고와 가치관은 오늘날 설익은 민주주의 가치관보다 앞선 선지자적 혜안이다. 여기서 남녀 노비를 예로든 그것은 전쟁에는 붓으로 말하는 문관이 아닌 전장에서 뼈가 굵었던 무관들의 견해를 결집해야 함을 에둘러 강조하며 은근히 황제를 힐난하는 의도가 담겼다고 생각된다. 이런 가치관과 철학을 거리낌 없이 아뢰는 자리에서 과연 황제는 무엇을 느꼈을까.

충성스러운 신하의 구구절절한 간언을 완전히 무시한 채 어쭙잖은 문신들의 견해에 따라 끝내 북벌을 강행했다. 하지만 결과는 심경지의 우려를 증명이라도 하듯이 보기 좋게 실패로 끝났다. 한편 임경지가 황제의 면전에서 북벌 불가론을 펼치면서 입에 올렸던 백면서생은 '전쟁터를 전전하며 거친 모습의 무관들에 비해 사시사철 방안에 앉아 책만 파고들어 새색시 얼굴처럼 새하얀 문관들을 비유'한 표현이리라.

개인적으로 "경당문노(耕當問奴)와 직당문비(織當問婢)"라는 말을 무척 좋아한다. 물론 반상(班常)의 차별이 엄격하던 시절 사내종과 계집종 즉 노비(奴婢)는 천민(賤民)으로 그들이 하는 일은 대부분 양반이 꺼리는 힘들고 어려운 것들이다. 그렇다고 아무나 함부로 할 수 있는 일이 아니다. 뙤약볕 아래서도 묵묵히 힘들게 농사를 짓고 몇 개월에 걸쳐 밤을 새워가며 베를 짜는 것은 그들 전문가가 아니면 불가능하다는 견지에서 하는 얘기이다. 여기에는 신분의 높고 낮음이나 일의 경중을 따지지 않고 어떤 경우이던 전문가가 제대로 된 대접을 받아야 한다는 철학이 전제되었기 때문이다. 결국 이런 가치관은 오늘날 우리 사회에서도 존중되어야 할 화두이다.

오늘날 우리 사회 곳곳에 신출내기인 백면서생들이 준동해 설쳐대면서 지도자를 자처하며 나랏일을 좌지우지하는 경우가 너무도 많다. 어쩌다가 선출직을 통해 높은 자리 꿰차면 모든 분야의 최고 권위자나 전문가 인체 하며 주제넘게 콩 놔라, 팥 놔라, 간섭이 심하다. 그러다가 정책의 실패나 일을 그르치면 변명을 늘어놓으며 책임을 회피하려 허둥대는 꼬락서니는 정나미가 떨어질 뿐 아니라 그 피해 덤터기를 뒤집어써야 하는 현실이 싫고 떫다. 제발 되지도 않게 전문가 영역을 무시로 넘보는 악습은 사라져야 할 난제 중의 난제이다.

직역할 때 '흰 얼굴에 글을 읽는 새내기'를 의미하는 백면서생은 '경험이 부족한 신출내기나 경험이 전혀 없는 사람을 비하하는 의미를 담은 말'로 오늘날에도 많은 사람의 입에 회자(膾炙) 되고 있다. 아울러 아무리 하찮고 보잘것없을지라도 신분, 배움, 빈부, 출생지역 등의 다름을 막론하고 어떤 분야든지 전문가는 존중되는 사회가 그립다.

=====

* https://m.blog.naver.com/guri4you/22089620373

백미

　백미(白眉) 즉 흰 눈썹이 '여럿 중에 뛰어난 사람 혹은 물건'이라는 의미로 쓰이는 게 엉뚱하다는 생각을 지울 수 없다. 왜냐하면 '허옇게 센머리' 백수(白首) 혹은 백발(白髮), '허옇게 센 눈썹'인 백미(白眉), '허옇게 센 수염'인 백수(白鬚) 등 삼백(三白)의 조건은 나이 많은 노인이나 도인의 전형적인 풍모로 인식되어 있기 때문이다. 그럼에도 현실적으로 백미가 그런 의미로 쓰이고 있음은 중국 정사(正史)의 기록인《삼국지(三國志)》와 역사소설인《삼국지연의(三國志演義)》에 모두 나타나고 있으니 까마득한 그 옛날부터라는 사실을 증명하는 움직일 수 없는 증좌이다.

　백미가 현재의 의미로 사용된 유래는 유비(劉備)가 적벽대전 후에 형주(荊州)와 양양(襄陽) 등을 다스릴 계책을 논의하는 과정에서 형양(荊襄)에 사는 마량오형제(馬良五兄弟) 중에 눈썹에 흰털(白毛)이 난 마량(馬良)이 제일 뛰어났다는 얘기가 오갔다는 일화에서 비롯되었다고 한다. 한편 동의어와 유의어는 헤아리기 어려울 정도로 많은데 그중 몇 가지이다. 압권(壓卷), 발군(拔群), 낭중지추(囊中之錐), 군계일학(群鷄一鶴), 절륜(絶倫), 출중(出衆), 학립계군(鶴立鷄群), 추처낭중(錐處囊中), 계군고학(鷄群孤鶴) 등등이다.

그 유래는 정사의 기록인《삼국지》와 소설인《삼국지연의》에 모두 나온다. 역사소설로 너무나 유명하지만, 전문가들에 따르면 어쩌면 무미건조한 정사의《삼국지》와 허구가 가미된 소설《삼국지연의》중에 어느 한쪽에는 엄연히 기록되어 있으나 다른 쪽에 없는 내용이 허다하다고 한다. 그럼에도 백미와 마량오 형제 사연은 양쪽에 모두 나타나니 실제로 존재했던 사실이 틀림없지 싶다.

먼저 정사인《삼국지 촉서(蜀書)》의〈마량전(馬良傳)〉에 나오는 주요 내용의 대강이다. 원래 마량은 양양(襄陽) 의성(宜城) 태생으로 자(字)는 계상(季常)이다. 그의 형제는 다섯인데 모두가 총명하여 (才) 명성이 자자했다(名). 그런 그들 오 형제를 두고 주위(鄕里)에서 스스럼없이 이렇게들 말했다.

/ 마씨오상(馬氏五常)* 중에 백미(白眉)가 가장 출중하다(馬氏五常 白眉最良 : 마씨오상 백미최량) /

여기서 백미란 마량의 눈썹 속에 흰털(白毛)이 나 있다는 이유에서 애칭으로 그리 불렸지 싶다. 따라서 그들 다섯 형제 모두 남들에 비해 발군의 인재였지만 그중에서도 흰 눈썹이 나 있던 마량을 최고라고 생각했던 것 같다. 결국 여기서 백미가 '여럿 중에 가장 뛰어난 사람'이라는 의미로 쓰이기 시작했다.

한편 《삼국지연의》에 나오는 내용을 대충 요약 정리하면 아래와 같다. 아마도 유비가 참모들과 적벽대전으로 평정한 형주(荊州) 지역의 관리 방안을 논의하는 자리였지 싶다. 유비의 목숨을 두 번이나 구해줬던 이적(伊籍)이 의견을 개진했다.

"형주에 대한 중차대한 계책을 논하면서 왜 어진 현자들을 모셔다가 비책을 듣지 않는 것입니까."라고 힐난했다. 이 말에 현덕(玄德)이 조용히 입을 열어 "어디에 현자가 있는가?"라고 물었다. 이에 다시 이적이 답했다.

형양(荊襄)에 사는 마 씨 오 형제는 모두가 총명하다고 명성이 자자하지요. 그 형제 중에 가장 나이가 어린 사람 이름은 속(謖)이고 자(字)는 유상(幼常)이라 부릅니다. 한편 그 형제 중에 가장 어진 현자는 눈썹 사이에 흰털(白毛)이 난, 량(良)이며 자는 계상(季常)이라고 한답니다. 주위(鄕里) 사람들은 그들에 대해 스스럼없이 이렇게 말하고 있습니다.

/ 마씨 오형제 중에 흰 눈썹이 즉 배미가 가장 총명하고 발군이다
 (馬氏五常 白眉最良 : 마씨오상 백미최량) /

마무리 말로 이적이 조용히 얘기했다. 그럼에도 "공께서는 어찌하여 이런 현자들을 널리 모셔다가 천하를 논하지 않으십니

까?"라고. 역시 여기에서도 백미라는 말이 '여럿 중에 출중한 하나'라는 뜻으로 쓰였다. 이와 관계없는 여담 하나이다. 마량의 동생 마속(馬謖)도 제갈량 휘하에서 일하다가 치명적인 잘못을 저질러 제갈량이 기강을 바로 세우기 위해서 눈물을 머금고 마속을 베었다. 즉 처형했다는 의미의 읍참마속(泣斬馬謖) 혹은 휘루참마속(揮淚斬馬謖)이라는 말이 생겨났다.

여태까지 허랑방탕하거나 어영부영 살아왔던 기억은 없다. 하지만 대부분의 머릿수만 채우는 충수꾼으로 장삼이사의 삶이었지 싶다. 있어도 없어도 하등의 무제가 될 리 없는 존재로 말이다. 따라서 누군가에게 오래 기억되거나 보탬이 되지 못했기에 백미 같은 존재들을 은근히 선망해 왔으리라. 밤하늘에 수많은 별이 있지만 반짝이는 샛별은 언제나 유난히도 빛났다.

=====
* 마씨오상(馬氏五常) : 마량의 오 형제 '자(字)'에 모두 '떳떳할 상(常)'자가 들어가 있다는 의미에서 애칭 비슷하게 '마씨오상'이라고 호칭했다.

백안시

　백안시(白眼視)를 직역하면 '흰 눈으로 보다.'라는 뜻이지만 사전적으로는 '남을 업신여기거나 무시하는 태도로 흘겨봄'으로 정의하고 있다. 이의 반의어(反意語)가 '청안(靑眼)으로 본다.'라는 뜻으로 '남을 달갑게 여겨 좋은 마음으로 봄'이라는 의미를 지닌 청안시(靑眼視)이다. 그런데 백안시는 당(唐)의 방현령(房玄齡) 등이 엮어 펴낸 《진서(晉書)》의 〈완적전(阮籍傳)〉에 나오는 완적(阮籍)의 행동에서 비롯해 유래한 말이다.

　완적이라는 이는 진(晉)나라 초기 사람으로 노자(老子)의 철학인 무위사상(無爲思想)에 심취해 죽림(竹林)에서 은거하며 담론을 주고받던 죽림칠현(竹林七賢)* 중의 한 사람이었다. 어느 해 완적의 모친이 별세하셨다. 그때 친구 혜강의 형인 혜희(嵇喜)가 문상을 왔다. 하지만 완적은 눈을 치뜨고 흘겨보면서 아예 아는 체도 하지 않고 홀대(忽待)했다. 비록 친구의 형일지라도 자신이 추구하는 바와 다른 철학을 신봉하는 속물이라는 판단에서 철저히 무시하고 푸대접했다. 무안하고 머쓱해진 혜희는 참담한 심정으로 상가를 빠져나와 동생인 혜강에서 서운했음을 진하게 토로했다고 한다. 이렇게 사람을 대할 때 고운 눈으로 제대로 바라보지 않고 눈동자를 치켜뜬 채 흰자위로 바라보는 요상한 형상을 나타낸 말이 백안시이다. 결론적으로 미운 털이 박힌 사람을 무시하여 흘겨보거나 냉랭하게 대할 때 흰자위로 본다는 말이 생겨났다. 실제로 완적전에 나오는 구절(句節)이다.

/ … / 완적은 예교에 얽매이지 않고(阮籍不拘禮教 : 완적불구예교) / 능이 눈동자를 굴려 흰자위를 들어내거나 호의를 뜻하는 푸른빛을 나타낼 수 있다(能爲靑白眼 : 능위청백안) / 세속의 예의범절에 갇힌 선비를 보면(見俗禮之士 : 견속예지사) / 흰자위를 들어내 흘겨보며 대했다(以白眼對之 : 이백안대지) / … /

라는 내용에서 백안(白眼)이라는 표현이 나온다. 우리의 표현에서 백안시와 상당히 가까워 그 경계를 가름하기 어려운 말이 도외시(度外視)이지 싶다. 이런 맥락에서 고구마 덩굴을 당기면 땅속에서 고구마가 딸려 나오듯이 백안시하면 자연스레 연상되는 도외시와 만남이다.

《후한서(後漢書)》〈광무기(光武紀)〉에서 광무제(光武帝)인 유수(劉秀)를 얘기하는 과정에서 도외시라는 말이 생겨났다. 대체로 이는 '문제로 삼지 않고 가외 것으로 보아 넘김'이라

뜻으로 정의된다. 한편 당시 왕망(王莽)의 신(新)나라를 제압한 유수가 황제의 자리에 오르고 한(漢)나라를 다시 일으켜 중원(中原)을 거의를 손아귀에 넣고 지배하게 되었다. 하지만 진(秦)에 뿌리내린 외효(隗囂)를 비롯해서 촉(蜀)에 똬리를 틀었던 공손술(公孫述)은 백기를 들고 투항하지 않았다. 의아했던 중신들이 토벌할 것을 간(諫)하자 황제인 유수가 이렇게 말했다. 중원은 이미 평정되었기 때문에 '이제는 법도의 밖으로 보라.'는 뜻으로 도외시라고 일렀다. 이 말의 참뜻은 '이들(외효와 공손술)은 무시하더라도 위협적인 존재가 아니기에 신경 쓰지 않겠다.'라는 의미이다.

국어학에 대한 내 실력은 그저 그렇다. 그래서 전문가들의 고견을 기웃거리며 얻은 지식 부스러기를 정리하련다. 현재 도외시는 '문제로 삼지 않는다.', '무시하다.', '업신여긴다.' 의미로 쓰인단다. 결국 누군가를 푸대접하거나 무시하려는 마음이 태도나 말투 혹은 행동으로 나타나는 것을 업신여김이라고 한다면 백안시는 도외시보다 약간 강한 의미라고 보는 게 합당하다고 알려준다. 이런 취지를 감안할 때 '서로에게 무관심한 사람들에 대해 빗대어 쓰는 말'인 '소, 닭 보듯이 하다.'와 엇비슷한 의미로 사용되고 있다고 이해하면 큰 무리가 없지 싶다.

살면서 가장 답답한 사람은 '술에 술 탄 듯 물에 물 탄 듯 맺고 끊음이 불분명한 경우'이다. 하지만 지나치게 호오(好惡)가 분명한 경우는 적을 많이 만들어 피곤한 처지가 될 개연성이 무척 크다. 특히 정치인이나 대중의 인기를 먹고 사는 계층에겐 더더욱 그렇다. 이런 맥락에서 삶을 영위하면서 누군가로부터 도외시 혹은 백안시를 많이 당할수록 적이 많거나 무시당한다고 치부해도 큰 무리가 없지 싶다. 당연하겠지만 함부로 남을 도외시하거나 백안시하는 어리석음도 피해야겠다. 왜냐하면 피아를 막론하고 적을 많이 만들거나 업신여기며 무시하는 삶이나 사회는 바람직한 모습이 아니다. 그런 삶이나 사회는 바람 잘 날 없어 불안하고 고달프다. 그러므로 세상 모두를 꿀이 뚝뚝 떨어지는 사랑스러운 눈인 청안(靑眼)만으로 볼 수 있었으면 더할 나위가 없을 터인데.

세상엔 절대란 없는 것일까. 젊은 날 자기 가치관에 철두철미했던 완적의 얘기다. '낡아빠진 세속에 찌든 가치관에 따르는 예절을 중시하는 사람'이라는 이유로 자기 모친상에 문상 온 절친한 친구의 형인 혜희(嵇喜)를 백안시하며 조롱하고 업신여기는 수모를 겪게 했다. 그런 그가 젊은 날 철저히 경멸했던 진(晉)나라 태조(太祖)이며 문황제(文皇帝)였던 사마소(司馬昭)의 휘하로 들어가 총애를 받으며 관직을 영위했다는 사실을 어떻게 설명해야 할까.

아무리 시대에 따라 가치관이 변했다고 해도 사람의 행동에는 격이 따라야 하는 게 아닐까. 평생을 정치 쪽과는 담을 쌓고 거리를 두고 있다. 하지만 이립(而立)을 막 지난 젊은이가 무너져 가는 정당 대표가 되는 것을 보고 박수를 쳐주었다. 그런데 최근 그와 엇비슷한 연배의 여자 최고위원과 밀고 당기며 벌이는 낯 뜨거운 꼬락서니는 눈 뜨고 보기 민망했다. 최고위원회의 시작 과정에서 둘 사이에 '노룩(no look) 악수' 모습을 비롯해 다음 날이던가 그들이 악수를 패싱 하는가 싶었다. 그런데 조금 후에 어딘가를 다녀와서 자기 자리로 돌아오던 최고위원이 당 대표 뒤로 지나가면서 대표의 어깨를 툭 치고 지나가는 볼썽사나운 추태를 또다시 연출했다. 이 같은 행동들은 상식 이하의 행동으로 꼴값의 극치로 비춰져 정나미가 뚝 떨어지고 입맛이 가셨다. 초등학생들도 공식적인 자리에서 그런 어처구니없는 행동은 하지 않는다. 아무리 속이 뒤틀려 서로 도외시하거나 백안시하기로 작정했어도 철부지나 할 수준 이하의 행동이었다. 사람의 품격은 지능지수가 높은 명석한 두뇌만으로 해결될 문제가 아닌가 보다. 이 망동은 우리 모두의 격이 시궁창으로 추락하는 현장이 곧이곧대로 중계되는 것 같은 자괴감 때문에 께름칙했고 여태까지도 기억에서 지워지지 않아 떨떠름하다.

=====

* 죽림칠현(竹林七賢) : 혜강(嵇康), 완적(阮籍), 유영(劉伶), 산도(山濤), 왕융(王戎), 향수(向秀), 완함(阮咸) 등이다.

백척간두

 백척간두(百尺竿頭)를 직역하면 '백척(百尺)의 장대 꼭대기(竿頭)'이기에 '까마득하게 높은 대나무(竿) 장대의 가장 위'를 지칭한다. 그러나 현실적으로는 '매우 높은(百尺) 대나무 장대 위에 올라간 상태의 위험한 상황'을 뜻하기 때문에 결국 이 말의 쓰임새는 '매우 위험하고 불안정한 상태를 묘사'에 사용된다. 이의 유의어로서 일촉즉발(一觸卽發), 초미지급(焦眉之急), 누란지세(累卵之勢), 풍전등화(風前燈火), 여리박빙(如履薄氷), 명재경각(命在頃刻), 일발천균(一髮千鈞), 위기일발(危機一髮), 위약조로(危若朝露), 천균일발(千鈞一髮), 위재단석(危在旦夕) 따위가 있다.

 '까마득하게 높은 대나무 장대 위에 올라섬은 매우 위태롭고 어려운 상황에 처함'을 함축하는 백척간두의 유래이다. 첫째로 중국 당(唐)나라 오융(吳融)의 〈상인(商人)〉이라는 한시(漢詩), 둘째로 송(宋)나라의 고승 도언(道彦)이 편찬한 《경덕전등록

Ⅲ. 빈계지신 | 171

《景德傳燈錄》》에 나온다. 우선 당나라 오융의 〈상인〉이라는 한 시의 첫 구절(句節)이다*.

/ 백척간두에 동전 닷(五) 냥(兩)을 걸어놓아도 이리저리 휘어지 니(百尺竿頭五兩斜 : 백척간두오냥사) / 이 한 생을 어디에선들 살지 못할까(此生何處不爲家 : 차생하처불위가) /

원래 대나무는 곧게 자라지만 100척 즉 30m 정도 자라면 위쪽은 가늘어서 가벼운 것을 매달아도 이리저리 휘청거리게 마련이다. 그러므로 꼭대기에 물건을 매단다거나 사람이 올라간다면 마구 흔들거려 엄청 위태로운 상황이 될 수밖에 없다. 이 같은 맥락에서 백척간두라는 말이 사용된 게 분명하다.

　단순히 백척간두하면 '백 자(尺)나 되는 드높은 대나무 장대 꼭대기에 올라간 때문에 매우 위태로운 상황'이라는 뜻으로 받아들였다. 하지만 그 뒤에 진일보(進一步)가 추가되면 긍정적인 의미가 추가되는 것 같다. 즉 백척간두진일보(百尺竿頭進一步)로 표현할 경우 두 가지 관점에서 해석이 가능하다. 첫째로 현재 '극도로 위태로운 상황'일지라도 이를 극복하고 한 발 앞으로 진전해야 위기를 탈피해 새로운 경지 도달할 희망이 있다는 의미로 해석할 수 있다. 둘째로 이미 높은 관직에 오르거나 학문적 성공을 비롯해 사업에 성공한 상황에서 앞으로 다시 한발 더 나아가야 한 단계 높은 경지로 발전할 수 있다는 뜻이 된다. 다른 말로 백척간두갱진일보(百尺竿頭更進一步)라고도 한다. 이는 천 리를 내다보려면 한 단계 더 올라가야 하고, 더욱 멀리 보려면 더더욱 높이 올라가야 함을 이르는 일깨움이기도 하다.

백척간두진일보는 결국 '백척(百尺)의 긴 대나무 장대 꼭대기에 선 것과 같은 상황에서 한 발 더 앞으로 나간다.'라는 뜻으로 송(宋)나라 때 경잠(景岑) 초현대사(招賢大師)가 갈(喝)했던 내용으로《경덕전등록(景德傳燈錄)*》에 나온다.

/ 백척의 드높은 장대 위에서 움직이지 않는 사람아(百尺竿頭不動人 : 백척간두부동인) / 비록 깨달았다고 할지라도 아직은 진짜가 아니라네(雖然得入未爲眞 : 수연득입미위진) / 백척간두에서 한 발 더 내디뎌야(百尺竿頭進一步) / 시방세계가 온 몸을 드러내리라(十方世界是全身 : 시방세계시전신) / 다른 승(僧)이 묻기를 여기서 어떻게 한 걸음 더 나가느냐고 물으니(僧問只如百丈竿頭如何進步 : 승문지여백장간두 여하진보) / 초현대사(招賢大師)는 낭주(朗州)의 산, 풍주(灃州)의 물이라(師云朗州山灃州水 : 사운낭주산풍주수)고 했다. /

위에서 백척간두는 불교에 상당한 식견을 갖추었더라도 더더욱 정진하지 않으면 시방세계 즉 새로운 경지를 이를 수 없음을 웅변하는 가르침이리라. 따라서 보통 사람의 경우도 어려운 처지에 그대로 정체해 있는 상태나 비록 상당한 성공 혹은 이룸을 이뤘다고 해도 더욱 정성을 쏟아 지속적으로 정진을 하지 않으면 새로운 경지에 이를 수 없음을 알려주는 경고이지 싶다.

말 그대로 '백 자(尺)나 되는 드높은 대나무 장대 꼭대기(竿頭)에 섰다.'라는 것은 심각한 절체절명의 위태로운 상황을 뜻한다. 이런 어려운 처지는 위기인 동시에 절호의 도전 기회이기 때문에 어떻게 대응하느냐에 따라 결과는 천양지차를 보일 수밖에 없다. 따라서 어떤 결과를 손에 쥐느냐는 각자의 순간적인 결정이 좌우하게 마련이니 늘 현명함을 잃지 않고 깨어있어야겠다.

=====

* https://happygunja.tistory.com/243
* 경덕전등록(景德傳燈錄) : 송나라 북송 진종 경덕(景德) 원년(1004년)에 황제의 명으로 고승 도언(道彦)이 편찬한 불교 서적이다. 1700칙(則)의 공안(公案)*이 기록되어 있다. 이를 《전등록(傳燈錄)》이라고도 한다.
* 공안(公案) : 간화선(看話禪)을 수행하는 선종(禪宗) 불교에서 쓰는 용어로 화두(話頭)를 달리 이르는 말이다. 원래 관청에서 지켜야 할 나라의 법령을 뜻하는 공부안독(公府案牘)의 준말이다.

붕정만리

붕정만리(鵬程萬里)의 원래 의미는 '붕(鵬)새가 단번에 만 리를 난다.'라는 뜻이다. 유의어로 전도만리(前途萬里), 전정만리(前程萬里), 전도양양(前途洋洋)이 쓰이고 있다. 이는 앞길이 창창하고 지대함을 의미하면서 보편적으로 드높은 이상이나 원대한 꿈을 나타낼 때 사용된다.

붕정만리는 중국의 고전인《장자(莊子)》에서 유래한다. 예로부터 전설 속에 상상의 새(鳥)로서 가장 큰 것은 붕(鵬)으로 알려졌다. 그런데 평소 중국의 고전이나 소설을 접하며 어떤 상황을 묘사하거나 허구의 대상에 대하여 지나치게 과대하게 묘사한다는 느낌을 지울 수 없다. 물론 문외한의 편감(片感)일지 모르지만 말이다. 특히 붕정만리에 대한 자료를 검색하다가 붕에 대한 묘사는 상상 이상의 허황된 모습이라는 생각을 지울 수 없었다.

《장자 내편(莊子 內篇)》의〈소요유(逍遙遊)〉첫머리는 전설

속에 등장하는 붕 이야기로 시작된다. 이 내용은 곤(鯤)이라는 물고기가 붕이 되어 세속적인 구속이 없는 자유로운 세계를 향해 훨훨 날아오르는 것과 같은 삶의 경지를 추구하는 것으로 무위자연(無爲自然)이라는 노장사상(老莊思想)을 바탕으로 하고 있다.

〈소요유〉는 "북쪽바다(北冥)에 큰 물고기 곤(鯤)이 있는데(北冥有魚 其名爲鯤 : 북명유어 기명위곤) 그 크기가 몇 천리(千里)나 되는지 알 수 없다(鯤之大 不知其幾千里也 : 곤지대 부지기기천리야)."로 시작된다. 그런데 이 곤이 변해 붕이 되는데 그 등(脊椎)이 몇 천 리가 되는지 알 수 없을 정도로 크다고 한다. 한편 붕이 힘차게 비상(飛翔)하면 하늘에 구름처럼 덮는다. 그런가 하면 붕은 바다에 물결이 일면 남쪽바다(南冥)로 옮겨 가려고 한다는 얘기다.

여기서 "남명(南冥)은 하늘의 연못이고(南冥者 天池也 : 남명지 천지야) 제해(齊諧)는 기이한 얘기를 전하는 책(冊)이다(齊諧者 志怪者也 : 제해자 지괴자야)."라며 자기 상상의 산물이 아니라 인용(引用)했음을 명확하게 밝히고 있다. 한편 제해에서 붕이 남명으로 옮겨 갈 때는 날개가 수면을 치는 것이 삼천리(三千里)에 영향을 미칠 뿐 아니라 "회오리바람을 일으키며 비상하는 것이 구만리(九萬里)에 이르며(摶扶搖而上者九萬里 : 단부요이상자구만리)", 여섯 달을 날고 나서 비로소 쉰다(去而六月息者也 : 거이육월식자야)라고 했다.

위의 "회오리바람을 일으키며 비상하는 것이 구만리에 이르며(搏扶搖而上者九萬里)"에서 붕정만리라는 말이 생겨났다고 한다. 결국 붕정만리는 붕이 날아가야 할 길이 만리(萬里)라는 얘기다. 이 말이 함축하는 의미는 멀고 먼 여정이나 사람이 가야 할 길이 창창하다는 얘기라는 맥락에서 양양한 미래를 비유적으로 하는 말이다. 한편 원래의 〈소요유〉에서 북쪽바다에서 붕이 날개를 펼치고 남쪽바다로 옮겨가려 함은 큰 뜻이나 원대한 계획을 이루기 위해 다른 신천지로 가서 개척하거나 이루려는 뜻을 에둘러 표현한 게 아닌지 모르겠다. 아울러 《장자》는 엄청나게 큰 것으로 묘사된 붕을 통해 세속적인 상상을 초월한 거대한 존재를 등장시켜 어떤 것에도 비견되거나 거리낄 게 없는 무한한 존재를 꿈꾼 것은 아닐까.

한편 유의어 중 하나인 전도유망(前途有望)에 대한 간략한 살핌이다. 이는 '장래가 유망하다.' 또는 '앞으로 잘될 희망이 있다.'라는 의미를 함축하고 있어 자주 회자된다. 그러므로 미래에 펼칠 계획이나 일이 희망적이고 전망이 밝다는 긍정적인 의미로 사용된다. 긍정적이고 격려의 성격을 지닌 이미지 때문에 학생들의 진로 결정이나 새로운 사업을 시작하려는 사람들에게 응원의 메시지를 담아 희망을 주고 동기부여를 하는 뜻으로 많이 사용되고 있다.

요즘 초음속기가 구만리를 주파하려면 얼마의 시간이 소요될지 모르겠다. 아무리 가상의 동물이라지만 일거에 구만리를 난다는 생각을 해냈던 이의 비상(非常)한 속도와 거리 개념에 고개가 절로 숙여진다. 붕을 통해 상상을 초월한 세계를 끌어낼 사유의 폭과 깊이를 만방에 대놓고 자랑하고픈 게 아니었을까. 이런 사상을 바탕으로 '대자연의 웅장함을 필설로 형용할 수 없다.'라는 뜻으로 쓰이기도 하는 붕정만리이기도 하다.

빈계지신

'암탉이 울면(牝鷄之晨) 집안이 망한다(惟家之索).'라는 말을 되새긴다. 언제부터 남정네가 아녀자들에게 주눅이 들게 윽박지르면서 옴짝달싹하지 못하도록 잡도리하는 언사로 입에 담으며 정당화시켰을까. 인륜 도덕을 지고지선(至高至善)의 덕목이라던 그 옛날 어이없게도 남존여비 사상을 가장 극명하게 드러내는 표현 중에 대표적인 말이다. 천부당만부당한 까닭에 지금은 지나가는 개가 들어도 콧방귀를 뀔 표현이 한 세대 이전까지도 어엿한 사회통념처럼 용인되었다. 이같이 비뚤어진 도덕률이 시퍼렇게 사회의 기저에 도도히 흐르고 있던 시절 여자의 목소리가 울(담장)을 넘으면 집안이 망한다는 얘기를 불만스러워도 여자들이 숙명처럼 받아들였다. 이런 때문일까. 그 옛날 여자들은 사회생활에 적극적으로 참여하여 활동하기보다는 정숙한 요조숙녀나 현모양처가 되어 가정 지킴이 노릇을 으뜸의 현숙한 여인상으로 여겼었다.

'암탉이 울면 집안이 망한다.'라는 말의 유래이다. 고대 중국 은(殷)나라 마지막 왕은 폭군으로 주왕(紂王)이었다. 즉위한 초기에 이런저런 전쟁을 승리로 이끌며 국정에 전념했던 공적에 따라 바쳐진 달기(妲己)의 요염한 자태와 암팡진 유혹에 정신을 뺏겼다. 이 때문에 현명한 통치는 뒷전이고 학정에다가 과다한 세금 징수를 밥 먹듯이 하며 여색에 빠져 방탕한 향락을 탐닉했다. 이런 잘못을 간(諫)하는 충신들에게 되레 극악무도한 포락지형(炮烙之刑)을 내리기 일쑤였다. 이에 백성들의 원성이 하늘로 뻗치면서 주(周)나라의 무왕(武王)이 여러 제후들과 합세하여 주왕 제거에 나섰다. 무왕이 은나라 목야(牧野) 지방에 이르러 주왕의 죄상을 낱낱이 발고하며 독려를 하는 과정에서 남긴 말이 〈목서(牧誓)〉이다. 이때 일갈했던 내용에서 '암탉이 울면' 즉 빈계지신(牝鷄之晨)과 '집안이 망한다.' 즉 유가지삭(惟家之索) 이란 구절이 등장한다.

/ 옛 사람이 말하기를(古人有言曰 : 고인유언왈) / 암탉은 새벽에 울지 않으니(牝鷄無晨 : 빈계무신) / 암탉이 새벽에 울면(牝鷄之晨 : 빈계지신) / 집안이 망한다(惟家之索 : 유가지삭) /

여기서 지칭한 암탉은 사악하고 음란한 요부(妖婦) 달기(妲己)를 특정해서 에둘러 지칭한 표현이다. 따라서 모든 여성을 하나로 뭉뚱그려 싸잡아 비하한 게 아니다. 주왕은 하(夏)나라 마지막 왕인 걸왕(桀王)과 함께 폭군의 전형으로 알려져 오늘날 우리 국어사전에도 포악무도한(暴惡無道漢)을 뜻하는 단어로 걸주(桀紂)가 버젓이 올라 있다. 앞에서 지적했듯이 암탉은 수천 년 전에 요부인 달기를 지칭했을 따름이다. 그런데 가당찮게도 우리 선조들은 모든 여성을 통칭하는 개념으로 왜곡되게 변용하는 쪽으로 굳혔는지 되새겨 봐도 도통 이해할 길이 없다.

유교와 남존여비 사상이 지배하다가 일제 강점기라는 혹독한 질곡의 세월을 겪는 과정에서 다채로운 변화의 조짐이 밀려왔다. 그중 하나가 이전에 없었던 신여성이라는 개념이었다. 이들 신여성이 상징적인 존재로서 화가이며 시인이고 사회운동가이면서 언론인으로서 왕성한 활동을 했던 나혜석을 필두로 승려 시인이며 수필가였던 김일엽, 한국 최초의 여자 소설가였던 김명순 등의 여성 작가 그룹과 음악 부문에서 두각을 나타낸 윤심덕이 있다. 이들이 등장하고 나서 한 세기가 지난 지금 우리 사회는 모든 분야에서 남자들을 추월하여 여초사회(女超社會)로 치닫는 경이로운 변화가 대세이다. 돌이켜 볼 때 그 옛날 우리 전통사회의 구석구석에는 여성의 진출을 막아왔던 철옹성인 유리천장(glass ceiling)이 엄연히 존재했었다. 그런데 시나브로 세상이 변하면서 계란으로 바위치기로 여겨졌던 유리천장이 서서히 사라지기 시작했다. 이런 변화의 바람이 거세게 불어 닥치면서 자연스럽게 암탉이 울면 집안 망한다는 말이 설자리를 잃은 대표적인 분야이다. 교육대학교 학생의 성비(性比), 초등이나 중등학교에서 선생님의 성비, 각종 스포츠에서 세계적으로 걸출한 스타, 각종 시험이나 고시에서 수석, 문화 예술계 등에서 그런 경향을 띄고 있다. 아울러 수많은 분야에서 걸출한 여성들이 혜성 같은 등장과 우뚝한 활약이 두드러지고 있다. 이 같은 흐름은 고리타분한 사상을 대변해오던 '암탉이 울면 집안이 망한다.'라는 말을 옴짝달싹하지 못하게 막다른 벼랑 끝으로 내몰아 화석으로 만들고 보기 좋게 묘지에 장례를 지낸 꼴이다.

　우리 사회의 외형적인 모습은 여성 상위시대를 구가할 세태이다. 그럼에도 오랜 세월 남성들에게 파고든 비뚤어진 남존여비 잔재의 단면은 낯이 뜨겁다. 남녀가 동등한 인격체라고 주장하면서 음습하고 구린 구석에서는 우월적 지위를 이용한 위력(威力)의 파렴치한 엽색행각이 뿌리 깊었었나 보다. 표리부동하며 양의 탈을 쓴 늑대들이 자행한 업보에 따른 미투(#Me Too : 나도 당했다)운동에서 나타나는 일그러진 단면을 이르는 얘기이다. 그 악업이며 원죄에 대한 죗값이나 도덕적 비난은 당사자들이 온새미로 떠맡아 속죄해야 할 아람치이다. 그런데 유감스럽게도 그 불똥이 애먼 가족에게 튀어 주홍 글씨로 낙인을 찍거나 수치스러운 멍에와 굴레까지 덤터기 써야 하는 모순은 또 다른 어두운 그림자이다.

　허울만 멀끔한 얼치기들이 씨 뿌린 끝 모를 추문이 연이어 꼬리를 물면서 성난 여론의 호된 질타를 받고 있다. 청직(淸直)하게 살아온 가재라면 어느 누가 감히 인면수심의 게 편을 들겠는가. 그동안 세상이 겉으로는 번드르르하게 변화를 거듭했다. 그런데도 암 덩이처럼 똬리를 튼 추악한 인습이나 그릇된 가치관에 따라 잘못 길들여져 비윤리적 인간들을 외면해 왔다. 그렇게 남의 일처럼 수수방관한 채 침묵이나 외면을 합당한 생존전략으로 치부해온 일그러진 사회를 확 바꿀 환골탈태는 진정 녹록지 않은 난제인가 보다. 이런 맥락에서 일거에 바로잡힐 문제가 아닌 까닭에 적지 않은 시간을 두고 우리 모두가 통렬한 자성과 성찰을 통해 척결해야 할 부끄러운 해묵은 과제라는 게 타당한 생각이리라. 현실이 그런 꼬락서니일지라도 우중충한 오늘의 꼬리를 부여잡고 밝아오는 내일의 여명은 한층 청청하기를 염원한다.

시와 늪, 2018년 여름호, 통권40호, 2018년 7월 11일

Ⅳ. 빙탄불상용

빙탄불상용

살신성인

삼고초려

삼인성호

상선약수

상전벽해

새옹지마

설상가상

수구초심

수적천석

애이불상

어부지리

양두구육

연목구어

빙탄불상용

　빙탄불상용(氷炭不相容)은 양립 즉 공존이 불가능함을 뜻하는 말이다. 대표적으로 물과 불이 그러한 경우로서 직역하면 '얼음(氷)과 숯(炭)이 상호 수용하지 못하다(不相容).'라는 의미이다. 모든 것을 삽시간에 집어삼킬 듯 강한 불이 물을 만나면 맥을 못 추고 백기를 들고 눈 깜짝할 사이에 멸(滅)하게 마련이다. 그렇게 위력적인 물이 된 불을 만나면 순식간에 수증기로 자취 없이 사라지는 게 자연의 이치이다. 마찬가지로 물의 또 다른 형태인 얼음과 불의 재료인 숯도 공존이 불가능하다. 이처럼 상호 간에 수용하거나 어울리지 못하는 경우를 비유할 때 사용된다.
　유의어(類義語)는 다음과 같다. '개와 원숭이의 사이라는 뜻으로, 사이가 매우 나쁜 두 관계를 비유적으로 이르는 말'인 견원지간(犬猿之間), '얼음과 숯은 나란히 하지 못한다.'라는 빙탄불상병(氷炭不相竝). '하늘(天)을 쓰고 있는 원수(讐) 즉 적대감이 크고 깊다는 뜻으로 강렬한 감정이나 복수심을 나타낼 때'

사용하는 대천지수(戴天之讐), '원래《장자(莊子)》의 〈열어구편(列禦寇篇)〉에 나오는 말로서 얼음과 숯의 사이라는 뜻으로서 서로 맞지 않아 화합하지 못하는 관계를 이르는 말'인 빙탄지간(氷炭之間), '하늘(天) 아래 함께(俱) 있지(戴) 못할(不) 사이'를 의미하는 불구대천(不俱戴天)·대천지수(戴天之讐)·불공대천(不共戴天)·대천지원수(戴天之怨讐)·불공대천지수(不共戴天之讐) 등이 있다.

이는 삼천갑자(三千甲子)를 살았다고 알려져 유명한 〈동방삭(東方朔)〉으로부터 유래되었다. 전한(前漢) 사람으로 해학(諧謔)과 변설(辯舌)에 능했을 뿐 아니라 박학다식한 명신(名臣)이었기 때문에 수시로 한무제(漢武帝)에게 불려가 말동무 역할을 했다고 한다. 그렇지만 언행은 틀에 얽매이지 않고 자유분방하다는 이유에서 교활한 신하들은 은근히 비웃고 헐뜯었다. 그런 분위기 때문이었던지 주위의 사람들까지도 기인(奇人)이나 실성한 사람 취급을 했어도 조금도 개의치 않았던 것으로 전해진다. 이런 현실을 정확하게 꿰뚫고 있던 그는 자신이 흠모해 왔던 초(楚)나라의 우국 시인이었던 굴원(屈原)의 처지와 흡사하다고 여기며 〈칠간전(七諫傳)〉이라는 시를 지었다고 전해진다.

/ 얼음과 숯은 상호 함께할 수 없음에(氷炭不可以相並兮 : 빙탄불가이상병혜)* / 내 본디부터 목숨이 길지 못함을 알았네(吾固知乎命之不長 : 오고지호명지부장) / 홀로 고생하다 죽어 낙이 없음을 슬퍼하며(哀獨苦死之無樂兮 : 애독고사지무낙혜) / 나이를 다

하지 못했음을 슬퍼하노라(惜餘年之未央 : 석여년지미앙) /

이 〈칠간전〉은 훗날 굴원의 글과 함께 그(동방삭)를 추모한 글을 펴낸《초사(楚辭)*》의 〈자비편(自悲篇)〉에도 나온다고 한다. 한편 초나라의 굴원은 이소(離騷)*라는 시로 유명한 사람으로 간신들의 모함으로 귀양을 갔다가 멱라수(汨羅水)에 투신해 자진(自盡)했던 인물이다.

우리 사회에서 가장 거친 말이 스스럼없이 횡행하는 동네가 정치판이 아닐까 싶다. 특히 최근에 이르러 여야가 극한적으로 첨예하게 대립된 상태에서 상대방을 향해 마구 쏟아내는 말 폭탄은 아이들이 배울까 겁이 나는 경우가 비일비재하다. 심하다 싶을 경우 서로가 척을 지는 것을 넘어 같은 하늘 아래가 아닌 다른 행성에 사는 적을 향해 저주를 퍼붓는 것 같아 섬뜩하기도 하다. 그러다가 말갈망을 제대로 못 해 궁색한 처지로 몰려 허둥대는 꼴을 지켜보면서 저들이 우리 사회의 엘리트이고 지도자라는 사실에 연민을 느꼈던 경우가 하도 많아 감각이 무뎌진 지 오래이다. 여야는 정치를 하는데 파트너일 뿐이지 불구대천(不俱戴天)의 원수가 아닌데…….

사노라면 종교적 신념, 정치적 견해, 가치관, 선호도, 사적인 원한이나 다툼 따위의 차이로 인해 갈등을 겪으며 다툼을 피하기 어려운 경우가 숱하게 발생할 개연성은 상존하게 마련이다. 하지만 어떤 경우이든 극복의 대상이지 척결의 대상이 아니기에 슬기롭게 공존의 해법을 깨우쳐야 한다. 대승적인 견지에서 충녕(忠佞)*도 함께 수용해야 할 때가 있는 게 인간 세상이다. 이는 자연에서 불이 물을 만나면 멸하고 반대로 물이 된불을 만나면 수증기로 승화되어 사라지는 자연의 섭리처럼 '너 죽고 나 살기(All or Nothing)'의 문제가 아니다.

=====

* 빙(冰) : 빙(冰)은 빙(氷)의 본자(本字)이다.
* 초사(楚辭) : 중국 전국시대(戰國時代)의 굴원(屈原)과 송옥(宋玉) 등에 의하여 시작된 초(楚)의 운문(韻文)이다.
* 이소(離騷) : 중국의 전국시대 초나라 시인인 굴원이 지은 장편 서정시이다. 《사기(史記)》의 〈굴원전(屈原傳)〉에 의하면 굴원이 초 회왕(楚 懷王)과 갈등을 비롯해 간신들이 모함으로 유배를 떠나 세상에 대한 실망과 이상(理想)을 담아 지은 시가 이소(離騷)란다. 그런데 여기서 리(離)는 '만남(遭)'을, 소(騷)는 '근심(憂)'을 지칭하기 때문에 결국 이소(離騷)는 "근심을 만난다."라는 뜻이라고 《사기(史記)》가 전하고 있다.
* 충녕(忠佞) : 충언과 아첨

수필과 비평, 2024년 6월호(통권 272호), 2024년 6월 1일

살신성인

 봉사와 희생의 철학을 바탕으로 하는 살신성인(殺身成仁)에 대한 단상이다. 오늘날 이기주의가 만연했다고 개탄하기도 하지만 이해타산을 초월하여 봉사와 희생을 감수하는 이름 없는 영웅들이 많아 아직은 살만한 세상이다. 우리의 경우 급속한 현대화와 압축 성장 과정에서 천박한 물질 만능주의 가치관이 팽대해지면서 정신적 피폐화가 심각해졌음을 숨길 수 없는 현실이다. 이런 상황에서 개인인 나보다는 집단인 우리를 먼저 생각하고, 사사로운 이(利)보다는 사회 정의와 공익을 우선시하는 살신성인의 고귀한 정신은 혼탁한 사회의 어둠을 밝히는 희망의 등불이 틀림없다.

 유명 혹은 무명의 살신성인 사례이다. 소설《삼국지》를 보면 수많은 영웅호걸이 군웅할거(群雄割據) 했다. 그들 중에 무관으로 오로지 주군 유비(劉備)를 위해 몸과 마음을 바쳤던 살신성인의 장수 하나를 꼽으라면 단연코 조운(趙雲 : 趙子龍)일 게다.

우리나라에서는 조선 시대 이순신(李舜臣) 장군을 꼽을 수 있지 싶다. 그 외에도 최근 화재 현장의 소방관을 비롯해 물에 빠진 사람을 구하는 의인이나 군에서 동료나 부하들을 위해 자기의 목숨을 초개같이 던지는 의로운 희생자들이 살신성인의 대표적인 예이리라.

살신성인에 이른 이들이 보여주는 귀감이다. 첫째로 온갖 고난이나 어려움을 견뎌내고 지조를 지켜 뭇사람들이 존숭(尊崇)하는 사표(師表)가 되거나, 둘째로 자신을 희생시켜 의로움을 실천해 사회나 나라를 바로 세우는 데 향도(嚮導)나 등대 역할을 하거나, 셋째로 주군(主君)을 위해 기꺼이 목숨을 내놓거나, 넷째로 선구자처럼 세상의 변혁을 견인하는 지렛대 역할 등이다.

이는 본디 '몸을 죽여(殺身) 인(仁)을 이루다(成仁).'를 바꿔 말하면 '인의(仁義)를 위해 목숨을 바친다.'라는 뜻이다. 따라서 '정의를 위해서 목숨을 바치거나 희생함'을 이른다. 유의어로는 살신입절(殺身立節), 사생취의(捨生取義) 등이 있다.

원래 인(仁)은 공자(孔子)가 으뜸으로 꼽는 최고의 덕목이다. 이런 맥락에서 "고매한 뜻을 지닌 선비와 어진 사람은 살기 위해 인을 해치는 일이 없다. 오히려 자신의 목숨을 바쳐 인을 행할 뿐이다."라고 일갈했다. 이에 대한 원문(原文)의 해당 부분 내용은 아래와 같다. 그런데 "드높은 뜻있는 사람과 어진 사람은 자신을 희생시킬지라도 인을 이룬다."라는 말을 하는 과정에서 살신성인이 유래 되었다. 이 말의 출전(出典)은 춘추시대 인을 이상적인 도덕으로 삼는 공자의 언행을 수록한《논어(論語)》

의 〈위령공편(衛靈公篇)〉이다. 그곳에 나오는 하나의 구절(句節)에서 비롯되었다.

/ 공자가 이르기를(子曰 : 자왈) / 높은 뜻을 지닌 선비와 어진 사람은(志士仁人 : 지사인인) / 삶을 구하기 위하여 인(仁)을 저버리지 않으며(無求生而害仁 : 무구생이해인) / 스스로 몸을 죽여서 '인'을 이룬다(有殺身而成仁 : 유살신이성인) /

하지만 공자는 자신을 비롯한 어느 누구도 인의 경지에 도달한 사람이 없다고 생각했으며 그 원인은 사사로운 욕심 때문이라고 생각했다. 그러므로 인을 실천하려면 자신의 욕심과 싸워 이기는 극기(克己)가 필요하다고 판단했다. 그런 철학을 고스란히 담고 있는 공자의 말이다. 다시 한 번 요약하면 유가(儒家)의 핵심 철학은 인에 바탕을 두고 있다. 따라서 충(忠)·효(孝)·지(智)·예(禮)…용(勇)…공(恭) 등을 포괄하는 덕(德)이 인이라는 취지이다. 결국 인은 유교의 바탕으로 쉽게 이루기 어려운 최고의 덕목이다.

이상과 같은 관점에서 생각할 때 살신성인은 「인의 이상을 추구하는 것으로 자신의 목숨을 담보로 올바른 도리를 지킨다는 뜻」을 함축하고 있다. 또한 그 같은 결연한 자세로 임할 것이라는 결의와 희생을 감수하겠다는 다짐이기도 하다. 그렇다고 살신성인의 기본 정신이 무조건 목숨을 걸어야 한다는 얘기가 아님을 분명히 밝혀둘 필요가 있다. 왜냐하면 공자가 이르기를 인은 타인을 배려하면서 자기가 싫은 일은 남에게도 강요하지 않는 것이라고 천명했기 때문이다.

결과적으로 살신성인의 철학은 다양한 형태로 구현된다. 인의(仁義)를 위해 목숨을 걸기도 하지만 모든 경우에 획일적으로 적용되는 것은 절대로 아니다. 경우에 따라서는 자신의 이익을 과감하게 포기하고 타인을 돕는다거나 온갖 역경과 환경에서도 원리원칙을 굳건하게 준수하는 등의 다양한 모습으로 구현되기 때문이다. 더욱이 현대는 다양한 사람이 복잡한 이해관계를 맺고 공존하는 까닭에 건강한 사회를 이룩하기 위해서는 사사로운 이(利)를 초월하고 공동체의 가치선을 우선으로 추구할 수 있는 살신성인의 정신과 철학이 한층 더 절실하게 요구되는 세월이지 싶다.

삼고초려

 삼고초려(三顧草廬)만큼 여러 번 들었던 고사성어는 없지 싶다. 아무것도 모르던 초등학교 때 선생님께서 들려주기 시작하더니 성인이 되어서도 툭하면 여기저기서 들어왔다. 게다가 소설《삼국지(三國志)》를 읽으며 직접 보기까지 했었다. 그런 까닭에 '유비(劉備)가 제갈량(諸葛亮)을 세 차례나 찾아가 군사(軍師)*로 모신' 데서 비롯된 말로서 직역하면 '초려(草廬)를 세 차례 찾아감'이라는 의미도 익히 알고 있다. 이를 확대해석하면 '훌륭한 인재를 모시기 위해서는 그 정도로 지극한 정성이 필요함'을 의미한다는 사실도 꿰고 있다.

 너무도 많이 알려진 때문일까. 이 말이 나오는 원래의 역사책으로 정사(正史)인《삼국지》, 소설을 읽었던《삼국지연의(三國志演義)》,《배송지주(裴松之注)*》,《통전(通典)*》 등에 따라 그 유래에 대한 결이 서로 달라 헷갈리고 당혹스러웠다. 하지만 그 어디를 막론하고 유비가 제갈량의 초려를 세 차례나 찾아가 어렵사리 군사로 모시게 되었다는 사실은 공통으로 똑같았다. 이런 연유로 모두 다 살필 필요가 없다는 생각에서 많이 알려진 두 가지 경우만 대강 정리할 요량이다. 한편 동의어로는 삼고지예(三顧之禮), 군신수어(君臣水魚), 삼고지은(三顧之恩), 유어유수(猶魚有水), 수어지교(水魚之交), 수어지친(水魚之親), 어수지친(魚水之親) 등이 있다.

　삼고초려의 유래에 대한 첫 번째 경우이다. 후한(後漢)의 말에 유비(劉備 : 玄德)는 관우(關羽 : 雲長)와 장비(張飛 : 益德)가 도원결의(桃園結義)를 통해 의형제를 맺은 뒤에 한(漢)의 부흥을 위해 진력했지만 소기의 목적을 쉬 이룰 수 없었다. 그 이유는 위(魏)나라 조조(曹操)군에 번번이 막혔기 때문이었다. 이의 주된 요인은 출중한 군사(軍師)가 없어 그렇다는 판단에서 고민을 거듭했다. 그러던 어느 날 유비는 초야에 묻혀 살던 은사(隱士)*인 사마휘(司馬徽)에 마땅한 군사를 천거해달라고 청했다. 복룡봉추(伏龍鳳雛)* 얘기를 들먹이다가 결말 없이 중간에 흐지부지되었다.

　얼마 뒤에 복룡은 제갈량의 별명이라는 사실을 인지한 유비는 즉시 예물을 준비해 양양(襄陽)의 제갈량의 집을 찾아갔다. 가는 날이 장날이라 했던가. 불행하게도 제갈량은 출타 중이었다. 그러고 나서 얼마 지난 후에 제갈량이 귀가했다는 소식이 들려왔다. 모든 정사를 미뤄둔 채 서둘러 다시 찾아갔다. 하지만 그날도 제갈량은 부재중이었다. 동행했던 관우와 장비가 불같이 화를 내며 하찮은 백면서생을 만나기 위해 이렇게 시간과 정성을 낭비할 필요가 있느냐고. 그렇게 길길이 날뛰는 두 아우에게 성질 가라앉히고 차분하라고 다독였다. 그리고 다시 돌아갔다. 두 번이나 냉대를 받고 나서 얼마 지난 뒤에 다시 찾아갔다. 결국 움막 같은 제갈량의 초려를 세 번 찾음으로써 삼고초려라는 말이 생겨났다고 한다.

진심 어린 행동에 감동한 제갈량은 마침내 군사(軍師)로 보임되어 적벽대전(赤壁大戰)을 위시해 다양한 전쟁에서 혁혁한 전공을 세우며 유비를 도와 위(魏)의 조조(曹操), 오(吳)의 손권(孫權)과 천하를 셋으로 분할해 촉한(蜀漢)을 세워 소열황제(昭烈皇帝)로 등극하는데, 공헌해 재상(宰相)이 되었다.

삼고초려 유래에 대한 두 번째 얘기다. 군사였던 서서(徐庶)가 말했다. "제갈공명(諸葛孔明)*은 와룡(臥龍)인데 장군께서는 왜 그를 발탁하지 않으십니까?"라고 물었다. 그 말에 "군사께서 데리고 오십시오."라고 했다. 이에 "그는 소신이 가서 만나볼 수 있지만, 데리고 올 수는 없습니다. 하오니 장군께서 몸을 낮춰 방문하셔야 할 것으로 사료 됩니다."로 답했다.

그리하여 관우와 장비를 대동하고 융중(隆中)에 자리한 제갈량의 초라한 초려를 세 차례나 찾아가 어렵사리 만나 군사로 모실 수 있었다는 사연은 앞의 예와 거의 같아 생략한다. 어찌 되었든지 이런 사연을 통해서 삼고초려라는 말이 탄생했다는 얘기다.

지극정성의 마음에 감동했던 제갈량이 고백했다는 얘기의 요약이다. "신은 보잘것없는 사람으로 남양에서 논밭을 경작하며 난세에 목숨이나 부지하려 했을 뿐 일신의 영달을 구할 생각이 아예 없었습니다. 하온데 황공하게도 신을 각별하게 여기셔서 무려 세 차례나 몸을 낮추시어 몸소 초려를 찾아오셔서 천하를 함께 논하자는 말씀에 감읍하여 보필하며 신명을 다 바치기로 결심하고 출사했습니다. ……"라고.

여기까지 살피다가 당시 20대 중반을 갓 넘긴 백면서생인 제갈량을 발탁하기 위해 지천명(知天命) 즉 50을 바라보는 왕족인 유비가 대단했다는 사실에 고개가 절로 숙여졌다. 그 많은 나이 차이를 초월해 극진히 모셨던 둘의 관계는 누가 봐도 앞이나 신분을 훌쩍 뛰어넘어 사귀는 망연지우(忘年之友)의 표상 같은 경우이지 싶다.

인재 발탁을 위해 삼고초려 했던 심정을 생각하다가 '삼(三) 즉 셋'에 대해서 다시 한 번 되새겨 봤다. 아마도 우리 혼(魂)에 내재된 셋은 완전에 가깝다는 판단에서 세 번이 아닐까하는 객쩍은 생각이 들기도 했다. 왜냐하면 사회제도에 관련된 내용이다.

지난날 인재 등용문이었던 과거(科擧)에서 문과(대과)의 경우 초시·복시·전시 등 3단계에 걸쳐 시행했으며, 합격자 중 첫째부터 셋째까지의 호칭을 장원(壯元)·방안(榜眼)·탐화(探花)라고 했다. 또한 조선 시대에 영의정·우의정·좌의정 등의 삼정승(三政丞)이 있었고, 현재 우리나라에서 시행 중인 '한 사건에 대하여 세 번의 심판을 받을 수 있는 삼급제도'인 삼심제도(三審制度), '국가의 권력을 입법·사법·행정의 삼권으로 분리하여 서로 견제하게 함으로써 권력의 남용을 막고, 국민의 권리와 자유를 보장하는 국가 조직의 원리'인 삼권분립(三權分立) 따위가 모두 공교롭게도 셋이라는 공통성을 지니고 있다. 또한 과거·현재·미래나 영생을 뜻하는 전생·현생·내생을 삼생(三生)이라 이른다. 이외에도 술좌석에서 동석한 사람이 술을 내치더라도 최소한 세 차례는 정중하게 권해야 한다는 예청(禮請)·고청(固請)·강청(强請)은 기본예절로 알려져 있다. 앞에 열거한 바와 같이 모든 것은 세 단계(三段階) 혹은 세 차례에 걸치면 완전하다는 생각이 우리 혼의 저변에 녹아있는 것은 아닐까.

=====

* 군사(軍師) : 사령관 밑에서 군기(軍機)를 장악하고 군대를 운용하며 군사 작전을 짜던 사람이다. 삼국지 같은 고전소설에서 많이 쓰이는 말로 현재의 참모 역할과 비슷하다. 가장 유명한 예가 제갈량이다.
* 배송지주(裴松之注) : 《삼국지주(三國志注)》 또는 《배송지주(裴松之注)》는 남북조시대(南北朝時代) 송(宋)나라의 문제(文帝)가 역사학자 배송지에게 명하여 《삼국지》에 주(注)를 단 것으로 《배주(裴注)》라고도 하며 원문과 함께 칭할 때는 《수지배주(壽志裴注)》라고도 한다.
* 통전(通典) : 중국 당(唐)나라 두우(杜佑)가 펴낸 정서(政書)이다. 상고로부터 당나라 현종(玄宗)에 이르기까지 제도의 변천, 정치의 대요(大要)를 연대에 따라 9개 부문으로 분류해 기술했는데 모두 200권이다.
* 은사(隱士) : 예전에 벼슬하지 아니하고 숨어 살던 선비를 지칭하는 말이다. 유의어로 거사(居士), 고사(高士), 산림(山林)이 있다.
* 복룡봉추(伏龍鳳雛) : 엎드린 용(伏龍)과 봉황의 새끼(鳳雛)라는 뜻의 고사성어이다. 와룡봉추로 바꿔서 부르기도 하는데 와룡은 '누운 용'이라는 뜻으로 '복룡봉추'와 같은 의미이다. 원래 복룡봉추는 중국 삼국시대의 모사인 제갈량(諸葛亮)과 방통(龐統)을 지칭하는 말이다. 이들이 아직 어떤 주군에게도 출사하지 않고 초야에 묻혀있을 때의 별명으로 제갈량을 복룡(伏龍), 방통을 봉추(鳳雛)라고 불렀다.
* 제갈량(諸葛亮) : 성(姓)은 '제갈(諸葛)'이고, 이름은 '량(亮)'이며, 자(字)는 '공명(孔明)'이다.

삼인성호

　삼인성호(三人成虎)는 '세 사람이면 호랑이도 만들어낸다.'라는 뜻이다. 달리 표현하면 '여럿이 입을 맞춘다면 거짓말도 진실로 믿을 개연성이 다분함'을 의미한다. 이는 요즘 가상공간에서 뻥튀기처럼 끝없이 확대 재생산되는 소문이나 가짜 뉴스의 폐해를 한 마디로 대변하는 옛말이다. 이 말이 생겨난 배경과 유래를 출전(出典)의 내용을 바탕으로 살피는 나들이다.
　중국 전국시대(戰國時代)에는 전쟁을 억제하고 평화를 유지하기 위한 수단으로 나라 사이에 인질을 교환하던 일이 흔했다. 그런 맥락에서 위(魏)나라 황태자(皇太子)가 조(趙)나라에 인질로 끌려갈 때 보좌역으로 함께 가도록 명을 받았던 방총(龐蔥)과 위나라 혜왕(惠王) 사이에 오갔던 얘기에서 삼인성호란 말이 생겨났다. 이에 대한 출전(出典)은 《전국책(戰國策)*》〈위책(魏策)〉을 비롯해서 《한비자(韓非子)*》〈내저설(內儲說)*〉과 《신서(新書)*》 등에서도 대동소이하게 전해지고 있다. 동의어

Ⅳ. 빙탄불상용 ｜ 199

와 유의어로는 삼인성시호(三人成市虎), 증삼살인(曾參殺人), 투저의(投杼疑) 따위가 있다.《전국책》〈위책〉을 바탕으로 관련 내용을 대강 간추리면 다음과 같다.

위나라 황태자가 조나라에 인질로 끌려가기 직전의 일이었다. 황태자를 보좌하여 모시고 조나라의 수도인 한단(邯鄲)으로 유배 가야할 고급관리로 방총(龐蔥)이 낙점되었다. 그런데 방총은 자기 앞날이 평탄치 못할 것으로 예견하고 위나라의 혜왕(惠王)을 독대한 자리에서 자신의 훗날을 보장받고 싶어 황제께 진지하게 말씀을 드렸다.

황제시여! "만일 지금 어떤 사람이 시장에 호랑이가 나타났다고 하면 믿으시겠나이까?"라고. 이 말에 황제는 "믿을 리 없지."라고 답했다. 이에 다시 "두 사람이 시장에 호랑이가 나타났다고 하시면 어찌하시겠습니까?" 물었더니 "의심할 것 같네."라고 답했다. 그렇다면 "세 사람이 시장에 호랑이가 나타났다고 하면 그 말을 믿으시겠는지요?"라고 물으니 "믿을 것 같네."라고 답했다. 이 대답에 대해 방총이 황제시여! "분명 시장에는 호랑이가 없습니다."라고 사뢰면서 이런 말을 했다.

/ 그러나 세 사람이 말하면 호랑이를 만들어 냅니다(然而三人言而成虎 : 연이삼인언이성호) /

이 말에서 삼인성호라는 말이 비롯되었다. 이어서 방총은 자기의 생각을 황제(혜왕)에게 조용조용히 말씀드렸다. 조나라의 수도 한단과 위나라의 수도인 대량(大梁)은 시장보다 훨씬 멀 뿐 아니라 앞으로 소신을 헐뜯고 시기하며 무고(誣告)하려 덤비는 이들은 분명 셋을 훌쩍 넘어 여럿일 것이옵니다. 그 점을 굽어 살펴 헤아려주시기를 주청 드리는 것이라고 사뢰었다. 이에 황제는 자신이 알아서 판단할 터이니 염려하지 말라며 안심시키는 확답을 했다.

방총의 예견은 정확했다. 방총이 조나라 수도인 한단에 도착하기도 전부터 그에 대한 참소(讒訴)가 날아들기 시작해 끝없이 이어지면서 황제의 뇌리에 어느덧 미운털이 박힌 요주의 기피 인물로 각인됐던가 보다. 훗날 태자는 본국으로 송환되어 제 자리를 찾았다. 하지만 그는 귀국을 못 했다는 설과 귀국했어도 다시는 황제의 부름을 받지 못하고 영원히 팽(烹)당했다는 얘기가 전해질 뿐이다. 세상 이런 이치를 표현하는 요즘 말이다. "눈에서 멀어지면 마음에서도 멀어진다(Out of Sigt Out of Mind)."고.

특별하게 심지가 곧은 사람을 제외하면 대부분 같은 거짓말이라도 듣고 또 들으며 쇠뇌를 당하다 보면 부지불식간에 동화되거나 믿게 마련이리라. 이런 심리를 이용해 요즘 인터넷 공간에서 떠도는 무수한 가짜 뉴스나 정보 때문에 고통을 겪으며 죽음이라는 극단적인 선택을 하는 안타까운 경우도 부지기수인 현실이다. 특히 선거철이면 교묘하게 짜 맞춘 허위 혹은 비방 정보가 난무하여 정당한 주권 행사에 크나큰 걸림돌이나 사회적 문제로 부각되기도 한다.

멀쩡한 사람을 바보로 만들어 파멸로 몰아넣거나 사회의 정의

를 한 방에 무너뜨릴 개연성을 지닌 무서운 일이 삼인성호이다. 의도된 조작이던 우연한 결과이던 피해를 당한 개인이나 집단에게는 천형과 같은 재앙이 따르지 않는다고 단언하기 어려운 게 그 폐해의 실상이다. 격이나 결을 다소 달리할지 모르지만 큰 틀에서 집단 따돌림을 뜻하는 이지메(苛め : イジメ) 따위도 삼인성호의 폐해로 이어질 가능성은 얼마든지 있다.

=====

* 전국책(戰國策) : 중국 한(漢)나라의 유향(劉向)이 전국시대에 종횡가(縱橫家)가 제후(諸侯)에게 논한 책략을 나라별로 모아 엮은 책이다. 주(周)나라의 안왕(安王)에서 진(秦)나라의 시황제(始皇帝)까지의 250년 동안의 소진(蘇秦)이나 장의(張儀) 등의 변설(辯說)과 책략을 동주(東周), 서주(西周), 진(秦) 등 12개국으로 나누어서 엮었다. 33권으로 되어 있다.
* 한비자(韓非子) : 중국 전국시대(戰國時代) 한비(韓非) 등이 집필한 책으로 법가(法家) 사상을 집대성했다.
* 내저설(內儲說) : 상(上)과 하(下) 둘로 나누어져 있다. 이 중에 상편(上篇)은 칠술(七術)이고 하편(下篇)은 육미(六微)이다.
* 신서(新書) : 중국 한(漢)나라 때 가의(賈誼)가 쓴 책이다. 천자에 대한 상주문을 비롯하여 정치·도덕·학문·풍속 따위를 논한 것으로서 《한서(漢書)》의 《예문지(禮文誌)》에서는 가의(賈誼) 58편이라고 했다. 그런데 오늘날 전해지는 것은 56편으로 명(明)나라 때 교정한 것이다. 10권 56편으로 되어있다.

상선약수

  등산로의 수로 옹벽에 글귀를 쓴 이는 누구일까. 불과 며칠 전의 일이었다. 등산로 초입의 임도를 걷는데 산 쪽으로 개설된 수로의 콘크리트 옹벽에 한자로 쓴 '上善若水(상선약수 : 최상의 선(善)은 물과 같다)'가 눈에 띄었다. 도로가 개설된 이후 30여 년이 넘도록 이끼가 끼거나 미세먼지가 덕지덕지 내려앉아 거무튀튀해진 옹벽에 날카로운 돌이나 쇠꼬챙이로 선명하게 휘갈겨 썼는데 달필이었다. 한자와 달필이라는 두 가지 관점에서 미루어 짐작할 때 최소한 장년 이상의 어느 누군가 썼지 싶었다. 한글세대인 젊은 층은 한자에 대해 청맹과니나 다를 바 없어 보고도 무슨 뜻인지 몰라 그냥 지나칠 개연성이 다분하다. 그럼에도 누가 보라고 그런 글귀를 썼는지 숨겨진 연유를 어림할 재간이 없었다. 요즘 세상이 어지럽고 뒤숭숭한 꼴을 한탄하며 장노년층의 일부라도 진정한 의미를 곱씹으며 현실을 되새겨보라는 의도가 담긴 게 아닌지 모르겠다. 진의가 어디에 있던 떡 본 김에 제사 모신다고 했던가. 이참에 상선약수에 대해 되새겨 보련다. 《노자(老子)》의 〈도덕경 제8장〉에서 이렇게 이르고 있다.

/ 최상의 선(善)은 물과 같다(上善若水 : 상선약수) / 물은 만물을 이롭게 할지라도 다투는 일이 없으며(水善利萬物而不爭 : 수선리만물이부쟁) / 사람들이 싫어하는 낮은 곳에 자리한다(處衆人之所惡 : 처중인지소오)" /

여기서 상선약수가 나타난다. 왜 '최상의 선은 물과 같다.'라고 설파했을까. 기본적으로 예로부터 전해지는 유수칠덕(流水七德) 사상이 저변에 깔려 있지 않을까 싶다. 그 첫째로 '높은 곳에서 낮은 곳으로 흐르는 또는 낮은 곳을 찾아 흐르는' 겸손이다. 이를 다른 측면에서 생각하면 '물은 잘난 체하며 스스로 높이려 들지 않고 낮은 곳으로 겸허하게 흐르며 자신의 모습을 바꿔 현실에 적응한다, 결국 부드럽고 강하지만 자신을 드러내거나 과시하려 들지 않는다'. 둘째로 '막히면 돌아갈 줄 아는' 지혜이다. 셋째로 '청탁을 막론하고 구정물도 받아주는' 포용력이다. 넷째로 '어떤 그릇에도 담기는' 너그러운 융통성이다. 다시 말하면 '물은 그릇의 모양이나 형태를 탓하거나 거역하지 않고 담기는 유연성을 지니고 있다.'라는 의미이다. 다섯째로 '바위도 뚫는' 인내와 끈기이다. 여섯째로 '장엄한 폭포처럼 투신하는' 용기이다. 일곱째로 '유유히 흘러 바다를 이루는' 대의 등이 그들이다.

고려의 나옹선사는 "물같이 바람같이 살다가 가라하네(如水

如風而終我 : 여수여풍이종아)."라고 일갈했다. 여기서 중심 화두는 '흐르는 물처럼 살라.'는 조언이다. 왜 이렇게 일렀을까. 물이 흐르지 않고 고이면 썩어 어떤 생명체도 살 수 없다는 관점에서 고인물이 되지 말라는 역설적인 강조의 반어법이 아닐까. 아울러 물은 막히면 돌아가고 조급하게 서둘지도 않을 뿐 아니라 앞서려는 다툼을 모른 채 순리대로 흘러간다는 맥락에서 어떻게 살아야 하는지를 넌지시 이르는 묵언의 가르침이리라.

"지자(知者)는 왜 물을 좋아하는가요?"라는 자공(子貢)의 물음에 대한 공자의 답은 많은걸 시사한다. "물은 두루 미치지 않는 곳이 없다는 관점에서 사람의 미덕과 흡사하다. 낮은 쪽으로 무질서하게 흘러가는 것 같아도 늘 일정한 방향으로 흐르는 관계로 틀이나 법도를 벗어나지 않기 때문에 정의와 같다. 또한 깊은 계곡으로 낙하해도 본연의 모습을 잃지 않고 의연하게 제 길을 찾아 흐르는 관계로 지혜를 웅변한다. 아울러 물은 연약해 보여도 이르지 못하는 곳이 없는 까닭에 슬기의 단면이다. 끝으로 세상에 모든 게 물속에 들어갔다 나오면 깨끗해지기 때문에 비뚤어진 사람을 교화시키는 이치이다. 이런 특징이 곧 지자의 성품을 닮음이라고" 일렀다. 이상과 같은 철학이나 가치관이 상선약수의 타당성을 입증하는 뒷받침이 아닐까.

어쩌면 상선약수는 물에 대한 예찬 성격이 짙다. 이와 결이 다른 얘기일지라도 한 가지 첨언한다. 물이 어디에 흐르느냐 따라 달리 호칭했다. 그 예이다. 서울의 북악산을 중심으로 할 때 오른쪽인 인왕산의 물을 백호수(白虎水), 왼쪽의 삼청동 뒷산의 물을 청룡수(靑龍水), 남산의 물을 주작수(朱雀水)라고 불렀단다. 한편 같은 물이라도 산 정상의 물과 산 아래 물의 맛이 다르고, 석간수와 모래에서 솟아나는 물의 맛이 다르단다. 그런가 하면 흙속에서 나는 물은 맑으나 텁텁하고, 흐르는 물은 고여 있는 물보다 맛이 좋고, 응달 물이 양지 쪽 물보다 맛이 좋다는 귀띔이다.

상선약수에서 상선은 가장 합리적이고 최상이라는 의미로서 삶에서 으뜸의 방법은 물처럼 살아가는 것임을 천명하고 있다. 다시 말하면 삶에서 최고의 선택은 '물처럼 살아가는 것.'이기 때문에 그 지혜를 물에서 배우라는 고결한 가르침이 담겨 있음을 웅변하고 있지 싶다. 왜냐하면 물은 위에서 아래로 흐르며 막히면 알아서 돌아가면서도 절대로 되지 못하게 앞에 나서거나 우쭐대지 않고 낮은 곳에 자리하는 겸손의 미덕이 넘쳐난다. 게다가 어떤 형태의 그릇일지라도 그 모양이나 형태를 가리지 않고 담기는 유연성이 탁월하다. 또한 어떤 경우에도 자신의 이(利)나 탐욕을 위해 다툼을 벌이지 않아 넉넉하고 너르며 깊은 성인군자의 풍모를 닮았다. 이 같은 존재의 물을 최상으로 꼽아 온 선현들이 더욱 크고 높게 보여 존경의 마음을 금할 길 없다.

한국수필, 2021년 11월호(통권 321호), 2021년 11월 1일

상전벽해

　엄청난 변모의 현장에 얘기다. 우리의 산업화가 추진되기 시작한 지난 60년대부터 지금까지 가장 많은 변화를 겪었던 대표적인 지역 중의 하나가 마산의 한일합섬 공장의 터(址)이지 싶다. 왜냐하면 전통적인 농업국에서 산업화의 여명기였던 지난 1964년 마산 시내 변두리 9만여 평에 괴물같이 거대한 공장을 세우고 섬유제품을 생산하는 선도 산업으로써 우리의 공업화를 이끌며 잘 나가다가 사양 산업으로 전락하여 2004년 문을 닫았다. 그 이후 공장 터는 택지(宅地)로 재개발되어 지금은 마산의 대표적인 아파트 단지 중 하나가 되었다. 결국 지난 60여 년 동안 그 자리는 도시 변두리 지역에서 대단위 공장을 짓고 가동하다가 문을 닫고 다시 주거지로 재개발되어 고급 주거지로 탈바꿈하는 변신을 거듭하면서 우리나라의 관주도적인 압축 성장을 지향한 산업화와 궤(軌)를 함께 해왔던 역사의 현장이기 때문에 가히 상전벽해(桑田碧海)의 상징적인 곳이 틀림없다.

상전벽해는 좁은 의미에서 '뽕나무밭이 변해 푸른 바다가 된다.'라는 뜻으로 좀 더 확대 해석하면 '세상이 천지개벽할 정도로 몰라보게 많이 변했다.'라는 포괄적인 용도로 쓰이고 있다. 동의어로서 창해상전(滄海桑田), 상창지변(桑滄之變), 창상지변(滄桑之變) 등이 있다. 한편 유의어로서 능곡지변(陵谷之變), 고안심곡(高岸深谷), 격세지감(隔世之感) 따위가 있다.

　유래에 대해서는 두 가지 경우를 들고 있다. 첫 번째는 중국 진(晉)나라 갈홍(葛洪)의 저서인《신선전(神仙傳)*》의〈마고(麻姑) 선녀 이야기〉에서 나타나는 내용이다. 두 번째는《당시유향(唐詩遺響)》〈제1권〉과《전당시(全唐詩)》〈권(卷) 082〉에 실려 있는 유희이(劉希夷)의 시(詩)인〈대비백두옹(大悲白頭翁)〉에 나오는 내용이 그것이다.

　먼저〈마고 선녀 이야기〉는 여기저기 소개하는 자료마다 버전(version)에 따라 다소 다르게 표현하고 있어 헷갈려 한자(漢字)로 표기된 원본을 찾았으나 목적을 달성하지 못했다. 그런데 줄거리의 전개는 서로 상이해도 핵심 내용인 선녀 마고가 했던 말의 취지는 모두가 같았다.

　그 옛날 중국의 한(漢)나라 사람인 채경(蔡經)의 집에 신선(神仙) 왕방평(王方平)이 강림하여 채경의 부모 형제들과 인사를 나눈 뒤에 얼마 있다가 사자(使者)를 보내 선녀 마고를 하늘에서 내려오도록 전갈을 보냈다. 그렇게 도착한 마고를 채경의 가족들이 정성을 다해 맞이했다. 그런데 마고의 외모는 18세 전후로 어리게 보였으며 머리카락이 길어 허리까지 내려왔고 옷은 채색 무늬로 비단은 아니어도 광채가 났고 형용하기 어려울 정도의 미모였다. 마고는 방안으로 들어와 왕방평에게 정중하게 예를 갖췄다. 그리고 자기가 가지고 온 온갖 음식을 정성스레 차려 모두에게 대접했는데 그 맛이 향이 일품이었다. 아울러 지상에서 쉽게 대할 수 없는 귀한 기린 육포까지 나눠 주어 감동시켰다. 식사 후에 마고가 조용히 얘기했다. 아래의 말 중에 "동해가 세 차례나 뽕나무밭으로 변했다."라는 마고의 말에서 상전벽해가 유래 되었다고 한다.

/ "제가(마고) 신선님(왕방평)을 모셔온 이래 동해가 세 차례나 뽕나무밭으로 변한 것(桑田碧海)을 봤습니다. 지난번에 봉래(蓬萊)*에 갔더니 바다가 예전의 절반 정도로 얕아져 있었습니다. 다시 육지가 되려는 것일까요?". 이에 왕방평이 답했다. "동해는 다시 흙먼지를 일으킬 것이라고 성인(聖人)들이 말씀했소." /

한편 유희이(劉希夷)의 시 〈대비백두옹(大悲白頭翁)〉의 내용 중에 극히 일부 해당 부분을 발췌하여 참고한다. 아래의 "또(更) 들었느니(聞), '뽕나무 밭(桑田)은 푸른 바다가 된다(成海).'라는 것을(更聞桑田變成海 : 갱문상전변성해)"에서 상전벽해라는 말이 생겨났다는 얘기다.

/ 낙양성 동녘에 핀 복사꽃(洛陽城東桃李花 : 낙양성동도이화) /
…… / 보았느니, 송백은 꺾어져(摧) 땔나무(薪) 되고(已見松柏摧

爲薪 : 이견송백최위신) / 또(更) 들었느니(聞), '뽕나무 밭(桑田)은 푸른 바다가 된다(成海)'는 것을(更聞桑田變成海 : 갱문상전변성해) / 낙성엔 옛사람 자취 다시없고(古人無復洛城東 : 고인무복낙성동) / ……. /

원래 '뽕나무밭이 푸른 바다로 변한다.'라는 것은 스스로 인식하지 못한 상황에서 세상이 몰라볼 정도로 달라진 모습을 비유한 말이다. 그렇지만 보통의 경우 기대 이상으로 번영하여 풍요로운 상황을 나타내기 때문에 6·25라는 민족상잔의 처절한 전쟁의 폐허 속에서 경제적 기적을 이룬 우리의 발전상 같은 경우를 묘사할 때 많이 사용되는 게 상전 백해이다.

=====

* 신선전(神仙傳) : 중국 진(晉)나라 도교(道敎) 연구가인 갈홍(葛洪)의 저서이다.
* 봉래(蓬萊) : 중국 전설에서 나타나는 가상적 영산(靈山)인 삼신산(三神山) 가운데 하나이다. 동쪽 바다의 가운데에 있으며, 신선이 살고 불로초와 불사약이 있다고 한다. 유의어로 봉구(蓬丘), 봉도(蓬島), 봉래산(蓬萊山)이 있다.

새옹지마

 새옹지마(塞翁之馬)를 처음 배웠던 게 중학교 2학년 한문 시간이었다. 무슨 일이었던지 깜깜하지만, 머리가 희끗희끗했던 선생님이 칠판에 한자로 크게 네 글자를 써 놓고 한 시간 내내 그에 관련된 얘기를 조곤조곤 해 주셨다. 그 당시는 고리타분하다는 생각에 옛날얘기 듣는 기분으로 시큰둥했었다. 하지만 훗날 우연한 기회에 해당 원문(原文)을 보면서 깜짝 놀랐다. 왜냐하면 선생님 말씀은 원문을 곧이곧대로 옮겨주신 것으로 미루어 짐작할 때 한학(漢學)에 상당히 조예가 깊었던 분이었다는 사실을 깨달았기 때문이다. 이 말의 용도와 유래를 들여다보기이다.
 새옹지마를 직역하면 '변방 늙은이의 말(馬)'로서 확대 해석하여 '인생의 길흉화복은 변화무쌍하여 예측 혹은 단정할 수 없다.'라는 뜻으로 쓰이고 있다. 같은 말로 새옹실마(塞翁失馬)가 있고, 유의어로 새옹득실(塞翁得失), 화복규승(禍福糾繩), 화복

규묵(禍福糾纆), 새옹화복(塞翁禍福), 전화위복(轉禍爲福), 북수실마(北叟失馬) 따위가 있다.

　새옹지마의 유래는 《회남자(淮南子)*》〈인간훈(人間訓)〉에 우화(寓話)에서 시작되는데 그 대강을 요약하면 다음과 같다. 먼저 새옹지마가 탄생된 배경이 되는 얘기를 대할 때마다 느껴지는 감회이다. 세상 이치를 꿰뚫고 있는 선지자가 어리석은 중생들을 교화시키기 위해 에둘러 설파하는 크나큰 가르침 같다는 생각을 떨쳐내기 어렵다. 우화라고 하지만 첫머리의 "무릇 화(禍)나 복(福)은 교차하여 발생하기 때문에(夫禍福之轉而相生 : 부화복지전이상생) 그 변화를 짐작(見)하기 어려운 것(其變難見也 : 기변난견야)."이라는 글귀부터 달관한 이의 드높은 식견의 천명 같다. 게다가 줄거리의 구성이나 거듭되는 예언자를 방불케 하는 예측은 신이나 득도의 경지에 도달한 경우가 아니면 범접하기 어렵다고 판단되기 때문이다.

　국경 언저리 변방에 터 잡고 사는 술법(術法)에 능한 노인이 살고 있었단다. 그런데 어느 날 그의 말(馬)이 마구간을 탈출하여 오랑캐(胡) 땅으로 도망을 갔다. 그에 대해 주위 사람들이 위로의 말을 건넬 때 노인은 되레 "이 사건이 머지않아(遽) 복이 될지도 모르지 않소!"라고 되물어 의아할 수밖에 없었다. 그 후 거짓말 같은 일이 발생했다. 사건이 발생한 뒤 몇 개월이 지난 어느 날 도망갔던 말이 오랑캐의 말(馬) 즉 호준마(胡駿馬)와 함께 돌아오자 주위에서 축하의 말을 건네자 노인은 "이 말의 귀환이 어찌 화가 되지 않는다고 단언할 수 있겠소!"라고 또 이해할 수 없는 답을 해 모두를 놀라게 했다.

어쩌면 노인의 선견지명은 그리도 신통력이 있었을까. 놀랍게도 그의 예견대로 큰 사고가 발생했다. 자기 집에 준마가 많아지면서 승마를 즐기던 아들이 낙마(落馬)해 넓적다리 뼈(髀)가 골절되는 불행한 사고가 발생하자 주위에서 또다시 위로의 말을 건네자 이번에는 천연덕스럽게 "아들의 낙마 사고가 어찌 복이 되지 않는다고 장담하겠소!"라는 뚱딴지같은 답을 해 모두를 아연실색하게 만들었다. 항상 예견은 족집게같이 정확해 놀랄 지경이었다 아들이 사고를 당한 일 년 뒤에 오랑캐들이 대대적으로 침공하면서 모든 젊은이를 모두 활을 들고 전장에 나가 싸웠는데 열 명 중에 아홉은 목숨을 잃는 참극을 겪어야 했다. 아들은 낙마 사고로 절름발이(跛)가 되었던 때문에 병사로 끌려 나가지 않아 부자가 용케도 목숨을 부지하는 행운을 누렸다.

이 이야기를 두고 언제부터인지 새옹지마(塞翁之馬)라는 말을 만들어 사용하게 되었다는 전언이다. 한편 앞에서 언급했듯이 직역하면 '변방의 늙은이 말(馬)'이며, '살다 보면 복이 화가 되기도 하고 반대로 화가 복이 되기도 한다. 이 처럼 인생사 모두가 변화무쌍한 까닭에 섣부른 단언이나 예측이 어렵다는 사실을 에둘러 이르는 선인들의 가르침이 담겨있다.'라고 받아들일 수 있겠다.

지천명(知天命) 중반 무렵 건강이 무척 나빴었다. 어지럽고 힘이 없어 파란불에 횡단보도를 건너지 못하고 중간에 쭈그리고 앉자 다음 신호까지 기다렸던 적도 있었다. 그때 '죽기 아니면 살기'라는 심정으로 매달린 게 걷기였다. 처음엔 평지와 다를 바 없이 잘 포장된 임도(林道) 4km 정도를 걷는데 4시간 이상 소요되었을 뿐 아니라 중간에 몇 십 차례 앉아서 쉬며 겨우 걸었다. 그렇게 임도를 몇 해 걷다가 산 정상을 오가는 등산길을 걸은 지 스무 해를 훌쩍 넘겼으며 지금도 왕복 10km 남짓한 길을 일주일에 평균 대여섯 차례쯤 오르내리고 있다. 처음엔 지푸라기라도 잡는 절박한 심정에서 벼랑 끝으로 내몰려 선택의 여지가 없이 시작했다. 그런 어려움 속에서 첫발을 내디뎠던 등산이 여든의 문턱을 넘은 지금의 건강을 지키는 파수꾼으로서 일등공신이다. 이런 이유에서 새옹지마라는 말을 자주 떠올리곤 한다.

=====

* 회남자(淮南子) : 중국 전한(前漢)의 회남왕(淮南王)인 유안(劉安)이 편찬한 철학서이다. 형이상학, 우주론, 국가정치, 행위 규범 따위의 내용을 다루었다. 원래 이름은 《회남홍렬(淮南鴻烈)》이다. 한편 현재 21권만 전해지고 있다.

설상가상

'쓸데없는 참견'의 고사성어는 뭘까? 놀랍게도 '눈(雪) 위에 서리(霜)' 즉 '엎친 데 덮친 격'의 상황을 나타내는 설상가상(雪上加霜)이란다. 본디 설상가상은 '쓸데없는 참견'이라는 뜻으로 사용되다가 세월이 지나면서 오늘날 쓰이는 의미로 바뀌었다는 얘기다. 우리 주위에서 쉽게 듣거나 직접 사용하기도 하는 말일지라도 그 실상을 짚어 보기로 한다.

동의어로 설상가설(雪上加雪), 상상가상(霜上加霜)이 있고, 유의어로 거익태산(去益泰山), 화불단행(禍不單行), 전호후랑(前虎後狼), 첩첩산중(疊疊山中), 병상첨병(病上添病) 따위가 쓰인다. 한편 반의어(反意語)로 금상첨화(錦上添花), 일거다득(一擧多得), 일석이조(一石二鳥), 일전쌍조(一箭雙鵰), 일거이득(一擧二得), 일거양득(一擧兩得) 등이 있다. 그런데 이 말의 출전(出典)은 고서(古書)인 《전등록(傳燈錄)*》으로 알려져 있다.

쌓인 눈 위에 서리가 내렸으니 악재가 겹치는 상황을 비유적으로 표현하기 때문에 '엎친 데 덮친다.'라거나 '갈수록 태산'이라는 의미로 쓰인다. 그런데 자료를 찾아봐도 어떤 연유로 초기에 '쓸데없는 참견'으로 사용되다가 오늘날에 사용하는 '엎친 데 덮친 격'의 의미로 바뀌게 되었는지 추적할 수 없었다. 다만 설상가상이라는 표현은 어떤 상황에 처한 상태에서 유사한 상황이 겹쳐졌다는 견지에서 쓰게 되지 않았나 싶기도 하다. 하지만 오늘날처럼 바람직하지 않은 상황에 겹쳐지는 최악의 경우를 나타내는 말로 쓰임은 최초의 의미와 많은 괴리가 있어 놀라울 뿐이다.

《전등록》에 나타난 설상가상이 생겨난 유래의 대강이다. 그 옛날 수도승 중 하나가 남들이 볼 때는 수행에 정진하는 것처럼 행동했다. 그러다가도 아무도 없다 싶으면 한껏 게으름을 피우거나 딴 짓을 거듭했다. 이를 지켜보던 큰 스님이 단둘이 마주한 자리에서 한 말씀 하셨다.

"그대는 왜 신실하게 마음을 다잡고 용맹정진하지 못하는고?"라고 일갈했다. 그러자 수도승이 머리를 조아리고 대답했다. 지금 이르심은 "눈 위에 서리 같은 말씀이 아니신지요!"라고. 이 말의 의미는 '눈 위에 서리'는 어떤 상황에다가 유사한 상황이 겹침으로써 새로울 것이 없기 때문에 '쓸데없는 참견'이라는 의미로 해석했던 것 같다.

주지하는 바와 같이 오늘날 설상가상은 주로 부정적인 맥락에서 회자되는데 어떤 상황이 꼬여 더욱더 악화하였다거나 곤경에 처한 상태에서 추가적인 악재가 돌발했을 때 사용된다. 다시 말하면 불행하게도 곤란한 상황이 중첩되거나 잇달아 발생할 경우 사용하게 마련이다. 우리는 지독하게 재수가 없을 때 '재수 옴 붙었다.'라는 말을 사용한다. 이 역시 어떤 곤란한 상황에서 또 다른 문제가 발생해 이러지도 저러지도 못할 어려운 경우 쓰이는 말로 달리 표현하면 설상가상과 일맥상통하지 싶다.

요즘 고등학교 2학년에 진급하는 손주에게 나름 모범을 보이고 싶은 욕심에 객기를 부리고 있다. 올해 열일곱인 손주와 여든인 나 사이엔 아예 대적 상대가 아니었던가. 같은 방에 책상을 놓고 손주보다 더 오래 책을 보거나 컴퓨터 자업을 하는 모습을 보여주려 발버둥을 쳐본다. 하지만 웬걸! 한 시간 가까이 지나면 눈이 침침해 자꾸만 눈으로 손이 갔다. 거기서 멈췄으면 체면치레라도 하련만 이번에는 엎친 데 덮친 격으로 허리가 아프고 온몸에 힘이 빠져 의자에 앉아 버티는 것도 역부족이다. 손주가 뭐라고 하지 않는데 나 스스로 꼬리를 내리고 슬그머니 방문을 열고 밖으로 나오며 겸연쩍은 의미로 어정쩡한 미소를 손주에게 날린다. 그 옛날에는 책상 앞에 붙어 앉아 날 밤을 꼬박 새워도 멀쩡했는데. "아! 옛날이여!"

=====

* 전등록(傳燈錄) : 중국 송(宋)나라 진종(眞宗)인 경덕(景德) 원년(1004)에 고승인 도원(道原)이 쓴 불서(佛書)이다. 석가모니 이래 역대의 법맥(法脈)과 그 법어(法語)를 수록한 책으로서 조선 시대 승과(僧科) 과목에 들어있었으며 30권으로 되어 있다. 유의어로 《경덕전등록(景德傳燈錄)》이나 《전등(傳燈)》이 쓰이고 있다.

수구초심

내게 고향은 늘 배고픈 존재이다. 해방둥이로 태어나 철없던 어린 시절 몹쓸 민족상잔의 6·25전쟁 중 피란(避亂)을 오가는 우여곡절을 겪다가 어렵사리 귀향해 초등학교 재학시절 여섯 해를 보낸 게 전부이기 때문이다. 따라서 초등학교 입학 전에는 뭔가 기억에 남은 게 하나도 없다. 어렴풋할지라도 뇌리에 남아 있는 것이라곤 초등학교 재학 시의 기억이 전부이다. 왜냐하면 그 이후엔 학업을 이유로 고향과 부모님 곁을 떠나 타지를 떠돌기 시작하여 여든의 문턱을 넘은 여태까지 타향에 머물고 있다. 이런 이유 때문일까. 최근에 이르러 수구초심(首丘初心)이라는 말을 자주 곱씹는 버릇이 생겼다.

원래 수구초심 중에서 수구(首丘)는 '여우가 죽을 때 머리를 자기가 살던 굴 쪽으로 둔다.'는 뜻으로, 고향을 그리워하는 마음을 이르는 말이다. 초심(初心)은 '처음 먹은 마음'이라는 의미이다. 결국 수구초심은 여우가 죽을 때 머리를 자기가 살았던 굴

쪽으로 향한다는 말에서 비롯되었다. 그러므로 '끝내 고향을 못 잊어 죽어서라도 고향 땅에 묻히고 싶어 하는 마음을 비롯해서 자신의 근본을 잊지 않음을 함축하는 의미'로 통용되고 있다.

그 유래로 먼저 가장 잘 알려진 출전(出典)은《예기(禮記)》〈단궁상편(檀弓上篇)〉이다. 이에 비해서 단편적이지만 둘째로《삼국지》로 유명해진 조조(曹操)의 〈각동서문행(卻東西門行)*〉이라는 시(詩), 셋째로 초(楚)나라 굴원(屈原)의 〈섭강(涉江)〉에도 여우 얘기가 나오는 것으로 알려졌다. 이들 유래와 만남의 대강이다.

우선《예기》의 〈단궁상편〉에서 나타난 유래이다. 은(殷)나라를 멸망시키고 주(周)나라를 일으킨 문왕(文王)*과 무왕(武王)을 도왔던 여상(呂尙) 강태공(姜太公)에 관련된 일화에서 수구초심이 발단했다는 기록이다. 그 사연의 대강은 이렇다.

주나라의 건국 공신이었던 강태공이 제(齊)나라의 영구(營丘)에 봉해졌는데 그곳에서 생을 마감했다. 그런데 그를 포함에서 5대(五代)에 걸쳐서 천자가 계시는 주(周)의 호경(鎬京 : 주나라 수도)으로 돌아와서 반장(返葬)*을 했다는 얘기이다. 이를 두고 군자께서 이르시기를 음악이란 자연적으로 발생하는 것을 즐기며 예(禮)란 그 근본을 잊으면 아니 된다고 일갈했다. 그러면서 이런 일련의 행동을 높이 평가하고 이어진 덕담의 말이다. 수구초심이라는 말이 여기서 비롯되었다는 얘기다.

/ 옛 선인들이 이르는 말에(古之人有言曰 : 고지인유언왈) / 여우가 죽을 때 머리를 자기가 살던 굴 쪽으로 바르게 향하는 것은 인

(仁)이라고(狐死正丘首仁也 : 호사정구수인야) 했다고 했다. /

한편 우리에게 《삼국지(三國志)》를 통해 널리 알려진 조조(曹操)의 〈각동서문행(卻東西門行)〉*이라는 시에도 여우가 죽을 때 취하는 행동에 대해서 이런 내용이 나타난다.

/ 여우가 죽을 경우 제 머리를 언덕(고향)으로 향하는데(狐死歸首丘 : 호사귀수구) / 그리운 고향을 어찌 잊을 수 있을까(故鄉安可忘 : 고향안가망) /

이들 외에도 초(楚)나라 굴원(屈原)이 펴낸 《초사(楚辭)》의 〈섭강(涉江)〉에서도 여우의 죽음에 대해서 언급하고 있다.

/ 새는 날아 고향으로 돌아가고(鳥飛反故鄉兮 : 조비반고향혜) / 여우는 죽으면 머리를 언덕(고향)으로 향한다(狐死必首丘 : 호사필수구) /

이상과 같이 몇 군데에서 언급한 수구초심을 곱씹으며 되새기고 있다. 따지고 보면 어린 시절 6년 정도 추억이 서려 있는 고향이지만 무척 그립다. 그런데 찾아가 보면 아는 사람이 거의 없다. 아는 집이라고 해야 공직에서 퇴직하고 고향에 돌아온 재종(再從)과 친구 형의 집 등 두 집을 제외하면 온 동네가 외지에서 이사를 온 사람들이기 때문에 어떤 때는 인사 나눌 사람도 없다. 그래도 그곳의 선산(先山)에는 부모님을 비롯해 조상들의 선영

(仙塋)이 모셔져 있어 찾게 마련이다. 한데, 해가 바뀌며 세월이 지날수록 점점 낯설고 멀어지는 느낌으로 언제까지 예로부터 이르는 수구초심을 잃지 않을지 모르겠다.

어쩌면 고향에서 뿌리가 통째로 뽑혀 타향을 65년째 맴돌고 있는 내게도 고향이 이런 존재이다. 그런데 두 아이에게는 훗날 그리워할 고향이 없지 싶다. 왜냐하면 큰아이는 서울의 수유동에 살 때 그곳에서 태어났고, 작은 아이는 강남의 도곡동에 살 때 태어나 마산으로 이사 와서 현재 44년째 살고 있어 서울에 대한 기억을 전혀 못 하기에 고향이 없는 셈이다. 그런데 재미있는 것은 두 아이의 친구들이 외지에서 흘러들어온 떠돌이 취급을 한다는 얘기다. 이런 관점에서 삭막한 세월이지만 현대라는 풍요로운 세월을 살아온 업보(業報)로 고향을 잃었다고 해야 할까. 아무리 생각해봐도 수구초심이라는 말은 점점 퇴색해 그 참된 뜻은 사전 속에서나 존재해야 하는 것이 아닌지 모르겠다. 게다가 며칠 뒤면 고등학교 2학년에 진급하는 손주 유진이의 경우는 캐나다 밴쿠버(Vancouver)에서 태어났기 때문에 고향 문제가 더더욱 헷갈리고 아리송하다.

=====

* 문왕(文王) : 무왕(武王)이 주(周)나라를 세운 뒤에 자기 아버지를 문왕(文王)으로 추숭(追崇)*했다.
* 추숭(追崇), 추존(追尊) : 왕위에 오르지 못하고 죽은 이에게 제왕의 칭호를 올림
* 여기서 쓰인 '물리칠 각(卻)'은 "각(却)"의 본자(本字)이다.

2024년 2월 4일 일요일

수적천석

'물방울이 돌을 뚫는다.'라는 뜻의 고사성어가 수적천석(水滴穿石)이다. 요즈음엔 '매우 작고 미미할지라도 끊임없이 지속하면 큰 열매를 거둘 수 있다.'라는 긍정적인 메시지가 강한 의미로 쓰인다. 이 말이 최초에는 현대와 달리 부정적인 맥락이 강했다. 그 유래와 만남이다. 옛날 중국 북송(北宋)시대로 거슬러 올라가야 한다. 장괴애(張乖厓)라는 이가 숭양현(崇陽縣) 현령(縣令)으로 재직하던 시절의 일화에서 비롯되었다.

장괴애가 숭양현의 현령 시절 어느 날 한 관원이 관아의 창고에서 나오는 수상한 모습을 발견했다. 하도 수상쩍어 그 범법 혐의자를 불러 세우고 연유를 추궁하니 엉뚱한 변명만 주워섬기는 꼴이 믿기지 않아 집요하게 물고 늘어지며 심문했다. 검색결과 그의 귀밑머리 곁의 두건 속에서 동전 한 닢이 나왔다. 그 동전의 출처를 예리하게 파고들며 추상같이 질타하면서 다그치자 이윽고 진실을 실토했다. 그를 조사하니 창고에서 훔친 동전이라고 이실직고했다.

　매우 진노한 현령이 그를 엄하게 다스리라 마음을 다지며 지엄한 판결을 했다. 장괴애가 그 관원에게 곤장을 치라고 명하니 억울하다며 말을 극구 항변했다. "기껏해야 동전 한 닢을 가지고 어찌 과중한 벌로 다스리려 내게 매질을 하려 드십니까." 이어서 관원은 이렇게 이죽거렸다. "당신은 내게 장을 칠 수 있을지라도 목을 벨 수는 없을 것입니다."

　오만불손한 관원의 태도가 괘씸하기 짝이 없었던 현령이 단호한 용단을 내렸다. 장괴애는 붓을 들어 판결문을 쓰면서 말했다. 이때 그가 한 말들이다. "하루에 한 닢이면 천(千) 일이면 천 닢이 된다."는 꾸짖음에 이어서 이렇게 말했다.

　/ 노끈으로 톱질을 해도 너끈하게 나무를 자를 수 있고(繩鋸木斷 : 승거목단) / 물방울이 돌을 뚫는다(水滴石穿 : 수적석천) /

　이같이 준엄하게 일갈하는 과정에서 수적천석이라는 말이 생겨났다. 한편 이렇게 꾸짖고 나서 다음과 같이 관원을 과감하게 처단했다. 스스로 칼을 들고 계단 아래로 내려가 그의 목을 베었다. 관원의 목을 벤 그가 다음과 같이 행동함으로써 지금까지 그 사실이 전해지고 있단다. 대부(臺府)의 감찰 기관에 직접 찾아가서 세세하게 소명함으로써 숭양 사람들 사이에 그 이야기가 여태까지 전설처럼 전해지고 있다. 이 고사 내용을 중국의 고서인 《학림옥로(鶴林玉露)*》에 기록되어 있다.

우리 주위에서 회자되는 이 성어와 흡사한 몇 가지 예이다. '물방울이 모여 연못을 이룬다.'라는 적수성연(積水成淵), '흙이 쌓여 산을 이룬다.'라는 적토성산(積土成山), '먼지가 쌓여 산을 이룬다.'라는 적진성산(積塵成山), '이슬방울이 모여 바다를 이룬다.'라는 노적성해(露積成海), '우공이 산을 옮긴다.'라는 우공이산(愚公移山), '도끼를 갈아 바늘을 만든다.'라는 마부작침(磨斧作針) 따위가 언뜻 떠오른다. 그런데 위에서 적시한 원문엔 수적석천(水滴石穿)이지만 수적천석(水滴穿石)으로도 표기한다. 이들 둘은 같은 의미로 통용되고 있다. 현대문명을 맘껏 구가하다가 천박한 물질문명이 영혼까지 타락시켜 반칙과 편법이나 불법이 정도를 깔아뭉개며 횡행하는 오늘날에도 이 같은 철학이 유효하고 곧이곧대로 맹신해도 되는 걸까.

=====

* 학림옥로(鶴林玉露) : 중국 송(宋)나라 나대경(羅大經)이 펴낸 책으로 1251년에 18권으로 간행되었다. 이 책은 시화(詩話), 어록(語錄), 소설의 문체로 기술 되어있다. 한편 문인, 도학자, 선인들의 말을 싣고 있는가 하면 주희(朱熹)나 장재(張載) 등의 말을 인용하고 있다. 아울러 구양수(歐陽修)나 소식(蘇軾) 같은 이들의 글을 찬양하는 내용이다. 전체적으로 천(天)과 지(地) 그리고 인(人) 등의 3부로 나뉘어 있다.

애이불상

지나침을 경계하는 대표적인 말 중의 하나가 과유불급(過猶不及)이다. 손바닥을 뒤집듯이 쉽게 입에 올릴 수 있다. 하지만 삶에서 그리 호락호락하지 않은 화두가 분명하다. 모자라거나 과하지 않고 적당한 상황에서 머무는 중용이 말처럼 그다지 쉬운 문제가 아니라는 이유에서이다. 이 같은 맥락에서 애이불상(哀而不傷)이나 애이불비(哀而不悲)와의 조우이다.

중국의 《시경(詩經)》에 〈관저(關雎)〉라는 시가 있다. 여기서 관저는 물수리(雎)라는 새를 일컫는다. 이는 선남선녀 사이에 밀고 당기는 사랑의 알콩달콩한 과정을 물수리와 물풀의 흔들림을 통해 비유적으로 묘사한 시로서 문왕(文王)과 후비(后妃)의 덕을 노래한 것이라고 알려졌다. 그런데 이 시를 감상했던 공자께서 정중하게 평가하는 내용이 《논어(論語)》〈제3편〉 '팔일(八佾)'에 나온다.

/ 공자께서 이르시기를(子曰 : 자왈) / 관저라는 시는(關雎 : 관저) / 즐겁지만 지나치지 않고(樂而不淫 : 낙이불음) / 슬프지만 마음에 상처를 입지 않았다(哀而不傷 : 애이불상) /

라고 일갈하셨다. 다시 말하면 "즐거울지라도 과하지 않고(樂而不淫), 슬플지라도 상처를 받지 않았다(哀而不傷)."라면서 중용(中庸)의 도를 지키고 있음을 높이 평가하고 있었다.

한편 여기서 한 가지 짚어 봐야할 점이 있다. 대부분의 한글 번역에서 '불음(不淫)'을 '음란할 음'으로 해석하여 "음탕하지 아니하고" 혹은 "음란하지 아니하고"로 옮기고 있었다. 하지만 이때 음(淫)을 '넘칠 음, 과할 음, 심할 음'이라는 견지에서 생각하면 '불음(不淫)'을 '지나치지 않고'라고 하는 표현이 훨씬 더 자연스러워 보인다. 만일 대부분의 경우처럼 "음탕(음란)하지 아니하고"로 풀이한다면 다음 글귀에서 음(淫)의 의미는 무척 어색해지거나 오류로 지적될 가능성이 다분하지 않을까 싶다. 이런 나의 단견뿐 아니라 일찍이 중국의 주희(朱熹)도 이런 주장을 했다고 전해진다*.

/ 술은 예를 지키는데 필요하기 때문에(酒以成禮 : 주이성예) / 지나침(과도함)으로 이어지지 않는 게(不繼以淫 : 불계이음) / 도의이다(義也 : 의야) /

라는 내용 중의 불계이음(不繼以淫)에서 음(淫)을 "음탕(음란)"으로 해석한다면 전혀 다른 차원의 문제가 되는 게 아닐까 싶다. 왜냐하면 술집에서 기녀와 함께 흥청망청하는 퇴폐적인 주색의 자리가 아닌 공식 의식 자리에서 술잔이 돌 때 지나치게 과하지 않아야 함을 이르는 말이기 때문이다. 이런 맥락에서 앞의 두 가지 예의 경우는 음(淫)은 '음란할 음'으로 해석하는 쪽보다는 '넘칠 음, 과할 음, 심할 음'으로 하는 편이 합당하지 싶다.

공자가 관저를 평한 근본적인 취지는 젊은이들의 새콤달콤한 사랑을 묘사했지만, 그 애달픔과 슬픔의 표현이 지나쳐 마음을 다치지 않도록 배려한 절제미가 돋보인다는 견해였다. 하지만 보통 사람들의 경우 희로애락의 감정을 표현하는데 과부족 없이 적당한 수준에서 중용의 도(道)를 지킨다는 것은 매우 어렵다. 이런 관점에서 공자의 말씀에는 어떤 경우일지라도 격하거나 감정의 절제를 못 하는 어리석음을 범하지 말고 중정(中正)을 지키라는 가르침이 담겨있다고 하겠다.

어떤 경우에도 지나치지 않아야 함을 이르는 또 다른 얘기의 예이다. 고려 때 김부식(金富軾)이 펴낸 《삼국사기(三國史記)》에 나오는 내용으로 신라 진흥왕 시절에 삼대악성(三大樂聖)으로 추앙받는 우륵(于勒)이 문하생의 노래를 감상하고 평한 일부이다.

/ 즐겁지만 과도하지 아니하고(樂而不流 : 낙이불류) / 애달프지만 슬프지 않도다(哀而不悲 : 애이불비) /

라고 했다. 즉 "즐거워도 지나치지 아니하고(樂而不流), 슬퍼도 지나치지(과하지) 말고(哀而不悲)"라면서 중용의 도가 필요함을 함축하고 있음을 행간에 흐르는 맥(脈)을 통해 유추할 수 있지 싶다.

선인들은 드높은 뜻을 담아 중용을 이르고 있는데 세상은 정반대로 가는 게 오늘의 현실이 아닐까 싶다. 몇몇 예이다. 정치인이 상대를 향해 날 선 비판을 하며 쏟아내는 언어는 하루가 다르게 격해지며 저급해 귀를 막고픈 경우가 허다하다. 한편 신문이나 방송의 뉴스 헤드라인(head line) 역시 점점 더 자극적인 표현으로 치닫는 경향이 심해지는 현실이다. 이런 사회적 풍조에 따른 심리 때문인지 많은 음식점의 간이 너무 세지고 조미료 첨가량이 날로 증가하는 것 같다.

말이 지나치면 설화(舌禍)를 부르고 글이 과하면 필화(筆禍)를 피할 길이 없다. 또한 말이 거칠어지면 언쟁으로 이어지고, 행동이 격해지면 몸싸움으로 번질 위험성이 높아진다. 게다가 행동이 거칠어지면 폭력을 유발할 개연성을 무시할 수 없고, 음식을 심하게 탐하면 배탈이 나는 것은 불을 보듯 뻔하다. 그런가 하면 희로애락을 가리지 않고 썩 잘 어울리는 술이 지나치면 누구나 개(犬)로 변할 개연성을 간과할 수 없다. 그래서 예부터 과유불급이라고 이르며 애이불상(哀而不傷)이나 애이불비(哀而不悲)라며 중용(中庸)을 강조했는지도 모르겠다.

=====

* 주희(朱熹)의 견해 : 주자는 《시집전서(詩集傳序)》를 통해 관저(關雎)의 '음(淫) 하다.'는 말에 대해 이런 주석(註釋)을 붙이고 있다. "즐거움이 과도해 정도(正道)를 벗어난 것(淫者 樂之過而失其正者也 : 음자, 낙지과이실기정자야)이다. 또한, 마음에 상처를 입었다는 사실은 슬픔이 과해 조화를 해친 것(傷者 哀之過而害其和者也 : 상자 애지과이해기화자야)."이라 밝히고 있다.

어부지리

어부지리(漁父之利)를 곧이곧대로 옮기면 '어부의 이득'이다. 이는 '두 세력이 팽팽하게 버티고 맞서서 한 치의 양보 없는 상태를 비유적으로 이르는 말'이다. 그러므로 '서로 맞서 양보 없이 으르렁대며 대치하는 상황'인 까닭에 한동안 그런 상태를 유지하다가 끝끝내 제삼자에게 이익을 빼앗길 수밖에 없는 상황을 맞게 마련이다. 이 말에 내재된 사연과 만남이다.

어부지리는 《전국책(戰國策)*》 〈연책(燕策)〉에서 연(燕)나라 세객(說客)* 소대(蘇代)와 조(趙)나라 혜문왕(惠文王)과의 대화에서 비롯된 말이다. 동의어로 방휼지쟁(蚌鷸之爭), 견토지쟁(犬兔之爭)이 있다. 한편 유의어로서 어인지공(漁人之功), 어인득리(漁人得利), 전부지공(田夫之功), 어옹지리(漁翁之利), 어인지리(漁人之利) 등이 있다.

중국 전국시대(戰國時代)의 일이다. 연나라가 심한 흉년으로 곤경에 처하자 그 틈을 타서 조나라가 침공하려고 준비했다. 이

첩보를 탐지한 연나라 소왕(昭王)이 유명한 사상가이자 세객인 소대에게 조나라 혜문왕에게 가서 침공을 포기하도록 설득해 달라며 특사로 파견했다. 나라의 명운을 좌우할 막중한 사명을 띠고 혜문왕과 독대했던 소대가 침공 계획을 취소함이 타당하다는 논리를 '조개(蚌)와 도요새(鷸)의 다툼과 어부(漁夫)'의 기막힌 관계에 빗대서 논리를 전개하여 일거에 난제를 척결하는 걸출한 달변가다운 모습이 돋보였다.

제가 오늘 성상(聖上)을 알현하기 위해 오던 길에 역수(易水)에서 매우 흥미로운 현장을 목격했는데요. "조개(蚌)가 물가에서 입을 벌리고 평화롭게 햇볕을 쬐고 있을 때 도요새(鷸)라는 놈이 살금살금 다가와서 조갯살을 쪼아 먹으려고 설쳤습니다. 그러자 조개는 황급히 입을 다물어 도요새 부리를 물었습니다."

여기까지는 일상적으로 발생할 수 있는 상황이었습니다. 하지만 그 다음에 둘의 감정적 대립이 심각한 문제를 야기시켰지요. 먼저 도요새가 "오늘과 내일 비가 내리지 않으면 너는 꼼짝없이 말라 죽을 것."이라고 협박했다. 이 말을 조개가 맞받아치며 "오늘부터 내일까지 내가 입을 벌려주지 않으면 너는 굶어 죽고 말 것이다."라고. 그렇게

/ '둘은 한 치의 양보도 없이 감정싸움을 하며 끙끙대다가(兩者不肯相舍 : 양자불긍상사)' 끝끝내 '지나가던 어부(漁夫)에게 그들 둘이 한꺼번에 잡혔다(漁者得而幷禽之 : 어자득이병금지)' /

결국 "참혹한 결말로 막이 내렸답니다."라고 말했다. 이는 조개와 도요새가 맞서 으르렁 왈왈대며 대치하다가 제삼자인 어부만 횡재했다는 사실을 상기할 필요가 있는 교훈이지요.

여기까지 말을 마친 소대가 잠시 뜸을 들였다가 머리를 조아리고 목소리를 가다듬으며 황공한 듯 이렇게 진언했다. 성상께서 지금 연나라를 침공하려 하시는데 연나라가 조개(蚌), 조나라가 도요새(鷸) 처지가 되어 오랫동안 밀고 당기며 국력을 낭비하다가 자칫하면 호시탐탐 기회를 노리며 천하를 제패하려는 야망을 불태우는 진(秦)나라가 이런 이(利)를 취하지 않을까 저의기 염려되옵니다.

/ 신(臣)은 강한 진(秦)나라가 어부(漁夫)가 되지 않을까 두렵습니다(臣恐強秦之爲漁夫也 : 신공강진지위어부야) /

위와 같은 맥락에서 성상께서 깊이 통찰하시어 최종적인 용단을 내려주시기를 간원한다는 당부를 드리며 말을 마쳤다. 충정 어린 소대의 말을 조용히 경청하고 깊은 생각에 잠겼던 현군(賢君) 혜문왕이 자세를 바로 하고 단호한 어조로 말했다. "경의 말을 들으니 구구절절이 옳은 지적이오. 그래서 나는 이쯤에서 연나라 정벌계획을 흔쾌히 접기로 하겠소."라고 천명했다.

우리는 공생공존을 구두선처럼 입으로 얘기하면서도 크고 작은 다툼이나 이(利)가 내재된 문제에 봉착하면 실익도 없이 첨예하게 대치하다가 엉뚱한 사람 좋은 일시키는 경우가 숱한 현실이다. 어디 그뿐이랴. 사사로운 탐욕을 위해 남을 해치거나 속이는 것으로 성이 차지 않아 위협도 불사하는 무리가 적지 않다. 이런 현상은 많이 배우거나 가진 기득권층이 더 심한 현실을 어떻게 이해하고 받아들여야 할지 무척 곤혹스럽다. 그래도 개인이나 공공을 막론하고 실익이 없는 감정싸움에 지나지 않은 첨예한 대립으로 엉뚱한 사람을 이롭게 하고 자신이 피폐해지는 짓으로부터 자유로운 삶은 결코 여반장(如反掌)처럼 쉽지 않은 것 같다.

=====

* 전국책(戰國策) : 중국 한(漢)나라의 유향(劉向)이 전국시대(戰國時代)에 종횡가(縱橫家)가 제후(諸侯)에게 논한 책략을 나라별로 모아 엮은 책이다. 주(周)나라의 안왕(安王)에서 진(秦)나라의 시황제(始皇齊)까지 250년 동안의 소진(蘇秦), 장의(張儀) 등의 변설(辯說)과 책략을 동주(東周), 서주(西周), 진(秦) 등 12개국으로 나누어서 엮었다. 모두 33권으로 되어있다.
* 세객(說客) : 자기의 의견 또는 자기 소속 정당의 주장을 선전하며 돌아다니는 사람.

양두구육

 사노라면 겉과 속이 판이하게 다른 황당한 경우를 생각보다 많이 경험한다. 그 이면에는 사사로운 이(利)를 위해 사람의 도리를 저버린 채 이해할 수 없는 행동을 거리낌 없이 하기도 한다. 그런가 하면 진실이나 원칙에 반하는 거짓이나 언사로 남을 기만하는 경우가 숱하게 많다. 이런 황당한 상황을 적의하게 표현하는 말 중의 하나가 양두구육(羊頭狗肉)이 아닐까.
 양두구육은 양 머리와 개고기라는 의미로서 현실적으로는 '양의 머리를 걸어 놓고 개고기를 판다.'는 뜻으로 사용되고 있다. 따라서 '겉으로는 그럴듯한데 속은 그렇지 못함'이나 '말과 행동이 같지 않음'으로 해석되고 있기 때문에 결국은 '겉과 속이 다른 현상을 묘사하는데' 사용되고 있다. 한편 유의어로는 권상요목(勸上搖木), 양질호피(羊質虎皮), 구밀복검(口蜜腹劍), 표리부동(表裏不同), 면종복배(面從腹背), 소리장도(笑裏藏刀), 소중유검(笑中有劍), 명불부실(明不副實), 양봉음위(陽奉陰違)

등이 있다.

그 유래는《안자춘추(晏子春秋)*》〈내편(內篇)〉의 〈잡편(雜篇)〉에서 중국 춘추시대 제(齊)나라 재상(宰相)인 안영(晏嬰 : 존칭으로 안평중(晏平仲) 혹은 안자(晏子)로 호칭됨)이 영공(靈公)과 나누던 대화에서 비롯되었다.

예나 지금이나 덜떨어진 위인들이 첩(妾)의 치마폭에 쌓이면 자연의 이치나 인류 도덕을 제대로 헤아리지 못했던 가 보다. 춘추시대 제나라 영공은 한 나라를 다스리던 황제임에도 애첩에 대한 일이라면 무조건 헤헤거려 큰 문제가 야기되었다. 영공에게 애첩 융자(戎子)가 있었는데 이상 성격 소유자이었던지 평소에 툭하면 남장(男裝)하고 아양을 떨었다. 그 짓을 꾸짖거나 내치지 않고 왕은 오히려 즐거워했던 것 같다.

구중궁궐의 높은 담을 넘어 '왕이 남장한 여자를 좋아한다.'라는 소문이 봄철 들불 번지듯 온 나라에 퍼졌다. 그러자 젊고 반반한 여인들과 처녀들이 앞을 다퉈 남장하는 풍조가 유행하기 시작했다. 걷잡을 수 없는 남장 열풍 현상이 도를 넘자 임금은 마침내 여자의 남장 금지령을 강력하게 내렸다. "여자가 남장한 경우를 발견하면 이유 여하를 막론하고 옷을 찢고 허리끈을 잘라 버리라."라는 칙명을 내려 엄하게 단속도록 했다. 그렇게 단속을 펼치는데도 되레 더 기승을 부려 심각한 지경에 이르러 고민하던 왕은 마침내 명재상인 안영에게 그 이유를 알 수 없다면서 앞으로의 대책을 어찌해야 좋을지 물었다.

영공의 물음에 안영은 거리낌 없이 말했다. "성상(聖上)께는

궁궐 안에서는 그것을 허락하시고(첩인 융자에게) 궁 밖에서는 금지하라고 엄명을 내리시니 이는 다음과 같은 이치가 아니겠습니까?"라고 아뢰었다.

/ 문에는 소의 머리를 달아 놓고(猶縣牛首于門 : 유현우수우문) /
안에서는 말고기를 파는 것과 다를 바 없나이다(而賣馬肉于內也 : 이매마육우내야) /

라고 말하며 "궁밖에는 남장을 금하라 명령을 내리시면서도 어찌하여 궁 안에는 금지령을 내리지 않은 것인지요?"라고 따지듯 여쭸다. 그리고 "만일 궁 안에서도 단속시키시면 궁 밖의 백성들도 자연스럽게 따를 것으로 사료되오니 통촉하소서."라고 직언했다. 심각한 표정으로 잠자코 듣고 있던 영공이 한참 동안 생각에 잠겼다가 무겁게 입을 열었다. "공의 말을 듣고 많은 생각을 했는데 내가 옳지 못했소. 하오니 당장 궁 안에서도 금지시키겠소."라며 명을 내렸다. 그 소식이 궁 밖으로 전해지면서 여자들의 남장 열풍은 거짓말처럼 자취를 감추더니 한 달쯤 지나자 완전히 사라졌다고 한다.

위의 원문을 보면 당시에는 오늘날과 달리 양(羊) 대신에 소(牛)로, 개(狗) 대신 말(馬)로 표기되었다. 그런데 오늘날처럼 양머리(羊頭)와 개고기(狗肉)의 고사(故事)로 바뀐 것은 그 이후의 일이다. 다시 말하면 송(宋)나라 시절《영은보제(靈隱普濟)》의 〈오등회원(五燈會元)*〉에서 언급한 구절(句節)의 다음과 같은 내용부터라고 알려졌다.

/ 양머리를 걸어 놓고 개고기를 판다(縣羊頭賣狗肉 : 현양두매구육) /

물질이 모든 걸 우선하는 세태의 영향일까. 개인의 이(利)나 욕심 앞에서는 하늘의 섭리나 인륜이 설 자리가 없는 각박한 현실이다. 이런 때문에 앞뒤가 다르거나 거짓이 만연해 어지러울지라도 나를 잃는 어리석음에서 자유로울 길을 묻는다. 아무리 벼랑 끝으로 몰리는 곤경에 처해도 쉬 무너지지 않고 싶은 마지막 자존심을 위해서 말이다.

=====

* 안자춘추(晏子春秋) : 중국 춘추시대 제(齊)나라 안영(晏嬰)의 언행을 기록한 책이다. 안영의 자찬(自撰)이라고 전해지지만, 후세 사람의 편찬으로 보이며, 유가(儒家)와 묵가(墨家)의 사상을 절충하여 절검주의(節儉主義)를 설명하였다.
* 오등회원(五燈會元) : 남송 대(南宋代) 선승(禪僧)인 영은보제(靈隱普濟)가 기존의 《불조(佛祖)》《전등록(傳燈錄)》따위를 정리하여 재편집한 책자이다.

연목구어

왜였을까. 중학교 2학년 때까지는 연목구어(緣木求魚)를 잘 못 기억하고 있었다. 지금 추측건대 인연 연(緣)을 푸를 록(綠)으로 오해했던 때문이지 싶다. 어찌 되었든 처음엔 녹목구어(綠木求魚)로 틀리게 알고 있다가 3학년 때 한문 시간에 고사성어를 배우는 시간에 틀리게 알고 있다는 사실을 깨달았다. 이처럼 부끄러운 저간의 사연이 숨겨졌던 인연 때문일까. 어느 사자성어나 고사성어보다 각별하게 각인되었음에도 소 닭 보듯이 지내다가 그로부터 예순 해도 훌쩍 넘긴 지금 새롭게 그 말의 생성에 담긴 사연을 짚어 보려 한다.

본디 연목구어는 '나무에 올라가서 물고기를 구한다.'라는 뜻으로 '도저히 불가능한 일을 하려함'을 의미하므로 요즈음엔 '수단과 목적이 부합하지 않는 일'에 비유하는 말로 사용되고 있다. 한편 이의 유의어로는 상산구어(上山求魚), 건목수생(乾木水生), 지초북행(之楚北行), 사어지천(射魚指天), 육지행선(陸地

行船), 추주어륙(推舟於陸), 여호모피(與虎謀皮), 전수작빙(煎水作冰), 여양모육(與羊謨肉) 등 다양하다.

연목구어라는 말은 《맹자(孟子)》의 〈양혜왕장구상편(梁惠王章句上篇)〉에서 "무력이나 강력한 법으로 공리를 꾀하는 정치"인 패도정치(覇道政治)의 야욕에 불타는 제(齊)나라 선왕(宣王)과 "불인지심(不忍之心)*으로 다스려야 한다는 인의정치(人義政治)" 즉 왕도정치(王道政治) 주창자인 맹자가 만나 치세(治世)에 대한 담론을 나누던 자리에서 생겨났다는 기록이다.

당시 주변 여러 나라를 돌면서 왕도정치를 주창하던 맹자가 어느 날 제나라 선왕과 대좌하여 정치 철학에 관련해 대화를 나누던 자리였다. 맹자는 단도직입적으로 패도정치 신봉자였던 선왕에게 물었다. 임금께서는 의식주를 비롯해서 모든 게 부족함이 없어 보이는데 "군사를 일으켜 병사와 신하를 괴롭게 만들고 주위의 모든 나라와 척을 지는 연유가 무엇이냐."고 힐책하듯 따졌다. 선왕이 답했다. "지금 나라의 사정이 의식주를 비롯해 자질구레한 민생문제나 외침의 위협 때문에 그러는 게 아니랍니다. 오로지 장차 천하를 얻으려는 내 꿈과 큰 위업을 이룩하기 위한 불가피한 정책이지요."라고 했다. 이상과 같은 취지의 문답이 오고 간 뒤에 선왕의 숨겨진 속내를 매구같이 꿰뚫었던 맹자가 툭 던진 말이다.

맹자는 짐짓 제왕에 대한 예를 갖추듯이 곧추앉으며 외람되지만, 성상의 뜻을 어렴풋이 알 것 같습니다. 감히 말씀드리건대 "제왕께서는 필시 국토를 넓히고 주위의 여러 나라(진나라나 초나라 등) 제왕들의 알현을 받으며 세상의 중심에서 패권을 쟁취하여 우뚝 군림하는 제왕 중의 제왕을 꿈꾸는 것으로 사료되옵니다."라고 일갈했다. 그리고 다음 말을 이어갔다.

/ 이런 행동(무력을 동원해)으로(以若所爲 : 이약소위) / 이런 소원(패권 쟁취)을 구한다면(求若所欲 : 구약소욕) / 나무 위에 올라가서 물고기를 구하는 것과 같습니다(猶緣木而求魚也 : 유연목이구어야) /

숨겨진 본심을 드러내지 않고 잔뜩 경계하던 왕이 맹자의 말에 긍정적인 반응을 보이기 시작하며 조심스럽게 물었다. 무력으로 천하를 통일하려는 계획이 그리도 나쁜 책략이냐고 말이다. 왕의 물음에 맹자가 조용히 하지만 단호하게 답했다.

/ 나무 위에 올라가 물고기를 구한다면(緣木求魚 : 연목구어) / 비록 물고기를 얻지 못해도(雖不得魚 : 수부득어) / 뒤에는 별 재앙이 없습니다(無後災 : 무후재) /

만약에 무력을 동원하여 천하를 제패하려는 소원을 성취하고 나서 온갖 정성을 다해서 선정을 베풀지라도 훗날 반드시 재앙이 따르게 마련인 게 세상 이치라고 알고 있습니다. 하오니 잘 살피시기 바랍니다. 이상의 맹자와 선왕의 대담 중에서 맹자가 입에 올렸던 말 중에 연목구어(緣木求魚)가 등장하면서 세상에 널리 퍼졌다.

우리는 이따금 부질없는 집착이나 터무니없는 방법으로 원하는 바를 이루려는 무모한 시도를 하는 경우가 더러 있다. 이처럼 무엇인가를 이룩하기 위해 잘못된 절차나 방법 때문에 결과적으로 쏟았던 정성이나 노력이 쓸데없어지거나 비효율적인 경우에 사용한다. 다시 말하면 부적합한 전략이나 접근법으로 인해 목표달성이 어려운 부정적인 상황을 지칭할 때 연목구어가 안성맞춤이다.

=====

* 불인지심(不忍之心) : 차마 하지 못하는 마음. 다시 말하면 남의 불행을 차마 보지 못하는 마음을 뜻한다.

V. 절차탁마

오매불망

와신상담

우공이산

위편삼절

읍참마속

이란투석

자가당착

장삼이사

절차탁마

절치부심

정저지와

조변석개

좌고우면

증삼살인

오매불망

 오매불망(寤寐不忘)을 곧이곧대로 풀이하면 '자나 깨나 잊을 수 없다.'이다. 이를 요즈음 대중가요 가사의 표현으로 바꾸면 "앉으나 서나 당신 생각"이 안성맞춤이지 싶다. 또한 옛날이라면 조선 시대 이조년(李兆年)의 '이화(梨花)에 월백(月白)하고'라는 시조에서 '다정(多情)도 병(病)인 양하여 잠 못 들어 하노라.'라고 하는 상황에 해당되지 않았을까. 그러므로 '지독하게 사모하는 연인을 잊을 수 없어 잠 못 들거나', '누워서 이리저리 뒤척이며 잠을 못 이루는' 전전반측(輾轉反側)의 상태를 의미하는 말인 셈이다.

 원래 오매불망은 중국 《시경(詩經)》의 〈국풍편(國風篇)〉 첫머리에 관관저구(關關雎鳩)*로 시작되는 시(詩)의 구절(句節)에 나오는 내용에서 유래했다. 이 시는 중국 고대의 성인(聖人) 중 하나로 명망이 매우 높은 상(商)나라 말기 주(周) 씨족의 수령이었던 주문왕(周文王 : 기원전 1152~1056년)과 그의 아내

태사(太姒)를 기리는 내용이라는 설도 전해지지만 정설은 아니다. 시의 내용을 차례대로 따르며 오매불망이 어떤 배경을 묘사하는 과정에서 탄생 되었는지 유추해 본다.

시의 도입 부분 4행의 분위기가 다음과 같이 묘사되었다. 강물이 유유히 흐르는 조용한 강변의 숲속을 한가롭게 오가며 "꾸욱~ 꾸욱~('關關'이라고 울었다고 묘사됨)" 소리를 내는 물수리는 무척 한가롭고 아름답게 투영되었던가 보다. 날렵하고 고고한 기품과 아름다운 물새(물수리)의 자태가 요조숙녀의 또 다른 모습으로서 환상적이고 고혹적으로 느껴졌던 분위기이다. 결국 이 시에서는 물새를 요조숙녀에 빗대서 노래하고 있다. 그런 분위기를 가득 담은 시의 내용이다.

/ 들쭉날쭉(參差) 마름풀(荇菜)(參差荇菜 : 참차행채) / 여기저기(左右) 찾는다(左右流之 : 좌우유지) / 단아한(아름다운) 여인(아가씨)(窈窕淑女 : 요조숙녀) / 자나 깨나(寤寐) 찾네(求)(寤寐求之 : 오매구지) / 찾아도 찾을 수 없어(求之不得 : 구지불득) / 자나 깨나 그 생각 뿐(寤寐思服 : 오매사복) / 끝이 없는 이 마음(悠哉悠哉 : 유재유재) / 이리저리 뒤척이네(輾轉反側 : 전전반측) /

위 내용에서 오매불망이라는 말이 생겨났다. 전전반측과 이어지면서 절절하게 연모하는 사람이 그리워 날밤을 지새우며 뒤척이는 상황 묘사에 최고의 어휘로 자리 잡았다. 위에서 오매(寤寐)는 '자나 깨나'의 뜻이고, 유(悠)는 '연모의 마음이 끝

V. 절차탁마

이 없다.'라는 뜻이다. 한편 이 시의 말미에서는 단아한 여인(아름다운 아가씨)을 얻을 수 있다면 거문고를 연주(琴瑟)하고 종(鐘)과 북(鼓)을 울리면서 사랑하고 축하하겠다는 경의를 나타내는 것으로 맺고 있다.

전전반칙과 함께 비롯된 말이 전전불매(輾轉不寐)이다. 위의 시에서 요조숙녀가 그리워 뒤척이다가 도저히 잠을 이루지 못하는 상황을 나타내는 말 중의 하나를 전전불매라고 표현한 것이다. 물론 지금도 지독히 연모하는 이를 그리워하거나 근심 걱정거리 때문에 잠을 이루지 못한 경우에 이 말을 스스럼없이 사용하고 있다.

적어도 몇 천 년 전에 생겨난 오매불망이고 전전불매 혹은 전전반측이다. 그럼에도 오늘날까지 젊은이들의 절절한 사랑의 열병을 앓는 과정이나 사람들이 어려운 일을 겪으며 몇 날 며칠 밤을 뜬눈으로 지새우는 경우 툭하면 이들이 입에 회자(膾炙)되어 친숙하기 그지없다. 보통의 경우 젊은이들의 대부분은 오래된 말이나 성어는 고루하다고 멀리하려는 경향이 강한데 말이다.

=====

* 관관저구(關關雎鳩) : 여기서 '저구(雎鳩)'는 물수리를 뜻하고 '관관(關關)'은 물수리가 우는 아름다운 소리가 분명하다. 우리 식으로 표현하면 "꾸욱~ 꾸욱~" 정도를 바꿔 표현하면 어떨까 싶다.
* 저구(雎鳩) : '물수리'라는 맹금류이다. 이 물수리는 수릿과의 새로서 몸의 길이는 51~58cm이며, 등은 어두운 갈색, 머리와 배는 흰색이고 가슴에 갈색 얼룩점이 있다. 부리가 길고 갈고리 모양이며 발가락이 크고 날카롭다. 강이나 호수를 비롯하여 바다 등지에서 물고기를 잡아먹고 사는데 전 세계에 분포한다. 지난 시절 우리나라에서도 꽤 많이 자생했었다.

와신상담

　와신상담(臥薪嘗膽)을 곧이곧대로 해석하면 '땔나무(薪) 위에 누워 자고(臥薪) 쓸개를 맛본다(嘗膽).'라는 뜻이다. 이는 구원을 되갚거나 복수를 하는 것과 같은 절체절명의 목적 달성을 위해서는 어떤 난관이나 고초도 기꺼이 감수하면서 힘을 기르는 길고 험한 과정을 비유적으로 이르는 개념으로 통용되고 있다. 하지만 사람이 보통의 결기나 각오로는 언감생심의 어려운 일이다. 왜냐하면 아무리 원한과 복수심이 뼈에 사무쳐도 땔나무(薪) 위에 누워 자고 쓸개를 맛보는 극단의 방법을 취하기는 그리 쉽지 않은 비상한 결심의 표출이며 대단한 용단이기 때문이다.
　중국 전국시대(戰國時代) 장강(長江) 하류에 국경을 맞대고 있던 적대국인 오(吳)나라와 월(越)나라가 대립하던 시절에 비롯되었다. 그런데 지금은 하나의 고사성어인 와신상담으로 사용되고 있다. 원래는 전혀 다른 사람이 경험했던 와신과 상담이

V. 절차탁마　|　247

합성된 성어이다. 여기서 와신은 오나라 마지막 왕인 부차(夫差)가 선왕인 합려(闔廬)의 원수를 갚는 것을 상기하기 위해 편안한 잠자리를 마다하고 '땔나무 위에 자던 것.'을 이르는 말이다. 한편 상담은 월나라 왕인 구천(句踐)이 오나라의 부차와 전쟁에 대패하며 온갖 수모를 겪으면서 겨우 목숨을 부지했다. 그런 뒤에 복수의 칼날을 갈면서 결기를 다지기 위해 쓸개를 천장에 달아 놓고 소태처럼 쓰디쓴 쓸개 맛을 보고 또 봤던 것을 말한다. 따라서 와신과 상담을 경험한 것은 전혀 별개의 사람인데 훗날 사람들이 이들 두 말을 합성해서 사용하고 있다.

유래에 대한 출전은 사마천의 《사기(史記)》〈월세가(越世家)〉와 《십팔사략(十八史略)》이며 유의어로 절치부심(切齒腐心), 회계지치(會稽之恥), 상담(嘗膽), 발분망식(發憤忘食), 절치액완(切齒扼腕), 자강불식(自强不息), 발분망식(發憤忘食), 좌신상담(坐薪嘗膽) 따위가 있다. 《십팔사략》에 나타나는 내용의 대강이다.

오나라 6대 왕인 합려가 월나라를 공격하다 부상으로 인해 죽으며 다음 왕위를 이어받은 아들 부차에게 원수를 갚아 달라는 유언을 했다. 그 유언을 잊지 않고 지키려는 각오와 결기는 놀라울 정도로 대단하고 무서울 정도로 결연했다. 왜냐하면 군왕이 편안한 잠자리를 마다하고 '땔나무 위에서 잠을 자면서(臥薪)' 절치부심하며 결의를 다졌기 때문이다.

/ 아침저녁으로 땔나무 더미 위에 누워 자면서(朝夕臥薪中 : 조석

와신중) /

그렇게 결심을 하고 또 하며 온갖 역경을 견뎌내는가 하면 기행(奇行)에 가까울 정도로 자신을 학대하며 주도면밀하게 전쟁 준비를 했다. 게다가 오자서(伍子胥) 같은 신하의 도움을 받으면서 기회를 포착해 망설이지 않고 월나라를 몰아붙여 부초(夫椒) 지역에서 대승을 거뒀다. 철저하게 패한 월왕(越王) 구천은 패잔병들과 회계산(會稽山)에서 연명하며 투항해 부차의 신하 되기를 제안했다. 그러나 부차의 신하였던 오자서가 불가하다고 연락하는 한편 월나라가 재기하기 어렵도록 유린하며 무자비하게 짓밟아 버렸다. 그 와중에 오나라의 태재(太宰) 백비(伯嚭)는 월나라에서 뇌물을 받고 부차에게 월나라를 용서해 줄 것을 건의했으나 뜻을 이루지 못했다고 한다. 그렇게 철저하게 패퇴하면서 천 길 낭떠러지로 추락한 구천이 자기 본거지로 돌아와서 언젠가는 이 철천지원수를 반드시 되갚아 주리라고 다짐하며 '방의 천장에 쓸개(膽)를 매달아 놓고 수시로 그 쓰디쓴 맛을 보면서' 다짐하고 또 다짐했다.

/ 쓸개를 자리에 달아 놓고 눕거나 일어날 때마다(懸膽於坐臥 : 현담어좌와) / 곧바로 쓸개를 맛보며 이렇게 다짐했다(即仰膽嘗之曰 : 즉앙담상지왈) / 너는 회계의 치욕을 잊었는가(女忘會稽之恥耶 : 여망회계지치야) /

이런 마음에서 일반 국정은 대부(大夫)인 문종(文種)에게 위임해 처리하는 대신에 구천은 범려(范蠡)와 함께 오나라를 쳐부술 전략 수립과 강병책 마련에 몰두했다. 그렇게 절치부심하며 20년을 준비해서 이윽고 오나라를 세 차례 공격해 모두 대승을 거두었다. 재기 불가능할 정도로 대패한 부차는 스스로 자결하면서 오나라도 영원히 역사 속으로 사라지는 비운을 겪었다.

결국 국경을 맞대고 으르렁거리던 오월(吳越)의 전쟁에서 오왕(吳王)인 합려가 월에 대패하는 과정에서 부상을 당해 유명을 달리하며 남겼다. 그 유언을 지켜 드리기 위해 '땔나무 더미 위에서 잠을 자면서(臥薪)' 전쟁 준비를 해서 월나라 구천에게 대승을 거둬 시원하게 복수를 했다. 그렇게 오나라에게 속수무책으로 패해 멸망의 위기에 처했던 월나라의 구천이 패배의 치욕을 견뎌내고 복수하기 위해 결의를 다지기로 결심했다. 그 방안으로 '방안에 쓸개를 매달아 놓고 드나들 때마다 진저리가 쳐질 정도로 쓰디쓴 쓸개 맛을 보면서(嘗膽)' 각오를 새롭게 다지고 칼을 갈며 차근차근 전쟁을 준비해 나갔다. 자그마치 20년 동안 군사력을 키우고 전술 전략을 연구하여 부차와 다시 격돌한 전쟁을 대승으로 이끌고 오나라를 파멸시켰다. 그런 때문에 공교롭게도 와신상담은 하나의 역사적 흐름에서 앞서거니 뒤서거니 생겨났다.

입때까지 살면서 남에게 큰 원수를 졌던 적이 없을 뿐 아니라 남을 그렇게 생각했던 적도 없다. 하지만 절절한 원한이나 복수가 불가피한 경우를 당했다고 가정할 때 과연 내게 그런 지독한 결기나 독기가 있을지 모르겠다. 아무리 이해하려 해도 간담이 서늘하고 살기가 도는 듯한 와신상담이란 말만 들어도 머리카락이 쭈뼛쭈뼛 곤두서고 온몸이 오싹해 으스스해진다.

우공이산

　우공이산(愚公移山)을 직역하면 '우공(愚公 : 어리석은 사람)이 산을 옮긴다.'라는 뜻이다. 그렇다고 '모자라는 사람이 바보처럼 산을 옮기려는 어리석은 짓을 한다.'라는 것을 지칭하는 조롱이 절대로 아니다. 원래 지니고 있는 참뜻은 '열성을 다해 진솔하게 꾸준히 노력하면 끝내 무엇이든 이룰 수 있다.'라는 긍정적인 의미로서 달리 말하면 '남들에게 어리석어 보일지라도 열성을 다해 일로매진하면 끝끝내 이룰 수 있다.'라는 교훈을 함축하고 있다. 이 성어가 생겨난 유래와 생성 배경과 만남이다.

　유래의 요약이다. "우직한 사람으로 알려진 우공(愚公)의 집 앞을 가로막고 있는 두 개의 산을 옮기려는 작업을 시작하려 할 때 도저히 불가능할 뿐 아니라 무모한 도전을 안타깝게 생각하던 지인이 적극적으로 만류했다. 하지만 우공은 자기의 뜻을 못 이루면 자자손손 이어서 계속하다 보면 언젠가는 이룩할 것이라는 신념을 굽히지 않고 강력하게 추진해 나갔다. 그런 우공의 신념에 감동한 천제(天帝)가 천계(天界)의 거인족인 과아씨(夸娥氏)의 두 아들에게 각각 하나의 산을 짊어지고 옮기도록 명하여 다른 곳으로 옮겨주었다. 그리하여 우공의 집 앞을 가로막고 있는 두 개의 산이 옮겨졌다. 어찌 되었든 결과적으로 우공이 원하는 대로 산을 옮긴 결과를 가져왔다."

유의어는 무척 많은데 그중에 마부작침(磨斧作針), 적수성연(積水成淵), 십벌지목(十伐之木), 수적천석(水滴穿石), 적진성산(積塵成山), 산류천석(山溜穿石), 적소성대(積小成大), 진합태산(塵合泰山), 철저성침(鐵杵成針) 따위를 들 수 있겠다. 우공이산이 나오는 출전(出典)은 《열자(列子)*》의 〈탕문편(湯問篇)〉으로 그 줄거리 요약이다.

그 옛날 중국 기주(冀州)와 하양(河陽) 중간 북산(北山)에 90세 가까운 우공이 살았다. 그의 집 앞에는 거대한 태형산(太形山)과 왕옥산(王屋山)이 가로막고 있어 밖으로 출타하려면 멀리 돌아다니는 것이 대단히 불편했다. 그래서 가족들과 협의 끝에 예주(豫州)의 남쪽과 한수(漢水) 끝으로 통하는 평지를 만들자는 합의를 봤다. 그 결정의 성공 가능성이 전혀 없어 보여 그의 아내가 공사 중에 나올 어마어마한 흙과 돌을 어디에 버리려는지 걱정이 된다는 평계를 대며 반대했다. 그랬더니 발해(渤海)의 끝과 은토(隱土)의 북쪽에 버리면 된다고 자신하여 더 이상 반대를 못한 채 묵묵히 내조하기로 했다.

우공과 아들 그리고 손자가 모두 나서 열심히 일하는 모습을 지켜보던 이웃의 경성씨(京城氏)라는 과수댁(寡守宅)과 그의 어린 아들도 동참했다. 그들이 흙과 돌을 파서 등에 지거나 머리에 이고 발해에 가져다 버리고 돌아오는데 거의 1년이 걸렸다. 이런 황당한 현실을 옆에서 지켜보던 지인인 하곡(河曲)의 지수(智叟)라는 사람이 간곡하게 중단할 것을 조언했다. 그랬더니 우공은 당신의 생각이 고루하여 과수댁이나 그의 어린 아들도 따라가지 못한다고 성토하면서 내가 뜻을 이루지 못하고 죽으면 자자손손 이어지는 후손들이* 계속 진행한다면 반드시 뜻을 이룰 터인데 무슨 걱정이냐고 했다. 이에 더 이상 조언할 말이 궁색해진 지수는 물러서서 구경꾼 노릇을 하며 추이를 주목하고 있었다.

 / 조사(操蛇)의 신이 (우공과 지수의 얘기)를 듣고 있다가(操蛇之神聞之 : 조사지신문지) / 중간이 그만두지 않을 것 같다는 걱정이 되어(懼其不已也 : 구기불이야) / 천제(天帝)에게 그 사실을 알렸다(告之於帝 : 고지어제) / 천제는 그(우공의) 진정성에 감동하여(帝感其誠 : 제감기성) / (천계(天界)에서 거인족(巨人族)인) 과아씨(夸蛾氏)의 두 아들에게 두 개의 산을 짊어지라고 명하고(命夸蛾氏二子負二山 : 명과아씨이자부이산) / (그중에) 하나는 삭동(朔東)(一厝朔東 : 일조삭동)에 / (나머지) 하나는 옹남(雍南)(一厝雍南 : 일조옹남)에 (내려놓으라고) 명했다 / 그 이후에는 기주(冀州)의 남쪽과 한수(漢水)의 뒤쪽에는(自此冀之南漢之陰 : 자차기지남한지음) / 언덕이 없어졌다(無隴斷焉 : 무롱단언) /

비록 우공이 직접 산을 옮긴 것은 아닐지라도 우직한 우공의 진정성에 감동해 천제가 태형산과 왕옥산을 옮겨줘 결국은 뜻을 이룬 것이다. 이처럼 어리석다고 할 정도로 온갖 열정을 다해 일을 추진하면 불가능한 일도 이룰 수 있다는 교훈을 준 고사(故事)에서 우공이산이라는 성어가 생겨났다.

언제부터이었을까? 우공이산하면 연상되어 떠오르는 우리 시조가 있다. 조선의 명종과 선조 때 벼슬을 했던 문신(文臣) 양사언(楊士彦)의 태산가(泰山歌)가 그것이다.

/ 태산이 높다하되 하늘 아래 뫼이로다(泰山雖高是亦山 : 태산수고시역산) / 오르고 또 오르면 못 오를리 없건마는(登登不己有何難 : 등등불이유하난) / 사람이 제 아니 오르고(世人不肯勞身力 : 세인부긍노신력) / 뫼만 높다 하더라(只道山高不可攀 : 지도산고불가반) /

우공이산과 태산가에 서로 오버랩(overlap)되는 느낌과 면면에 흐르는 철학이나 가치관이 기가 막힐 정도로 같은 색깔과 절묘한 맛을 풍기지 않는가?

=====

* 열자(列子) : 중국 도가(道家) 경전 중의 하나이다. 전국시대의 도가였던 (열자(列子)와 그의 제자가 썼다고 알려졌다. 하지만 현재 전해지고 있는 8편은 진(晉)나라 장담(張湛)이 쓴 것이다.
* 후손에 대한 명칭이다. 자기 다음 대(代)인 아들 즉 자(子)부터 그 아랫대로 내려가면서 호칭을 다음과 같이 한다. 자(子) ⇨ 손(孫) ⇨ 증손(曾孫) ⇨ 현손(玄孫 혹은 고손(高孫) ⇨ 내손(來孫) ⇨ 곤손(昆孫 : 6代孫) ⇨ 잉손(仍孫) ⇨ 운손(雲孫) ⇨ 후손(後孫)으로 호칭한다.

V. 절차탁마 | 255

위편삼절

공자(孔子)가 《주역(周易)》에 심취하며 발생한 위편삼절(韋編三絶) 얘기다. 말년에 공자가 얼마나 《주역》에 빠져들어 열심히 읽고 또 읽었던지 '죽간(책)을 꿰고 있던 즉 엮었던(編) 가죽끈(韋)이 세 차례나 끊어졌던(三絶) 일화'에서 생겨난 고사성어이다.

공자가 살던 전국시대(戰國時代)에는 종이가 없었다. 그래서 대나무 조각에 글자를 써넣고 그 조각을 가죽끈으로 묶은(펜) 죽간(竹簡)이 책 역할을 했었다. 그래서 하나하나 대나무 조각의 한쪽 끝부분에 구멍을 뚫어 가죽끈으로 묶어서 책을 넘기듯이 일일이 넘기며 읽었던 것 같다. 예나 지금이나 가죽끈은 매우 질겨서 여간해서 끊어지는 법이 없다. 그런 가죽끈이 세 차례나 끊어질 정도라면 아마도 수 천 번쯤 되풀이해서 읽었지 싶다.

사마천(司馬遷)이 펴낸 《사기(史記)》의 〈공자세가(孔子世家)〉에 위편삼절이 다음과 같이 나타난다고 한다.

"공자가 만년(晚年)에 역(易)에 심취하여(孔子晚而喜易 : 공자만이희역) / …… / 책(죽간)을 묶었던 가죽끈이 세 차례 끊어졌다 (韋編三絶 : 위편삼절) /

여기서 한 가지 의문이 남는다. 왜냐하면 점술 같은 미신(迷信) 서적을 공자가 공부했다는 사실을 지적하는 얘기다. 그 당시 중국에서는 종교와 철학을 비롯해서 주술과 과학의 경계가 불분명했던 데다가 《주역》은 그 당시의 세계관을 담은 철학서이기도 했기 때문에 아무런 문제가 없다는 주장이다.

위편삼절하면 연관되어 떠오르는 인물이 정약용(丁若鏞)이다. 주지하는 바와 19년 동안 유배 생활을 하면서 어찌도 그리 혁혁한 학문적 성과를 거두셨는지 믿기지 않는다. 그가 매일 방바닥에 앉아서 책을 읽고 집필하는 과정에서 자리에 발목의 복숭아뼈(踝骨) 피부가 세 번이나 벗겼다는 과골삼천(踝骨三穿)의 얘기엔 평생 책을 가까이했던 사람으로서 존경의 마음을 금할 길 없다. 공자가 얼마나 책을 여러 번 읽었으면 가죽으로 만든 책 끈이 세 차례나 끊어지고, 정약용이 얼마나 같은 자리에 앉아 학문에 몰두했으면 복숭아뼈인 과골(踝骨)의 피부가 세 차례나 벗겨졌을까. 평생 동안 학문하는 동네에 머물렀던 후학으로서 두 분을 존경하지 않을 수 없다.

공부를 하겠다며 보낸 학창 시절을 손꼽아 헤아렸더니 초중고교를 비롯해 대학과 대학원 석사 및 박사과정까지 모두 합하면 자그마치 21년이었다. 그동안 대부분의 세월 공부를 하는 척

V. 절차탁마

흉내를 내면서 체면치레를 할 만큼만 노력하면서 적당히 시간을 보냈지 싶다. 학문을 한다면서도 '상투를 대들보에 매달고 허벅지를 송곳으로 찌르면서 졸음을 이겨내고 학업에 진력'하는 현두자고(懸頭刺股)·자고현량(刺股懸梁)·현량자고(懸梁刺股)에 이르렀던 적이 없었다. 한편, 이 고사성어는 사마천의《사기(史記)》〈소진열전(蘇秦列傳)〉이나《전국책(戰國策)》을 비롯해《태평어람(太平御覽)》등에 나온다는 전언이다. 또한 '잠이 오면 송곳으로 허벅지를 찔러 잠을 깨며 애써 공부'하던 자고고학(刺股苦學)의 자세로 무장했던 적도 아예 없다. 돌이켜 생각하니 친구들과 견줘서 크게 뒤지지 않고 어깨를 나란히 할 수 있는 수준이 되면 만족했던 게 숨겨진 진면목이지 싶다.

  언제 어디서 누가를 막론하고 최선을 다해 도전에 또 도전하는 모습은 아름답고 존경스럽다. 일단 시작한 일은 어떤 어려움이나 역경에 처해도 굳건한 자세로 끝을 볼 때까지 최선을 다해 도전하는 정신이 위편삼절의 정신과 일맥상통한다고 하겠다. 그런데 일반적으로 한두 번 도전했다가 뜻을 이루지 못하면 중도에 포기하는 경우가 생각보다 숱하다. 누군가가 '천재의 1%는 영감이고, 99%는 노력이다.'라고 일갈했다. 우리가 부러워하는 천재가 이루는 모든 것이 99%가 노력의 결실이라는데 보통 사람의 경우는 하물며 말해 무엇하리오. 한편 신라 시대 최고의 천재로 회자되는 최치원이 12살에 당(唐)나라로 유학길에 오를 때 그의 아버지가 10년 내에 과거급제(科擧及第)를 못하면 부자의 연을 끊겠다며 써주었다는 글귀가 인백기천(人百己千)이다. 이는 '다른 사람이 백 번 노력하면 나는 천 번을 노력한다.' 라는 의미이다. 까마득한 오래 전의 글귀지만 오늘을 사는 우리도 곰곰이 곱씹어 봐야 할 화두로 또 다른 형태의 위편삼절 정신이 아닐까.

읍참마속

대의멸친(大義滅親)이나 선공후사(先公後私)의 정신 구현이 그리 쉬운 게 아니다. 흔히들 절체절명의 위기일수록 법과 원칙의 지엄함을 바로 세워 기강을 바로잡기 위해 측근이나 충직한 부하를 내치는 단호한 결기가 필요하다고 조언한다. 하지만 그런 순간에 고통을 감수하며 매섭고 단호한 결정을 하는 데는 많은 인간적 고뇌와 갈등이 따르기 때문에 번민을 거듭하게 마련이다. 이와 같은 유형의 어려움을 대변하는 말이 읍참마속(泣斬馬謖)이지 싶다.

원래 읍참마속은 '울면서(泣) 마속(馬謖)을 벤다(斬).'라는 뜻으로 '대의(大義)를 위해서 사감(私感)을 버리고 법이나 원칙의 기강을 바로 세운다.'라는 의미로 통용된다. 따라서 '나라나 조직의 내일을 도모하기 위하여 추상같은 원리원칙에 따라 과감하게 버리거나 내치는 경우'도 포함된다. 이의 동의어로 휘루참마속(揮淚斬馬謖)이 있다. 그리고 유의어로서 이일경백(以一

警百), 일벌백계(一罰百戒), 징일여백(懲一勵百) 따위가 있다. 이의 유래는 정사(正史)《삼국지 촉서(蜀書)》인〈마량전(馬良傳)〉또는〈제갈량전(諸葛亮傳)〉을 비롯하여 소설인《삼국지연의(三國志演義)》에 나타나는데 전문가들에 따르면 서로 조금씩 다르다. 여기서《삼국지연의》중심으로 살피기로 한다.

유비(劉備)가 생존해 있었을 때 제갈량에게 마속에 대해 이런 조언을 했던 모양이다. "마속은 말(言)이 실제보다 지나치기 때문에 크게 쓰지 말라."고. 하지만 제갈량은 그 말을 대수롭지 않게 여기고 이전과 같이 전폭적으로 신뢰를 해왔던 것 같다.

세월이 지나 유비가 유명을 달리했을 때 제갈량은 유비의 아들인 유선(劉禪)에게 출사표(出師表)*를 바치고 위(魏)나라를 침공하기 위해 제1차 북벌(北伐)을 떠났다. 그 출정에서 제갈량은 마속에게 가장 중요한 거점인 가정(街亭)지역의 사령관으로 임명하여 그 지역의 방어 임무를 맡겼다. 그러면서 산기슭에 진지를 구축하라는 지령을 내리고 자신은 부대를 이끌고 계속 진군했다.

마속은 제갈량이 명령했던 산기슭이 아닌 엉뚱한 산꼭대기에 진을 치고서 적을 기다렸다. 산꼭대기 즉 정상엔 식수원(食水源)이 없음을 정확하게 간파한 위(魏)의 장수 장합(張郃)은 마속의 부대를 포위만 하고 몇 날 며칠 동안 움직이지 않았다. 산꼭대기 진지에서 버티던 마속의 군사들은 식수가 고갈되면서 더 이상 버티지 못하고 탈출을 시도하다가 결국 참담한 피해를 자초했다. 이 때문에 제갈량은 계속 전쟁을 하고 싶어도 가장 요충

V. 절차탁마 | 261

지이며 교두보인 가정지역과 많은 군사를 잃어 눈물을 머금고 퇴각하여 한중(漢中)으로 돌아올 수밖에 달리 방법이 없었다.

　마속이 너무나 크나큰 잘못을 범했기 때문에 단죄(斷罪)는 피할 수 없었다. 제갈량은 가장 아끼던 부하이지만 나라의 기강을 제대로 확립하기 위해서는 누구를 막론하고 법 앞에서는 공평하고 엄중함을 보이기 위해 원칙대로 참수하지 않을 수 없었다. 그렇지만 인간적인 고뇌가 따라 참수할 마속을 앞에 두고 여러 생각이 교차해 혼란스러웠다. 예를 들어 마속이 지은 죄의 막중함, 둘 사이의 인간관계, 사후에 마속의 가족 처우 문제, 나라의 기강 확립을 위한 참수의 불가피성, 참수에 대한 주위의 다양한 의견을 청취했지만, 선택의 여지가 없었다. 결국은 나라의 앞날을 위해 괴로워도 과감하게 참수하기로 했다.

　마속을 참수하고 슬피 우는 제갈량을 옆에서 잠자코 지켜보던 장수인 장완(蔣琬)의 물음에 대한 답이었다. "마속을 위해 운 것이 아니라면서 선제(先帝)께서 백제성(白帝城)에서 위기에 처했을 때 내게 조언하셨던 일이 생각나서 울었다."고 하며 이렇게 말했다. 이 말은 선제인 유비의 안목이 뛰어났음을 새삼스럽게 느끼면서 한편으로 자기는 큰일(전쟁 대패)을 겪고 이제 사겨우 깨닫는 자괴감을 자탄하는 통곡이었을 것이다.

/ 마속은 말(言)이 실제보다 지나치니 크게 쓰지 말라고 하셨다오
(馬謖言過其不可大用 : 마속언과기불가대용) /

그런 분위기 속에서 마속의 참수를 지켜보던 사람들은 한결같은 반응이었다.

/ 지위의 높고 낮은 장수와 병사들이 눈물(涕)을 흘리지 않는(不流) 경우가 없었다(大小將士無不流涕 : 대소장사무불류체) /

지략이 뛰어났었고 제갈량의 절대적인 신임을 받았을지라도 지엄한 군령을 어겨 패전을 자초했기에 책임을 면할 방법은 어디에도 없었다. 그로 인해 끝내 형장의 이슬로 사라져야했지만 애통함을 참아내기 더더욱 어려웠다. 게다가 마속을 자식처럼 여기던 제갈량이 법의 엄중함과 나라의 기강을 바로 세우기 위해 눈물을 흘리며 참수를 명하는 참담한 상황으로 슬픔을 몇 배 가중시켰다. 참수 자리에서 모두가 눈물을 흘렸는데 그때 마속의 나이 겨우 39세라서 더더욱 애통했다. 이 사건을 겪으면서 읍참마속이란 고사성어가 탄생했다.

원칙이나 법이 무너지면 어떤 조직이나 나라를 막론하고 정의가 바로 설 수 없으며 건강할 수 없다. 그럼에도 내남없이 내 가족이나 가까운 지인에 관련된 그런 유형의 문제가 발생하면 칼같은 기준이 물러지거나 예외를 찾으려는 이중적인 모습을 보이기 일쑤이다. 해탈이나 득도에 이른 경우가 아니라면 말이다. 선인의 경지에는 미치지 못하더라도 인품이 뛰어난 이들이라면 보통 사람들과 다를 터인데 과연 얼마나 다를까.

=====
* 출사표(出師表) : 중국 삼국시대에 촉(蜀)나라의 재상 제갈량이 출병하면서 뒤를 이를 왕에게 적어 올린 글이다. 우국(憂國)의 내용이 담긴 명문장으로 유명하다.

이란투석

　불가능에 가까운 무모한 시도 얘기다. 간절해도 성공은 기적에 필적할 몇 가지 경우이다. 달려오는 수레에 맞서겠다고 길 한복판에 떡 버티고 있는 사마귀 즉 당랑거철(螳螂拒轍)의 상태는 가상하다고 할지 모르지만, 천지개벽하기 전에는 뜻을 이루기 어렵다. 한편 의료사고나 자동차 급발진 사고를 피해자에게 증명하라면 황소가 바늘구멍으로 빠져나갈 확률보다도 힘들지 싶다. 또한 개와 호랑이 혹은 쥐와 고양이가 맞설 경우 개나 쥐가 이길 확률은 어디에도 없다는 게 정설일 게다. 아울러 칼(劍)과 활(弓)을 가지고 자동화된 현대 무기가 맞설 때 바보들의 잔치가 아니라면 칼과 활의 승산은 눈곱만큼도 없다. 이처럼 매우 어리석기 짝이 없고 무모한 상태의 도전을 빗댄 짓을 이란투석(以卵投石) 혹은 이란격석(以卵擊石)이라고 한다.
　원래 이란투석은 '달걀(以卵)로 바위치기'라는 의미로서 '매우 어리석은 짓'을 포괄적으로 지칭한다. 왜냐하면 '매우 연약

V. 절차탁마　|　265

한 계란으로 바위를 쳐서 깨뜨릴 수가 없다.' 이런 맥락에서 '연약한 것으로 상대가 되지 않는 강한 것에 대적하려는 무모함을 비유적으로 이르는 말'로 사용되고 있다. 이 말의 유래는 첫째로 중국 전국시대(戰國時代) 초기 《묵자(墨子)》의 〈귀의편(貴義篇)〉과 둘째로 역시 전국시대 후기의 《순자(荀子)》에서도 나타난다.

먼저 《묵자》의 〈귀의편〉에서 유래한 내용의 대강 간추림이다. 그 옛날 중국 전국시대 초기에 묵자가 노(魯)나라를 떠나 북에 자리한 제(齊)나라로 향하던 길에서 우연히 일자(日者)라는 점술가를 만났던 모양이다. 이 점술가가 묵자에게 북녘 하늘에 좋지 않은 검은 기운이 잔뜩 서려 있으니 불길하다면서 북행을 적극 만류했다. 그럼에도 불구하고 쓸데없는 미신이라고 일축하고 자기 소신대로 계속 발걸음을 재촉해서 드디어 치수(淄水)*에 다다랐다. 그런데 이때 강이 범람하여 물살이 빨라져 도저히 강을 건널 수 없어 되돌아올 수밖에 도리가 없었다. 점술가가 그렇게 되돌아온 묵자를 보고 자기 충고를 듣지 않고 북행을 감행했던 사실을 비웃으며 심기를 건드리는 말을 내뱉었다. 이에 화가 단단히 난 묵자가 쏴붙였던 말 속에 이란투석이 들어있다.

/ 당신의 말은 아무런 근거도 없는 미신일 뿐이오. 만일 당신의 말대로라면 먼 길을 나설 사람이 어디 있겠소! / 그런 사술(邪術)로 나의 말을 비난하는 것은(以其言非吾言者 : 이기언비오언자) / 마치 계란으로 바위를 치는 것과 같답니다(是猶以卵投石也 : 시유

이란투석야) / 라고 일갈하고 "세상의 모든 달걀을 던져도 바위는 끄떡없을 것이오"라고 덧붙였다. /

한편 《순자》에서 비롯된 이란투석의 유래는 다음과 같다. 순자가 우연한 기회에 조(趙)나라 효성왕(孝成王)이 임석한 자리에서 임무군(臨武君)과 용병에 대해 논의를 벌인 적이 있었다. 그 자리에서 임무군은 용병의 핵심 요체는 '천시(天時)와 지리(地利)를 비롯해 적의 동정을 살펴 기선을 잡는 것.'이라고 주장했다. 그렇지만 순자는 '민심을 먼저 잡는 게 요체'라며 임무군 의견에 반대론을 제기하면서 치열하게 갑론을박을 했다.

순자의 논리는 단순 명쾌했다. "명궁수(名弓手)라도 활(弓)이 부실하면 맞힐 수 없고, 명기수(名騎手)도 둔마로는 달릴 수 없다."는 이유였다. 이에 항변하는 임무군의 주장이다. "용병의 핵심은 형세를 간파해 승리하는 데 있으며 군을 움직이는 것은 모략과 변화에 있기 때문에 용병에 달통(達通)한 장수는 신출귀몰하듯 합니다."라고 말하면서 손오병법(孫吳兵法)으로 유명한 손자(孫子)와 오자(吳子)도 그리했다며 전쟁과 민심은 별개라는 부언(附言)까지 덧붙였다.

임무군의 얘기를 묵묵히 경청하고 있던 순자가 자세를 가다듬고 다시 반론을 시작했다. 권모술수로 공격하는 방법은 제왕의 용병이 아니라 보잘것없는 일개 제후들의 수준 낮은 용병일 뿐입니다. 그 방법으로 걸왕(桀王)*같은 폭군을 친다면 모를까 성군인 요(堯)를 그런 방법으로 대하는 것은 쓸데없는 짓 혹은 무의미한 짓이라는 뜻으로 이렇게 일갈했다.

/ 마치 계란으로 바위를 치는 것(以卵投石 : 이란투석)과 다를 바 없으며 / 손가락으로 끓는 물을 휘젓는 것(以指撓沸 : 이지요비) 과 다를 바 없다고 /

이란투석이 '무익한 짓을 비유적으로 이를 때' 쓰이기 때문에 결국은 '무기력한 상황에서 무모한 도전이나 전혀 승산이 없음에도 맞서는 경우를 경계하거나 비난하는 의미'로 사용하고 있다. 따라서 계란을 던져 바위를 깨려는 행동은 자신의 힘을 제대로 가늠하지 못해 '물이나 불로 뛰어드는 것과 같다(若赴水火 : 약부수화).'라는 결과를 맞이하는 경우가 절대다수이리라. 하지만 세상엔 예외가 있게 마련일까. 누가 봐도 턱없이 무모한 도전이라서 성공 가능성이 전혀 엿보이지 않는 상황에서 기적 같은 성공을 거두거나 상상할 수 없었던 변화의 물꼬를 트기도 해 세상을 놀라게도 한다. 하지만 그럴 행운의 확률은 거의 없다고 봐야하지 않을까 싶다.

=====

* 치수(淄水) : 산동성(山東省) 내무현(萊蕪縣)에서 발원하여 황하(黃河)로 흘러 들어가는 강이다.
* 걸왕(桀王) : 중국 고대 국가로 알려진 하(夏)나라의 제17대 왕이자 마지막 국왕이다. 걸(桀)은 후에 폭군이라는 뜻으로 붙인 것이다. 기록에는 웅장한 궁전을 짓고 보화와 미녀를 모았으며 궁전 뒤뜰에 강을 만들어 그곳에 뱃놀이를 즐겼고, 장야궁(長夜宮)을 건설해 그곳에서 유흥에 빠졌다고 한다. 비(妃)는 말희(妹喜)였다.

자가당착

세상이 험해진 탓일까? 명망을 자랑하는 명사나 낯익은 정치인들의 글이나 언행의 앞뒤가 달라 당혹스러운 경우가 허다한 현실이다. 이런 경우 먼저 떠오르게 마련인 말이 자가당착(自家撞着)이나 모순(矛盾)이 아닐까 싶어 이들의 유래와 진정한 의미를 살피려 한다. 이들과 동의어나 유사어로 쓰이는 자기모순(自己矛盾), 모순당착(矛盾撞着), 이율배반(二律背反) 등이 있다.

먼저 자가당착을 직역하면 '스스로 맞부딪친다.'라고 표현할 수 있다. 따라서 '자신의 말이나 행동 때문에 스스로 곤란한 상황에 처한다.'라는 의미이다. 결국 '스스로 말이나 행동 따위가 앞뒤가 달라 모순이 발생함'으로써 손해를 감수하거나 불이익을 당하는 상황을 함축하는 말이다.

본디 자가당착은 불가(佛家)에서 자신의 불성(佛性)을 찾지 못한 채 허접한 겉껍질 같은 목표를 설정하고 바깥에서 길을 찾으려는 짓을 경계하는 뜻으로 쓰였다는 전언이다. 한편 이의 출전(出典)은 중국 송(宋)나라 시절 임제종(臨濟宗) 양기파(楊岐派)* 스님인 〈남당원정(南堂元靜 : 1065~1135)〉의 시(詩)에서 유래된 것으로 알려졌다. 너무도 많이 널리 알려져 친숙해진 경우가 숱할 것으로 여겨진다.

/ 수미산 높고 산봉우리는 보이지 않으니(須彌山高不見嶺 : 수미산고불견령) / 대해(大海)는 수심(水深)이 깊어 바닥이 보이지 않는다네(大海水深不見底 : 대해수심불견저) / 흙을 뒤집고 먼지를 털어도 보이지 않고(簸土揚塵無處尋 : 파토양진무처심) / 머리를 돌려 부딪치니 바로 자기 자신(自身)일세(回頭撞着自家底 : 회두당착자가저) /

위 시의 회두당착자가저(回頭撞着自家底)라는 구절(句節)에서 자가당착이라는 말이 생겨났다. 그럴듯한 명분을 앞세워 참뜻을 쫓는 시늉을 한다 해도 얻을 수 있는 것은 아무것도 없기 때문에 늘 빈손인 상태일 뿐인 게 세상 이치이다. 그러므로 소탐대실에 눈이 어두워지는 우매한 행동은 부질없는 욕심이며 집착이라는 사실을 에둘러 얘기하는 경고일 수도 있지 싶다. 이런 맥락의 말이 오늘날엔 '자기 자신이 했던 언행에 앞뒤가 맞지 않은 상황을 비유하는 말'로 통용되고 있다.

또한 모순이란 말은 법지상주의자(法至上主義者)인《한비자(韓非子)》의 〈난일편(難一篇)〉에서 유래했다. 모순과 직접 관련 있는 부분의 내용이다.

/ 초나라 사람으로 창(矛)과 방패(楯)를 파는 장사치가 있는데(楚人有鬻楯與矛者 : 초인유륙순여모자) / 이렇게 떠벌리며(譽) 말했다(譽之曰 : 예지왈) / 내 방패는 매우 견고해서(堅)(吾楯之堅 : 오순지견) / 어떤 무기에도(物) 막아 낼(莫) 수 있지요(物莫能陷也 : 물막능함야) /

/ 또한 창(矛)을 들어 올려 떠벌려 자랑했다(又譽其矛曰 : 우예기모왈) / 내 창은 매우 날카로워(利)(吾矛之利 : 오모지리) / 꿰뚫지 못하는 물건(物)이 없답니다(於物無不陷也 : 어물무불함야) /

/ 옆에 있던 사람이 말했다(或曰 : 혹왈) / 그럼 당신의 창으로(以子之矛 : 이자지모) / 당신의 견고한 방패를 찌르면 어찌 됩니까?(陷子之楯 何如? : 함자지순 하여?) / 그 장사치는 대답할 말이 궁해져 줄행랑을 쳐버렸다(其人弗能應也 : 기인불능응야) /

위의 내용에서 장사치가 무엇이든 모두 꿰뚫을 창이나 무엇이든 모두 막아낼 방패가 동시에 존재한다는 가당찮은 표현으로부터 생겨난 말이 모순(矛盾)이다. 물론 이 말을 빗대서 공자(孔子)가 설파했던 유가(儒家)의 논리에 허구성 비판에서 비롯되었다. 결국 한비자가 유가의 덕치주의 허상을 간접적으로 우화(寓話)를 빌어 속속들이 반박하는 과정에서 탄생했다.

부끄러움을 모르는 게 오늘날 세태인가? 언필칭(言必稱) 우리 사회의 지식인이라는 이들을 비롯해 정치 지도자들이 툭하면 식언하거나 못난이들도 입에 담지 않은 막말이나 욕설을 하수구에서 구정물처럼 쏟아 내놓는 경우가 숱하게 많다. 이뿐 아니라 여기저기에 꼴 같지 않은 글 나부랭이를 남겼다가 문제가 되면 기껏해야 적당히 눙치거나 어불성설의 변명을 늘어놓는다. 그러고는 아무 일도 없었다는 듯이 행동하는 파렴치를 보면서 우리의 도덕 교과서를 바꿔야 되는 게 아닌지 오지랖 넓은 걱정이 떠나지 않는다.

=====

* 양기파(楊岐派) : 이 파(派)의 주도자는 양주(楊朱)로 중국 전국시대(戰國時代)의 사상가로서 노자사상(老子思想)의 일단을 이은 염세적인 인생관으로 자기중심적인 쾌락주의를 주창했다.

장삼이사

지금도 존속하는지 모르겠다. 어느 방송국의 TV 프로그램 중에 '6시 내 고향'이라는 프로그램에서 진행자가 전국 시골의 할머니와 할아버지를 찾아다니며 대담을 하는 경우가 숱했었다. 그 경우 진행자가 "자녀를 몇이나 두셨어요."라고 물으면 한결같이 "열 명 내외라고 했다." 그럴 경우 짓궂게 "차례대로 자녀 이름을 말해보라."라고 하면 열에 여덟아홉은 중간에 자녀들 이름이 생각나지 않아 대답을 멈추게 마련이었다. 요즈음과 달리 그 옛날엔 거의가 다자녀(多子女)라서 노인들은 자기 자녀들 이름도 차례대로 기억을 못 하고 헷갈려 곤혹스러워하는 경우가 적지 않았다. 이런 시절 남다를 바가 없으며 올망졸망한 수많은 동네 아이들이 뉘 집 몇째이고, 이름이 무엇인지 정확히 꿰고 있는 노인은 그리 많지 않았으리라. 이럴 경우에 쓸 안성맞춤인 말이 장삼이사(張三李四)이지 싶다.

애초에 장삼이사는 '장가(張哥)네 셋째와 이가(李哥)네 넷째'

라는 뜻이며 '신분이나 이름이 분명하지 않은 보통 사람'을 지칭할 때 사용된다. 유의어는 초동급부(樵童汲婦), 필부필부(匹夫匹婦), 우부우부(愚夫愚婦), 선남선녀(善男善女), 과구중인(科臼中人), 갑남을녀(甲男乙女) 등이 있다.

유래는 대략 이렇다. 먼저 중국 청(淸)나라 시절 전대석(錢大昕)*이 속어(俗語)를 모아 편찬한 《항언록(恒言錄)》에 장삼이사라는 말이 나타나는데 그 의미는 신분이나 이름을 특정하지 않은 채 그냥 '장 아무개와 이 아무개' 하는 식으로 호칭하는 것과 마찬가지 의미로 쓰였다는 전언이다. 그런데 이 말은 송(宋)나라 때부터 전해온다고 밝히고 있단다. 이 외에도 송(宋)나라 고승인 도언(道彦)이 석가 이후 고승들의 법어를 기록해 편찬한 《전등록(傳燈錄)》에서도 장삼이사라는 말이 나온다는 귀띔이다. 여기서는 장삼이사를 '사람에게 성리(性理)가 있으나 그 모양이나 이름을 특정하여 말할 수 없음을 비유한다.'라고 풀이하고 있다는 얘기이다.

장삼이사를 중국 저장성(浙江省)의 〈항저우시(杭州市)〉와 연관된 고사라는 기록도 보였다. 이에 따르면 장삼이사의 원래 어원은 '장삼이사왕오육조(張三李四王五趙六)'이었단다. 이는 그 옛날 항저우에 살았던 "장가(張哥) 3가구, 이가(李哥) 4가구, 왕가(王哥) 5가구, 조가(趙哥) 6가구 등 4개 성씨(姓氏) 18가구를 이르는 말"이라고 한다. 여기서 장삼이사왕오육조(張三李四王五趙六) 중에 앞의 4글자만 떼어내서 장삼이사로 불렀다는 믿기 어려운 설도 있었다. 그 유래가 어디에 연유하던 오늘날 장삼이사는 '별 볼일 없이 평범하게 사는 사람'을 지칭할 때 통용되고 있다.

우리 사회의 정서로 보아 어쩌면 유사한 말인 초동급부(樵童汲婦)가 장삼이사보다 더 친숙하게 널리 사용될지 모른다. 특별히 관련되는 고사는 없는 말이지만 직역하면 '땔나무를 하는 아이(樵童)와 물을 긷는 아낙네(汲婦).'라는 뜻으로 '특별히 내세울 바가 없는 평범한 사람'을 지칭하는데 사용된다. 결국 '평범한 보통 사람을 지칭'하는데 적합했던 때문인지 예로부터 문학 작품에 자주 등장함으로써 대중과 친숙해진 말이지 싶다. 이런 정서는 우리나라 뿐 아니라 중국도 마찬가지였던 것으로 알려졌다.

또한 장삼이사와 유사한 말로서 필부필부(匹夫匹婦)가 사용된다. 이는 '이름 없는 남편과 아내'라는 뜻으로 넓게는 '평범한 사람들을 지칭'한다. 그 옛날 반상(班常)의 구별이 뚜렷하던 시절에 양반들의 입장에서는 자기들과 아랫것들의 구별이 확연한 개념의 말이 필요해 만들어진 게 아닌가 싶은 생각이 들기도 한다. 이 같은 맥락에서 양반이나 부자가 힘든 육체노동인 절구질(臼)을 할 일이 없을 터이니 '절구질하는 사람'인 과구중인(科臼中人) 역시 보통 사람을 지칭하는 개념이 확실하다. 아울러 직역하면 '어리석은 남자와 여자'를 지칭하는 우부우부(愚夫愚婦) 역시 보통 사람들을 겸손하게 호칭하는 말이 틀림없다.

'착한 남자와 착한 여자'를 뜻하는 선남선녀(善男善女)라는 표현은 의외로 불교 쪽과 관련이 깊지 싶다. 불교를 믿는 양가의 평신도 젊은 남녀의 산스크리트어 발음을 한문으로 훈역(訓譯)

하면 선남자(善男子)와 선여자(善女子)로 된다고 한다. 이를 네(四) 자로 줄여서 선남선녀가 되었다는 얘기가 있다. 그런가 하면 그 옛날부터 '불교를 믿고 따르는 남자와 여자를 가리키는 개념'이었다고도 한다. 현재에도 "불교에 귀의한 남자와 여자를 아울러 이르는 말"이라고 사전에서 밝히고 있다는 점에서 신뢰할 수는 설(說)로 믿어도 무리가 없지 싶다.

'갑(甲)이라는 남자와 을(乙)이라는 여자'를 뜻하는 갑남을녀(甲男乙女) 얘기다. 이런 지칭의 전제에는 상대방의 신분이나 이름을 백일하에 드러내지 않고 덮어주면서 존경심을 표현하려는 의도가 담겨있는 게 아닐까 싶다. 이런 견지에서 주위의 흔한 이웃을 지칭하는 말로 그들의 존재감을 인정하면서도 보호하고 감싸려는 따뜻한 마음에서 사용되는 언어적 배려 방법이 아닐까.

너무도 친숙하고 많이 사용해왔던 때문에 크게 고사에 얽힌 사연은 없었다. 하지만 어느 말보다 보통 사람을 지칭하는 말들은 우리 일상 속에 친숙하며 깊고 넓게 뿌리내려 숨 쉬고 있었다.

=====

* https://blog.naver.com/music4rest/222831367154

절차탁마

절차탁마(切磋琢磨)처럼 여러 의미가 복합된 예는 극히 드물다. 이를 곧이곧대로 직역하면 '자르고(切) 쓸고(磋) 쪼고(琢) 갈다(磨)'라는 의미이다. 원래는 옥(玉)을 가공하는 과정에서 생겨난 말로서 "옥의 원석을 톱으로 자르고(切), 줄*로 쓸고(磋), 정*으로 쪼고(琢), 숫돌*에 갈아(磨) 빛을 낸다."라는 뜻이다. 아울러 학문(切磋)을 닦고, 수양(琢磨)을 쌓는 것도 마찬가지로 절차탁마의 과정을 거쳐야 한다는 뜻으로도 통용되고 있다.

옥을 가공하는 공정을 정확하게 이해하지 못하면 절차탁마를 제대로 꿰뚫을 수 없다. 이런 이유에서 전통적인 옥의 가공공정을 대충 요약해 살피기로 한다. 원석을 보석인 옥으로 만들기 위해서는 4단계의 어렵고 정성을 다한 공정을 거쳐야 한다.

제1공정은 원석을 자르는(切) 과정으로 '원석에서 옥을 분리할 목적으로 아주 작고 얇디얇은 톱으로 옥의 모양대로 자르는' 과정이다. 제2공정은 쓸는(磋) 과정으로 '원하는 모양에 따라

옥을 줄로 쓿어내는' 과정이다. 제3공정은 쪼는(琢) 과정으로 '옥을 원하는 모양에 따라 정으로 쪼는' 과정이다. 끝으로 제4공정은 가는(磨) 과정으로 옥을 숫돌에 갈아 빛을 내는 과정이다. 이와 같이 원석은 '자르고(切), 쓿고(磋), 쪼고(琢), 갈고(磨)'의 지난한 과정을 거쳐야 보석으로 다시 태어난다는 이유에서 결국 절차탁마는 옥의 가공공정을 뜻하는 말이다.

처음에는 '원석을 자르고 쓿고 쪼고 갈아 보석인 옥으로 만들어내는 것.'을 뜻했다. 하지만 거기에 쏟는 정성이 학문의 정진이나 심신의 수양과 빼닮았다는 이유에서 그들 분야에서 최선을 다하는 모습을 지칭할 때 절차탁마라고 한다. 한편 그 유래는 《시경(詩經) 위풍(衛風)》의 〈기욱편(淇奧篇)〉을 비롯해서 《논어(論語)》의 〈학이편(學而篇)〉 15장과 《대학(大學)》 등 여러 출전(出典)을 통해 전해지고 있다.

먼저 《시경 위풍》의 〈기욱편〉에 나타난 시구(詩句)이다. 이 시는 군자(君子)를 칭송한 내용으로 학문과 인격을 도야한 결과로 겉까지 모두 변한 모습을 푸르른 대나무(綠竹)에 비해 칭송했던 것으로 해당 부분의 원문이다.

/ 빛나는 군자여!(有斐君子 : 유비군자) / 자른 듯하고 쓿은 듯하며(如切如磋 : 여절여차) / 쪼은 듯하고 갈아 놓은 듯하네(如琢如磨 : 여탁여마) /

한편 《대학》에서는 이런 글귀가 나온다.

/ 자른 듯하고 쓿은 듯함은 학문을 말하는 것이고(如切如磋者 道學也 : 여정여차자 도학야) / 쪼는 듯 갈 듯함은 스스로 닦는 일(修養)이다(如琢如磨 自修也 : 여탁여마 자수야) /

라고 하며 여기서 절차(切磋)는 학문을, 탁마(琢磨)는 수양을 의미하고 있다.

또한 《논어》〈학이편〉 15장에서도 공자(孔子)와 그의 제자인 자공(子貢 : 자(字)는 양(賜))의 대화에서도 나타난다. "가난하면서도 아첨하지 않고 부유하면서도 교만하지 않으면 어떻습니까?"라는 자공의 물음에 "괜찮을지라도 가난하면서도 이를 한탄하지 않고 부유하면서도 예의를 소중하게 여기는 것보다 못하지."라고 공자가 답했다. 그러자 자공이 다시 말했다.

/ 시경(詩經)에서 이른(詩云 : 시운) '톱으로 자른 듯이, 줄로 쓿은 듯이(如切如磋 : 여절여차), 정으로 쪼듯이, 숫돌에 갈아 윤을 내듯이(如琢如磨 : 여탁여마)'라고 이른 것은 아마도 이것을 가리킨 것입니까(其斯之謂與 : 기사지위여) /

자공의 위 말을 들은 공자가 "양(賜)아! 비로소 너와 더불어 《시경》에 대해 얘기를 나눌 수 있겠다. 지나간 것을 알려 주었더니 다가올 것을 깨닫는 구나."라고 격려의 말을 했다.

이상의 3가지 예에서 나타난 '여시여차여탁여마(如切如磋如琢如磨)'에서 '같은 여(如)자'를 모두 빼면 절차탁마가 된다.

결국 오랜 시간에 걸쳐 원석을 자르고 쓿고 쪼고 가는 어려운 과정을 거쳐야 빛나는 보석인 옥이 탄생하듯 학문을 하거나 수양을 하는 경우도 조금도 다를 바 없다고 생각했던 것 같다. 이런 맥락에서 학문과 수양에 정성을 다해 정진함을 절차탁마라고 한다. 이 성어를 살피다가 불현듯 진인사대천명(盡人事待天命)이라는 말이 떠올랐다.

=====

* 줄 : 쇠붙이를 쓿거나 깎는 데에 쓰는 강철로 만든 연장으로서 유의어로 줄칼이 있다.
* 정 : 돌에 구멍을 뚫거나 돌을 쪼아서 다듬는 쇠로 만든 연장. 원뿔형이나 사각형으로 끝이 뾰족하다.
* 숫돌 : 칼이나 낫 따위의 연장을 갈아 날을 세우는데 쓰는 돌이다.

시와늪 2024년 여름호 통권 64집, 2024년 7월 20일

절치부심

　분하고 분한 마음을 대표하는 말 중의 하나가 절치부심(切齒腐心)이리라. 오죽하면 이가 갈리고(切齒) 마음이 썩을(腐心)까. 이는 형용할 수 없을 정도로 분해 복수심에서 이를 갈면서 잔뜩 벼르는 상태를 이르는 말로써 당한 것만큼 되갚겠다는 굳은 결기를 일컫는다.

　동의어로 교아절치(咬牙切齒)나 절치(切齒)가 있으며, 유의어로 와신상담(臥薪嘗膽), 절치액완(切齒扼腕), 회계지치(會稽之恥), 칠신탄탄(漆身吞炭), 좌신현담(坐薪懸膽) 등이 통용되고 있다. 한편 이 말의 유래는 사마천(司馬遷)이 쓴《사기(史記)》〈자객열전(刺客列傳)*〉의 형가(荊軻)에 나오는 형가와 번오기(樊於期)*의 만남과 대화에서 비롯된 것으로 알려졌다. 〈자객열전〉에 나오는 내용을 대강 요약하면 다음과 같다.

　고대 중국 전국시대(戰國時代)는 태평성대와 다소 괴리가 있었지 싶다. 이런 분위기 때문이었을까. 연(燕)나라 태자 단(丹)

은 이웃 국가 왕인 진왕(秦王)*의 존재가 눈엣가시처럼 여겨졌던지 자객인 형가(荊軻)에게 제거해 달라고 주문했다. 태자의 제안에 형가는 때마침 진나라에서 망명해 와 있던 번오기를 넘겨준다면 그 때 기회를 포착해 진왕을 죽일 수 있겠다는 제안을 했다. 형가는 자기 제안이 태자인 단에 의해 단칼에 거절될 것을 예측하고도 시침 뚝 떼고 변죽을 울려봤던 것이다.

태자가 자신의 제안을 거절하자 그는 은밀하게 번오기를 찾아가 자기의 계책을 흘리면서 슬쩍 그의 의중을 살피며 교묘하게 파고들어 자기 뜻을 관철시켜 나갔다. 형가가 "지금 진나라에서 장군의 가족을 비롯해 같은 씨족을 모두 노예로 삼거나 죽였다고 하며 게다가 장군의 목에 엄청난 현상금을 내걸었다고 하는데, 어찌할 생각입니까?"라고 말했다. 이 물음에 그가 흐느끼면서 땅이 꺼질 듯한 장탄식을 하더니 "그 점을 생각할 때마다 미칠 지경이지만 어찌해야 할지 갈피를 잡을 수 없습니다."라고 답했다.

그의 말을 듣고 있던 형가가 제갈량의 천하 묘책이라도 있는 것처럼 얘기를 늘어놨다. 장군께서는 "연나라의 근심거리와 장군의 원수를 갚을 수 있는 일거양득(一擧兩得)의 묘책이 있다면 어찌하시려는지요?"라고 물었다. 솔깃해진 그가 "정색하며 정말이십니까?"라고 적극적인 반응을 보였다. 그러면서 "어떻게 하면 그리될 수 있을까요?"라며 후끈 달아올랐다. 형가가 머리를 조아리고 황송한 듯한 표정으로 더듬더듬 말문을 열었다.

감히 말씀 올리니 노여워 마시고 새겨들어 주십시오. 외람되지만 "장군의 목을 진왕에 바치는 게 그 묘책"이옵니다. 그러면 진왕은 크게 기뻐하며 저를 맞이할 것입니다. 저는 그 순간을 놓치지 않고 진왕의 가슴팍에 칼을 꽂을 것입니다. "이로써 장군의 원수는 물론이고 연나라를 능멸한 진왕에 대한 앙갚음도 속이 후련하게 할 수 있다고 생각되는데 저의 비책을 어떻게 생각하시는지요?"라면서 그의 의중을 살폈다.

한동안 묵묵히 듣고 있던 '번오기가 한쪽의 어깨를 드러낸 채 손을 맞잡고 나서며 일갈'했다.

/ …… / "이 문제는 제가 밤낮으로(此臣之日夜 : 차신지일야) / 이를 갈며 마음을 썩이던 일입니다(切齒腐心也 : 절치부심야). / 이제야 가르침(바른 대응 방법)을 듣습니다(乃今得聞教 : 내금득문교)." / 라고 말했다. / …… /

위의 말에서 절치부심이라는 말이 탄생했다. 그 말을 마치고 나서 스스로 목을 찔러 목숨을 거뒀다(遂自到 : 수자도). 그런데 태자 단은 그를 무척 신뢰했던가 보다. 그가 자진(自盡)했다는 소식을 듣고 한달음에 달려와서 무척 슬피 통곡하며 애도했다고 한다. 한편 그 후에 형가는 번오기 목을 들고 진나라에 가서 진왕 면전까지 다가갔으나 암살에 실패하고 사형을 당했다.

얼마나 분하면 이를 갈고 마음을 썩힐까. 필설로 형용하기 어려울 만큼 분함에 앙갚음을 꿈꾸면서 이를 갈고 마음을 썩히는 절절한 심정은 오죽할까 싶다. 이는 당한 것을 갚기 위한 결심의 단면을 나타내지만 이런 마음을 속에 묻어두거나 무조건 참으면 울화병이 되기 쉽다. 풍선 속에 공기가 너무 많이 들어있을 때 주위의 기온이 높아지면 터질 가능성이 높다. 이럴 경우 지나치다 싶으면 풍선 속의 공기를 빼주는 게 현명한 대응이다. 우리는 어렵고 힘들 때일수록 참고 견디라고 충고하지만 그게 모든 경우에 능사가 아니다. 때로는 강(强)에 강(强)으로 맞서는 지혜도 필요한 세상이 아닐까.

=====

* 자객열전(刺客列傳) : 고대 중국의 형가(荊軻), 전광(專諸), 섭정(攝政) 같은 유명한 자객들을 다루고 있다. 이들은 자신의 생명을 걸고 의리를 지키며 임무를 완수하려 했던 인물들이다. 한편 이 열전은 의리와 희생을 찬양하며 인간의 신념과 충성을 강조하고 있다.
* 오(於) : 일반적으로 '어조사 어(於)'로 쓰이나 '탄식할 오(於)'로도 쓰인다. 이 때 의미는 '탄식 소리 오(嗚)'와 같은가 보다.
* 진왕(秦王)인 정(政)은 훗날 진나라 시황제(始皇帝)가 되었다.

정저지와

잘 알려진 바와 같이 정저지와(井底之蛙)는 우물 안 개구리를 이르는 말이다. 우물 안이라는 말을 듣기만 해도 답답하다. 좁디좁은 우물에서 삶은 견문이나 배움이 부족하리니 앎이 턱없이 모자라고 얕을 것이라는 생각에서이다. 이런 연유에서 '견문이나 소견이 매우 편협한 사람을 비유적'으로 표현할 때 쓰인다.

이 말은 중국의 고전인《장자(莊子)》의〈추수편(秋水篇)〉이나《후한서(後漢書)》의〈마원전(馬援傳)〉에서 비롯되었다. 한편 유사어로 정저와(井底蛙), 정중지와(井中之蛙), 정중시성(井中視星), 정중와(井中蛙), 야랑자대(夜郎自大), 감중지와(坎中之蛙), 감정지와(坎井之蛙), 좌정관천(坐井觀天), 정와(井蛙), 정정와(井庭蛙), 정중(井中) 등 다양하다. 그 유래의 대강은 이렇다.

예나 지금이나 벼슬길에 뜻이 없어 초야에 묻혀 사는 은둔거사의 인품에 매료되어 제왕이 삼고초려해서 모셔다가 정치인으

로 발탁해 기용하는 경우가 드물지 않은 것 같다. 마원(馬援)*이
라는 사람이 그런 경우였다.《장자(莊子)》에 따르면 왕망(王莽)
이 신(新)나라를 건국하고 후한(後漢) 태동할 즈음에 마원이 초
야에 묻혀 은거할 때 농서(隴西)*의 제후(諸侯)였던 외효(隗囂)
의 간청으로 장군에 임용되었다. 그 무렵 촉나라에서 공손술(公
孫述)이 스스로 황제라 칭하며 세력을 확장한다는 소문이 외효
의 귀에 들어갔다. 그의 됨됨이를 알고 싶었다. 훗날 혹시 모를
사태에 대비하기 위해 안전 보험을 들어둘까 싶어서였다. 그래
서 마원에게 공손술에 대해서 염탐해 오라는 명을 은밀하게 내
렸다.

 공손술이 같은 고향 사람이었던 까닭에 마원의 마음은 가벼웠
다. 막상 공손술에게 찾아간 마원의 마음은 무겁고 심란했다. 고
향 사람이기 때문에 남다른 대접을 은근히 기대했었는데 마원
의 주위에 호위병을 세워놓는가 하면 옛정을 생각해 장군으로
임명할 터이니 자기를 모시라며 거드름을 피웠다. 이런 대접을
받으며 마원의 심정은 착잡했다. 아직 천하를 얻은 처지도 아닌
판국인데 국사(國師)나 현자(賢者)를 홀대하면서 자기 위세만
과시하는 졸장부는 제왕의 재목이 아니라는 결론에 이르렀다.
그래서 공손술의 제안을 팽개치고 돌아와 외효에게 곧이곧대로
보고했다. 그는 우물 안의 개구리(井底之蛙)로서 좁디좁은 촉나
라 땅에서 우쭐대는 촌뜨기일 뿐이라고. 혹시나 훗날 크게 세상
을 호령할 기상을 지닌 제왕 재목이라면 보험을 들어둘까 생각
했었다. 그런 이유에서 아예 없었던 일로 치부하고 친교를 맺으

려던 계획을 백지화했다. 결국 마원이 공손술에 대하여 보고를 하는 중에 정저지와라는 말이 생겼다.

같은 의미로 사용되는 정중지와(井中之蛙)에 대한 얘기다. 역시 '세상 물정에 어둡고 앎이나 사고의 폭이 매우 좁고 얕음'을 이르는 말이다. 이 말은 중국 황하(黃河)의 신인 하백(河伯)이 자신의 앎과 견문은 누구보다 뛰어나고 살고 있던 황하가 세상에 최고라는 자만에 빠진 방안퉁수였다. 그런 그가 우연히 북해에 이르러 무변광대(無邊廣大)한 바다를 보면서 얽매였던 사고의 틀인 구각(舊殼)을 깨면서 새로운 세계에 대해 눈을 뜨고 깨닫는 과정에서 생겨났다.

정중지와 역시 중국《장자》의 〈추수편〉에서 황하의 신(神)인 하백과 북해(北海)의 신인 약(若)의 대화에서 유래된 말이다. 유의어로는 앞의 정저지와에서 열거한 것들을 비롯해 하충어빙(夏蟲語氷), 선부지설(蟬不知雪), 옹리혜계(甕裏醯鷄), 이려측해(以蠡測海), 척택지예(尺澤之鯢) 등도 있다. 그 유래의 축약된 내용과 만남이다.

황하의 신인 하백은 자신의 앎이나 견문을 따를 자가 없으며 여태까지 살아온 황하가 세상의 최고로 알고 우쭐대던 처지였다. 그러던 그가 어느 가을날 비가 와서 만수위가 되어 흐르는 물을 따라가다가 이윽고 신천지인 북해에 이르렀다. 그런데 믿기지 않는 신비한 신천지가 눈앞에 펼쳐졌다. 여태까지 보지도 듣지도 못한 무변광대한 북해를 보고 장탄식했다. 스스로 생각하고 믿어왔던 앎이나 세상은 그에 비하면 조족지혈(鳥足之血)

에 지나지 않을 정도로 초라하고 보잘것없었기 때문에 그 충격은 형용하기 어려울 정도로 컸다. 이에 자신이 무지하고 옹졸했음을 북해의 신인 약(若)에게 숨김없이 고백했다. 하백의 얘기를 묵묵히 듣고 있던 약이 조용히 입을 열어 말했다.

/ 우물 속의 개구리에게 바다에 대해 얘기해도 이해하지 못함은(井蛙不可以語於海者 : 정와불가이어어해자) / 자신이 사는 곳에 얽매여 있기 때문이며(拘於虛也 : 구어허야) /

/ 여름 벌레에게 얼음에 대해 얘기해도 이해하지 못함은(夏蟲不可以語於冰者 : 하충불가이어어빙자) / 자신이 사는 시기에만 얽매이기 때문이며(篤於時也 : 독어시야) /

/ 곡사(曲士)*에게 도(道)에 대해 얘기해도 이해하지 못함은(曲士不可以語於道者 : 곡사불가이어어도자) / 자신이 알고 있는 가르침에 얽매여 있기 때문이랍니다(束於敎也 : 속어교야) /

위의 얘기를 통해 정중지와라는 말이 탄생했다고 한다. 이어서 약은 하백에게 "그대는 너른 바다를 보면서 자신이 대단치 않다는 사실을 깨우쳤으리라 생각되오. 그러니 이제는 그대와 마주하고 천하를 논하고 진리를 얘기할 수 있을 것 같아 매우 기쁘오."라고 일갈했다.

사고의 틀 즉 구각이나 관습을 깨는 일은 쉽지 않다. 하지만 고정관념에 갇혀 한정된 견문과 앎에 의존하여 기계적인 판단이나 결정 내리기를 오랫동안 되풀이하는 것은 퇴보나 자멸을 자초하는 지름길이다. 이런 견지에서 좁은 시야나 지식으로 세상을 재고 재단하는 어리석음에서 벗어나 다양한 지식과 문화를 언제라도 수용할 전향적인 자세야말로 우물 안 개구리로 전락하지 않을 정도(正道)가 아닐까.

=====

* 마원(馬援) : 중국 후한(後漢)의 정치가이며 장군으로 광무제(光武帝)를 도와 도(道)나라와 촉(蜀)나라를 토벌했으며 기원전 13~49에 활동했었다.
* 농서(隴西) : 한(漢)나라 천수군(天水郡)의 고개 이름 혹은 땅이름이다.
* 곡사(曲士) : 시골구석에 사는 선비, 가르침에 얽매어 있는 선비.

조변석개

　우리나라 법 중에서 부동산거래법만큼 여러 차례 손질한 법이 또 있을까. 하도 많이 고치고 또 고쳐 누더기 법이 된 지 오래다. 부동산 경기가 과열될 때마다 대응책으로 법을 개정하여 심지어 어떤 국토부 장관은 자기가 몇 번이나 부동산 정책을 언급했었는지 헷갈려 망신을 당하기도 할 정도였으니 말해 무엇하리오. 이 기구한 운명의 부동산거래법은 조변석개(朝變夕改)의 대표적인 예이지 싶다.
　국어사전에 따르면 조변석개는 '아침저녁으로 뜯어고친다는 뜻으로 계획이나 결정 따위를 일관성 없이 자주 고침을 이르는 말'이라고 정의하고 있다. 이를 직역하면 '아침에 변하고 저녁에 고친다.'라는 의미로서 '결정이나 계획이 수시로 변경되는 상황'을 나타낸다.
　이 말의 생성은 중국 전한(前漢)의 문제(文帝) 때 어사대부(御史大夫)였던 조조(晁錯)가 올렸던 〈상소문(上疏文)〉에 처음으로 등장했다. 그 무렵 나라는 홍수와 가뭄의 피해가 막심하여 민심이 흉흉했다. 이런 재해가 극심한 상태에서 나라에서 부과하는 세금과 부역(賦役)의 기준이나 원칙이 없이 들쭉날쭉 불공정해 백성들의 원성이 점점 심해졌을 뿐 아니라 민심도 예사롭지 않게 들끓었다. 공평하지 못한 세금과 부역이 매번 다르게 부과되는 폐단이 되풀이되었다. 이를 임금께 직간하는 상소였다. 결국 고무줄 행정의 폐해를 '아침에 내린 령(令)이 저녁이 되면 바뀌는 형국에 비유한 말'이 조변석개이다. 이와 같은 의미로 조변모개(早變暮改)·조석변개(朝夕變改)·조개모변(朝改暮變)·조령모개(朝令暮改) 따위가 쓰이고 있다.

　우리 주위에서 조변석개의 개념은 사회의 다양한 분야에서 폭넓게 사용되고 있다. 사회학적인 관점에서는 '민심이 수시로 변하는 현상'을 지칭한다. 한편 경제 분야에서는 '시장 상황이 자주 바뀌는 현상'을 이른다. 또한 정치 분야에서는 '정부의 정책이나 법령이 자주 바뀔 때'를 지칭한다. 앞에서 부동산거래법을 조변석개의 대표적인 예라고 예시한 것은 바로 이런 맥락이다. 우리는 개인에 대해서도 '변덕이 팥죽 끓듯' 하거나 우유부단해 '이랬다저랬다 갈팡질팡하는 사람'을 일컬어 조변석개하다고 힐난과 폄하를 한다. 이런 성격은 여러 사람과 널리 어울리거나 뜻을 함께하기 어렵다.

　다섯 해 전의 일이었다. 서울 강남 고속버스터미널 건너편에 최근에 재건축했던 아파트를 매각했다. 지난 80년 서울에 거주할 때 분양을 받았던 것으로 정부에서 살 집이 아니면 매각하라는 나팔을 불어대 거기에 현혹되어 덜컥 팔았다. 그것은 내 일생 일대 가장 큰 실수였다. 돈이 필요한 것도 아닌데 매각 이후 지금까지 약 15억이 올랐다. 그러니 앉은자리에서 일생을 저축해도 불가능한 재산을 잃은 셈이다. 어찌 되었든 매각 다음에 후속처리로 세금 신고를 해야 했다.

  마산의 세무사에게 의뢰하려 했더니 서울 사정을 몰라 불가능하다며 서울의 세무사에게 의뢰하라는 조언이었다. 부랴부랴 서울 종로 복판에서 세무사 사무실을 운영하는 후배에게 연락했다. 후배가 얘기했다. 그 아파트 실상을 잘 몰라 자신 없다며 당해 아파트 앞의 상가에 세무사 사무실을 운영하는 자기 친구를 소개해줘 찾아가 가까스로 세금 신고를 마쳤다. 그때 세무사가 했던 말이다. 법이 하도 여러 차례 개정된 데다가 오래되어 재건축까지 한 아파트 세금계산은 사정을 정확하게 꿰뚫고 있는 자기도 까다롭다는 고백이었다. 은행 업무나 공공 업무는 중앙이나 지방을 막론하고 은행원이나 공무원이면 누구나 척척해내는데 21세기에 이런 일이 벌어지다니 언어도단이었다. 이는 부동산거래법과 해당 세법이 하도 많이 고쳐진 조변석개와 같은 폐해가 낳은 웃픈 현실의 단면이지 싶다.

좌고우면

 의사결정 장애를 겪는 상황을 단적으로 나타낼 때 좌고우면(左顧右眄)이 제격이지 싶다. 본디 좌고우면은 '왼쪽을 돌아보고 오른쪽을 살핀다.'라는 의미로 '결정하지 못한 채 주변의 눈치를 살피며 망설이는 상태'로 확대 해석되어 쓰이고 있다. 이 말의 탄생 배경과 유래와 만남이다.

 좌고우면의 유래이다. 이는 소설《삼국지》로 널리 알려진 한(漢)나라 위왕(魏王) 조조(曹操)의 아들이며 당대 최고의 문학가 중 하나인 조식(曹植)이 장군인 오질(吳質)에게 보냈던 서찰인 〈여오계중서(與吳季重書)〉에서 비롯되었다. 유의어로 자고우시(左顧右視), 좌면우고(左眄右顧), 좌첨우고(左瞻右顧), 좌우고면(左右顧眄), 우반좌고(右盼左顧) 등등이 있다.

 여오계중서의 시작은 매우 정중하고 한 수 위인 윗사람을 대하는 것 같아 비슷한 연배로서 자기를 낮추는 것과는 상당한 차이가 있지 싶었다. 실제로 깍듯한 예의를 갖춰 이렇게 여쭈는 말

V. 절차탁마 | 293

로 시작하고 있다.

/ 식(植)*이 계중(季重)* 인형(足下)께 문안드립니다(植白 季重 足下 : 식백 계중족하) /

여기서 식(植)은 조조의 아들인 조식이며, 계중(季重)은 오질의 자(字)이고 족하(足下)는 '같은 또래에서 편지를 받는 사람의 이름 밑에 써서 존칭어로 쓰는 말'로서 여기서는 인형(仁兄)으로 바꿔 표현하기로 했다. 하지만 첫 문장만으로도 상대방인 오질을 어떻게 생각하고 있는지 충분히 헤아릴 수 있지 싶을 정도로 정중하고 각별한 느낌이 짙게 배어났다. 계속 이어지는 서찰의 사연은 지난날을 이렇게 되살리고 있다.

"지난날은 자주 어울려 자리를 마련했으며 비록 연회 자리일망정 온종일(彌日) 마시기도 했었지요. 그런데 지금은 격조(隔阻)하여 뵐 기회가 드문(稀) 까닭에 괴로움이나 울적함을 달랠 길이 없습니다. 모임에서 인형(仁兄 : 季重)이 술을 따르는 모습을 앞에서 보면 '미인이 걸어가는 것(凌波)'* 같았으며, 뒤에서는 퉁소(簫)와 피리(笳)가 연주되는 듯했답니다. 그 위엄 넘치는 당당한 모습은 봉황(鳳)이 찬탄(嘆)하고 호랑이가 우러러볼(虎視) 정도였지요. 그래서 소하(蕭何)*나 조참(曹參)*이 맞설 수 없을 뿐 아니라 한무제(漢武帝)의 명장인 위청(衛青)*과 곽거병(霍去病)*도 어깨를 나란히 할 수 없다는 생각입니다. 이는 마치 이런 이치와 같다고 사료됩니다."

/ 왼쪽(左顧)을 돌아보고 오른쪽을 살펴봐도(右眄)(左顧右眄 : 좌고우면) / 사람이 없는 것과 같은 이치이니(謂若無人 : 위약무인) / 이 어찌 인형의 장한 뜻이 아니겠습니까(豈非吾子壯志哉 : 기비오자장지재) /

여기서 알 수 있듯이 원래 좌고우면은 '좌우를 휘둘러보면서 상황을 파악하는 자신감에 찬 늠름한 기품'을 이르는 말이었다. 하지만 많은 세월이 지난 지금은 '우물쭈물하며 이 눈치 저 눈치 보면서 결단을 내리지 못하는 민망한 상황'을 나타내는 말로 통용되고 있다.

좌고우면이라는 말을 남긴 조식하면 가장 먼저 떠오르는 게 칠보시(七步詩)이지 싶다. 이미 널리 알려진 바와 같이 권력에 이성이 마비되어 무자비한 형 조비(曹丕)가 제안했다. "소 두 마리가 다투다가 그중 한 마리가 우물 속으로 추락하는 모습의 그림을 보이며 일곱 걸음(七步) 걸을 동안 그 상황을 묘사하는 시를 짓되 우물로 빠진 소가 죽었다는 내용을 포함하면 안 된다."라는 조건이었다. 만약에 제시한 조건을 충족시켜 시를 짓지 못하면 당장 처형하겠다고 했다. 말없이 듣고 있다가 칠보를 걸으며 다음과 같은 시를 지었다.

/ 두 덩이의 고기가 길을 가고 있는데(兩肉齊道行 : 양육제도행) / 머리 위엔 툭 튀어나온 뿔이 달렸네(頭上帶四角 : 두상대요각) / …… /

분명히 약속을 지켰음에도 발걸음이 너무 느렸다고 까탈을 부리면서, 이번에는 조건이 제시됨과 동시에 시를 지어야 한다고 길길이 뛰었다. 그러면서 "자신인 조비와 동생인 조식의 관계 즉 형제를 묘사하는 시를 짓되 절대로 형(兄) 또는 제(弟)라는 말을 포함시키면 안 된다."라는 전제조건을 붙였다. 어불성설의 횡포이지만 시키는 대로 아래처럼 묵묵히 읊어 나갔다. 그 후 생모인 무선황후(武宣皇后) 변(卞) 씨가 중개해 조식은 처형당하지 않고 변방으로 추방하는 선에서 마무리 짓기로 해서 어렵사리 목숨을 부지했다고 한다.

콩대로 불을 때 콩을 삶으니(煮豆燃豆萁 : 자두연두기) / 솥 안의 콩이 울고 있다(豆在釜中泣 : 두재부중읍) / 본디 한 뿌리 태생이련만(本是同根生 : 본시동근생) / 어찌 이리 급하게 삶아대는가(相煎何太急 : 상전하태급) /

같은 부친으로부터 태어난 자신(콩)을 형(콩대)이 지나치게 벼랑 끝으로 몰아치는 극한 상황을 한탄하며 읊었던 내용이다. 좌고우면을 살피다가 그 주인공인 조식의 다른 일화가 떠올라 엉뚱하게 칠보시에 관련 내용으로까지 생각이 미쳤다.

=====

* 능파(凌波) : 미인이 걷는 모습을 표현할 때 주로 쓰인다.
* 소하(蕭何) : 중국 초한쟁패기(楚漢爭霸期) 전한(前漢) 한고제(漢高祖) 시대 정치가이다. 진(秦)시대에도 관직을 지냈다. 이후 유방(劉邦)의 막료(幕僚)로 활약하며 그의 천하통일에 공헌했다.

* 조참(曹參) : 기원전 189년) 초한쟁패기에 전한(前漢) 초기의 군인이며 정치가였다. 한 고조를 따라 거병하여 전한의 건국에 큰 공을 세웠다.
* 위청(衛靑) : 중국 전한(前漢) 무제(武帝) 때의 무장이다. 흉노(匈奴) 정벌에 많은 공을 세워 대사마(大司馬)의 자리에 올랐다.
* 곽거병(霍去病) : 중국 전한(前漢)의 명장(名將)이다. 무제 때 숙부(叔父) 위청(衛靑)과 함께 흉노(匈奴) 토벌에 큰 공을 세웠다.

증삼살인

　증삼살인(曾參殺人)은 '증삼(曾參)*이 살인(殺人)하다.'라는 뜻으로 '거짓말도 여럿에게 되풀이해 들으면 사실처럼 인식된다.'라는 의미로 통용되는 말이다. 다시 말하면 '여러 사람에게서 반복해서 들으면 엄청난 거짓말일지라도 속아 넘어가지 않을 재간이 없다는 말'이다. 삼인성호(三人成虎)와 유사한 의미를 지니는 말로 최근에 이르러 새삼스럽게 주목을 받기도 하는 현실이다. 인터넷을 중심으로 펼쳐지는 가상공간에서 가짜뉴스, 왜곡된 여론, 비열한 비방과 모함 따위가 사회적 골칫거리로 등장하면서 심심치 않게 회자되기 때문이다. 이 성어의 생성 배경과 내재된 사연의 살핌을 통한 숨겨진 참뜻과 조우이다.

　공자(孔子)의 유명한 제자 중 하나인 증삼 즉 증자(曾子)에 얽힌 일화에서 증삼살인이라는 성어가 비롯되었다. 증삼이 젊은 시절 한동안 살았던 곳에서 무거운 해프닝이 발생했던 것 같다. 어느 날 뜬금없이 증삼의 어머니는 아들이 살인했다는 소문을 여러 차례 반복해서 전해 들으면서 심적인 동요를 겪는 과정에서 보였던 언행으로부터 유래되었다. 유의어로 삼인성호(三人成虎), 투저의(投杼疑), 삼인성시호(三人成市虎) 등이 있다. 이에 대한 출전(出典)은 《전국책(戰國策)》〈진책(秦策)〉을 비롯하여 《사기열전(史記列傳)》 고사(故事 : 46) 〈증삼살인(曾參殺人)〉 등이다. 이에 얽힌 사연의 대략적인 적바림이다.

증삼이 예전(昔者)에 비(費)라는 곳에서 살 때의 일화라고 한다. 그 지역에 주인공인 증자와 엇비슷한 연배의 동성동명(同姓同名)의 다른 사람(異人)이 살고 있었는데 그가 살인을 했던 모양이다. 그 풍문을 전해 들었던 어떤 사람이 증삼 어머니에게 달려가 곧바로 말했다.

/ 증삼이 살인을 했답니다(曾參殺人 : 증삼살인) / (그 말을 듣고) 증자 어머니가 말했다(曾子之母曰 : 증자지모왈) / 내 아들은 살인을 하지 않았습니다(吾子不殺人 : 오자불살인) /

그리고 증삼 어머니는 태연하게 베를 짜고 있었다. 그런데 또 다른 사람이 달려와 급하게 전하는 말이 조금 전과 똑같았다.

/ 증삼이 살인을 했답니다(曾參殺人 : 증삼살인) /

그래도 증삼 어머니는 전혀 동요하는 기색 없이 태연자약하게 베를 짜 내려갔다. 그리고 나서 또다시 어떤 사람이 헐레벌떡 달려와 숨을 몰아쉬며 말했다.

/ 증삼이 살인을 했답니다(曾參殺人 : 증삼살인) /

같은 말을 두 번 들어도 꿈쩍도 하지 않고 돌부처처럼 열심히 베를 짜던 증삼의 어머니는 세 차례 같은 말을 거듭 듣는 순간 굳건했던 확신이 와르르 무너졌는지 들고 있던 북*을 내동댕이치고 담을 넘어 어디론가 정신없이 뛰어갔다. 하늘같이 높고 바다처럼 깊은 증삼 어머니의 아들에 대한 믿음도 세 차례나 거듭해서 "증삼이 살인을 했답니다."라는 말에 전후 사정을 꼼꼼히 따질 정신이 아니었던 것이다. 이는 '거짓이거나 잘못된 일지라도 사실이라고 말하는 사람이 많으면 진실처럼 여겨짐'을 비유적으로 이르는 대표적인 말이 틀림없다.

증삼에 대한 얘기는 진(秦)나라 좌승상(左丞相)인 감무(甘茂)와 무왕(武王)이 주고받았던 대화에도 등장하고 있다. 그는 자신이 한나라 의양(宜陽)을 공격하러 떠난 사이에 자신을 비방하거나 모함하는 무고(誣告)가 발생할 것을 염려하여 증삼살인 얘기를 예로 들어가며 자기의 입장을 황제께 이렇게 개진했다.

"증삼이 뛰어난 인재임에도 몇 사람을 통하여 거듭 잘못된 정보를 전해 들으면서 하늘같은 어머니의 믿음이 와르르 무너졌던 것입니다. 이 같은 증삼에 비해 소신은 보잘것없을 뿐 아니라 황제께서 저에 대한 믿음 또한 증삼의 어머니와 같을 수 없다고 사료되옵니다. 그런데 제가 멀리 떠나 전장에 머물 때 무고하는 사람들이 세 사람보다 훨씬 많을 터이기에 그들의 모함이나 비방과 무고에 성상께서 저를 저버릴까 두렵습니다."라고 진지하게 사뢰었다. 그 후 감무는 의양을 공격했는데 밀고 밀리는 대치 상태가 지속되어 여러 달 동안 뚜렷한 전과를 거두지 못했다. 이런 상황이 지속되자 기다렸다는 듯이 저리질(樗里疾)과 공손연(公孫衍)이 올린 감찰 정보를 보고 즉각 소환해 문책하려고 했다. 그때 감무는 지난날 황제와 독대하며 나눴던 증삼살인 얘기를 상기시켜 왕의 마음을 돌리고 나서 더 많은 군사를 지원받아 의양을 평정했다고 전해진다.

세상에서 자신을 가장 잘 아는 사람은 누구일까. 자신을 낳고 길러준 어머니일 게다. 어머니의 자식에 대한 믿음은 이해타산을 초월해 무조건 베푸는 원초적인 사랑을 바탕으로 한다. 그런 까닭에 어머니의 자식에 대한 믿음은 이 세상에서 최후까지 기대고 의지할 수 있는 마지막 보루이다. 그런 어머니의 믿음이 무너지면 더 이상 기댈 언덕이나 안식처는 어디에도 없다.

아들 증삼을 하늘같이 믿고 있었던 현명한 그의 어머니도 잘못된 허위 정보를 거듭 접하면서 아들에 대한 신뢰가 무너져 갈피를 잡지 못하고 허둥대며 피하려 들었던 것이다. 뚜렷한 거짓이나 허위 사건일지라도 여론이나 중론이 그것이 진실인 것처럼 마구 우기면 그렇게 믿을 수밖에 도리가 없다는 말이 증삼살인이다. 요즘 우리 사회는 선거철만 되면 무수한 가짜뉴스, 허위와 무고가 횡행하며 진실처럼 사실을 왜곡하는 폐해가 극심한 현실을 목도(目睹)하면서 그 위력을 실감하지만, 개인적으로 속수무책인 경우가 태반이다.

=====

* 증삼(曾參) : 중국 노(魯)나라의 유학자이다. 자는 자여(子輿)이고 공자의 덕행과 사상을 조술(祖述)하여 공자의 손자인 자사(子思)에게 전하였다. 후세 사람이 높여 증자(曾子)라고 일컬었다. 저서에 《증자(曾子)》,《효경(孝經)》 따위가 있다.
* 북 : 베틀에서 날실의 틈으로 왔다 갔다 하면서 씨실을 푸는 기구이다. 베를 짜는데, 중요한 역할을 하며 배(船) 모양으로 생겼다.

춘하추동, 2024년 여름호(제6호), 2024년 6월 3일

VI. 출필곡반필면

지록위마

청천벽력

청출어람

출필곡반필면

타산지석

토사구팽

파천황

평지풍파

풍수지탄

학수고대

한단지몽

해로동혈

허장성세

효시

지록위마

지록위마(指鹿爲馬)는 '사슴(鹿)을 가리켜(指) 말(馬)이라고 하다.'는 뜻이다. 원래 이 말은 '아랫사람이 권세와 거짓말을 동원하여 윗사람을 농락하며 자기 멋대로 행동하는 방약무인의 상황을 묘사하는 경우'를 의미했다. 하지만 오늘날엔 '사사로운 이(利)를 취하기 위해 옳고 그름을 바꾸거나 윗사람을 속이고 자기의 뜻대로 권력을 휘두름' 혹은 '의도적으로 사실을 왜곡시켜 거짓을 사실처럼 인정하게 만듦' 따위의 의미로 통용되고 있다. 그 탄생 배경에는 우리가 상상할 수 없는 엄청난 불경스러움이 내재되어 있다.

이 성어를 이해하기 위해서 당시 시대상의 대강부터 요약해야겠다. 고대 중국의 진(秦)나라 초대황제인 진시황(秦始皇) 승하했을 때 태자인 부소(扶蘇)는 아버지와 갈등으로 변방에 나가 있었지만 차기 황제에 오를 유력 후보였다. 그런 상황에서 진시황을 모시던 환관(宦官) 조고(趙高)는 부소가 차기 황제로 등극하

VI. 출필곡반필면 | 305

면 자기 처지가 위험해진다는 판단을 했다. 그런 이유에서 승상(丞相)이었던 이사(李斯)와 모의해 진시황의 유서를 변조해 태자인 부소를 죽이고 어리고 어리숙한 호해(胡亥)를 황제로 즉위시켰는데 그가 이세황제(二世皇帝)였다. 그 후 조고는 수많은 군신을 숙청시킨 뒤에 스스로 승상(丞相) 자리를 꿰차고 어린 이세황제 대신에 모든 권력을 거머쥐고 쥐락펴락하며 천하를 호령하는 무소불위의 권력을 탐닉하며 되지 못하게 헛된 꿈을 키웠다.

예로부터 환관 나부랭이들이 정권을 쥐락펴락하는 나라 중에 국태민안을 이룩했던 경우는 없던 것으로 알고 있다. 조고 역시 옛날에 뜻을 같이했던 승상 이사를 위시해 수많은 군신을 무고(誣告)로 얽어 처형했다. 그리고 어린 이세황제를 허수아비처럼 앉혀놓고 나라를 자기 맘대로 주무르는가 하면 권세를 휘두르며 취하다 보니 역모를 일으켜 왕권을 쥐고 싶은 욕심에 사로잡혔다. 이 고사를 담고 있는 출전(出典)은 사마천의 《사기(史記)》〈진시황본기(秦始皇本紀)〉이다. 그 내용의 대강이다. 유의어로 이록위마(以鹿爲馬), 위록위마(謂鹿爲馬) 등이 있다.

분수를 넘어선 탐욕을 억누르지 못하고 역모를 일으키려다가 군신들이 자기를 따르지 않을까 걱정이 되어 도중에 중단했다. 그렇지만 그 헛된 몽상을 저버리지 못해 꾸며낸 방책이 자기를 따르지 않을 군신들을 정확히 색출해 제거해 버리는 것이었다. 이의 달성을 위해 조고는 어리고 실권이 없는 명목상의 황제를 바보처럼 대하며 거짓말을 스스럼없이 내뱉는 대역죄를 저지르고도 신하로서 일말의 가책도 느끼지 못했을 뿐 아니라 당연한 듯 한껏 자기를 과시했던 것 같다.

  조고는 자기에게 동조하지 않거나 반대하는 군신을 색출하기 위해 방자하기 짝이 없는 실험에 무엄하게 왕을 대상으로 펼쳤다. 어느 날 만조백관이 모인 자리에서 이세황제에게 사슴(鹿)을 바치며 "말(馬)이 옵니다."라고 말했다. 그 말에 어이가 없었던 황제는 "말이 아니오. 승상이 잘 못 알거나 착각한 것이 아니오?"라고 하며 이렇게 말했다.

/ 사슴(鹿)을 가리켜 말(馬)이라고 하셨소!(謂鹿爲馬 : 위록위마) /

  우선 위의 말에서 지록위마라는 고사성어가 비롯되었단다. 한편 이에 조고는 천연덕스럽게 "아니옵니다. 분명히 말이 옵니다."라고 이죽거리면서 주위에 도열해 있던 만조백관들에게 물어봤다. 그랬더니 조고가 예측한 것처럼 대답은 정확히 세 갈래로 나뉘었다. 비굴한 아첨배로 조고를 따르던 기회주의자들은 "정녕 말입니다."라고 답했다. 그에 비해서 무색무취(無色無臭)를 표방하는 회색분자들은 입을 꼭 닫고 "묵묵부답(默默不答)"으로 일관했다. 정의를 추구하던 소신파들은 입에 거품을 물고 "아닙니다. 사슴입니다."라고 답했다. 이 절호의 기회를 포착한 조고는 "사슴입니다."라고 답한 소신파를 정확히 파악해 두었다. 그 뒤에 이들 모두를 교묘한 죄목으로 엮어서 처단함으로써 뭇 사람들에게 두려운 저승사자 같은 악인으로 각인되어 경원시했다고 한다.

  전설 따라 삼천리에 나오는 옛날 옛적 얘기가 아니고 실제 있었던 일이라고 믿을 수 없다. 그렇지만 역사 기록인 《사기(史記)》에 기록된 내용이 아니던가. 그래도 그렇다. 아무리 정적을 제거하기 위한 연출된 일종의 시험이라 해도 감히 황제를 대상으로 하다니 언어도단이었다. 그러한 모멸적인 행위는 삼척동자가 생각해도 황제를 능멸하며 한껏 조롱한 작태가 분명하다. 이는 불충한 대역죄에 해당하기 때문에 정상적인 세월이라면 능지처참을 당했으리라. 이에 더하여 삼족이 멸문지화를 당할 만한 사건이 분명함에도 허수아비 같은 어린 왕은 속수무책으로 당하고도 끽소리도 내지 못했지 싶다.

  태자 부소를 죽이면서 뜻을 함께하며 호해를 황제로 옹립하는 데 일조했던 승상 이사를 교묘하게 죄를 덮어씌워 처단했다. 게다가 이세황제(호해) 앞에서 '사슴을 사슴이라고 답했던' 소신파이자 정의파였던 수많은 군신에게도 묘한 올가미를 씌워 처형하고 승상에 올랐던 조고이다. 그것으로 도저히 만족하지 못해 발악하며 끝내 이세황제까지 죽게 만들고 자신이 직접 황제에 등극했던 조고는 끝내 암살당하는 비운을 맞아 이승의 삶을 마감했다. 자고로 '선행을 쌓은 집에는 반드시 경사가 따르고(積善之家必有餘慶 : 적선지가필유여경)', '악행을 쌓은 집에는 반드시 재앙이 따른다(積不善之家必有餘殃 : 적불선지가필유여앙).'라고 했다. 일개 환관이 지나친 환상에 사로잡혀 끝 모를 악행을 되풀이하며 나라를 멸망으로 이끄는 대역죄를 저질렀으니 생의 말년이 평탄할 수 있었겠는가? 지은 업보가 무겁고 엄중하기에 비명횡사할 수밖에…….

청천벽력

청천벽력(靑天霹靂)을 직역하면 '푸른 하늘(靑天)에 벼락(霹靂)'이다. 이보다는 '마른하늘에 날벼락'이라는 표현이 더 익숙하지 않을까. '멀쩡하게 맑은 하늘에서 휘몰아치는 벼락'을 뜻하기 때문에 결국은 '전혀 예상치 못한 상황에서 발생한 의외의 이변이나 사건 혹은 사고'를 지칭할 때 사용된다. 이 성어가 생겨난 유래와 여태까지 살아오면서 내 의사와 무관하게 맞닥뜨렸던 황당한 경험을 돌아본다.

같은 의미로 쓰이는 말은 청천벽력(晴天霹靂), 청천비벽력(晴天飛霹靂)이 있다. 이 말을 전하고 있는 출전(出典)은 중국 남송(南宋) 시대의 시인이었던 육유(陸游)의 〈구월사일계미명기작(九月四日鷄未鳴起作 : 구월사일계미명기작)〉 즉 '9월 4일 닭이 울기 전에 일어나 글을 짓다.'라는 시이다. 그 유래의 대강이다. 육유라는 이는 아마도 자기 필체(筆體)에 대해 자부심이 무척 강할 정도가 아니라 자신이 세상에 가장 뛰어났다고 지나치게 오만했었던 게 아닐지 모르겠다. 그가 노년의 어느 해 오랜 기간 병상에 누워 있다가 홀연히 일어나 붓을 들고 시를 쓰는데 그 필체가 어찌나 힘차고 강한지 마치 마른하늘에서 벼락이 휘몰아치며 용이 승천하는 형상이라고 기술한 내용에서 청천벽력이라는 성어가 탄생했다는 것이다. 그 중요 대목에 대한 요약이다.

아마도 육유 즉 방옹(放翁 : 육유의 호(號))이 오랫동안 병석을 지키다가 어느 가을날(9월 4일) 홀연히 자리를 털고 일어나 완전치 못한 몸으로 취한 듯(醉墨) 글쓰기 삼매경에 빠졌던가 보다. 글을 쓰며 필세(筆勢)를 살펴보니 오랜 세월 동굴 속에서 움츠려 있던 용(蟄龍)이 꿈틀대는 모양 같아 그 자신은 이런 느낌이었던 것 같다.

/ 푸른 하늘에 벼락이 떨어진다(靑天飛霹靂 : 청천비벽력) /

제 눈에 안경이라 했던가? 천하제일 명필가라고 여겼던 때문이었을 게다. 그의 눈에는 '자기의 붓놀림을 비롯하여 필체나 필치(筆致)가 누구도 흉내 낼 수 없을 뿐 아니라 힘차게 꿈틀대는 모양이 마치 용이 하늘로 승천할 때 하늘이 진동하며 격렬한 천둥 번개가 휘몰아치는 것과 같은 형상'이라고 생각해 청천벽력이라는 표현을 스스럼없이 했으리라. 이를 미루어 짐작할 때 그는 누구도 따라갈 수 없는 천하의 명필이었거나 아니면 자만에 가득 차 있었던 몽상가 중의 어느 하나였지 싶다.

자부심이나 자만심으로 똘똘 뭉쳤지 싶은 그의 마음 한구석에도 겸양은 남아 있었던가 보다. "비록 나의 글이 괴이하고 기이하다 해도 넓은 아량으로 받아준다면 봐 줄 만하리라."라고 겸손한 면모를 보이기도 했다. 하지만 바로 이어지는 말에서 바로 앞의 얘기로 벌어놓은 것을 송두리째 털어먹는 듯해서 씁쓸했다. 왜냐하면 "이 늙은이가 하루아침에 죽기라도 하면 천금으로 구해도 얻지 못한다."라는 말이 자꾸만 거슬리기 때문에 하는 얘기다.

지금까지 내 의사나 의지와 무관하게 청천벽력 같은 일을 두 차례 당했었다. 하나는 끔찍했던 교통사고였고, 다른 하나는 일터에서 물러난 뒤 어느 날 갑자기 찾아온 건강에 대한 경고이었다. 이들 문제는 전혀 예측할 재간이 없었던 변고로 속수무책으로 당하고도 어디에 대고 하소연도 할 수 없었다.

그 첫 번째가 40여 년 전(1982년 8월 6일) 여름방학 때 가족(아내와 두 아들)이 함께 고향에 갔다가 마산으로 돌아오기 위해 대전에서 마산행 표가 매진되어 차선책으로 대구행 고속버스를 타고 금강유원지를 지나다가 제2금강교(지금은 직선화 공사로 그 다리는 고속도로 운행 구간에서 제외되었음) 아래의 강바닥으로 추락하는 사고를 당했다. 당시까지 사상자가 가장 많은 고속버스 사고였다. 그 사고로 나를 제외하고 아내와 두 아이는 한두 달씩 입원해 치료를 받고 퇴원했다. 하지만 나는 전생의 업보가 가볍지 않았던지 사경을 헤매며 악전고투하다가 꼬박 여섯 달 동안 입원 치료를 받고 가까스로 퇴원해 정상으로 돌아왔다.

다른 하나는 일터에서 내려온 뒤의 일이었다. 지난 2016년과 2018년 두 차례나 멀쩡하다가 갑자기 블랙아웃(blackout) 상태에 빠졌었다. 두 번 모두 판박이처럼 같은 증상이었다. 멀쩡한 상태에서 갑자기 정신을 잃어 내가 누구인지 어디 사는지 까마득하게 잊었는데 신기했던 것은 가족은 알아보더란다. 그리고 병원으로 데리고 가려는데 결사반대해 지켜볼 수밖에 도리가 없었다는 얘기였다. 그렇게 7~8시간 지나고 정상으로 돌아와 저녁을 달라고 해서 먹고 태연하게 잘 잤다. 그리고 다음 날 병원에 가서 확인했더니 가볍게 뇌졸중이 지나갔다며 앞으로 계속 약을 복용하라고 해서 지시대로 따르고 있다. 지금도 4개월마다 정기검진을 받고 있는데 아마도 영원히 지속될 전망이다.

질풍노도처럼 밀고 들어오는 점령군의 행동처럼 일거에 나를 제압한 청천벽력 같은 사고나 증상은 믿기지 않을뿐더러 황당했다. 이는 마치 오래된 나무의 우듬지가 예기치 않은 사태로 우지끈 부러짐과 흡사한 변고가 아닐까! 그렇다고 무언가를 원망하며 울분을 토할 일이 아니다. 불행 중 다행으로 지금은 정상으로 이렇게 글도 열심히 쓰고 있다. 아울러 유한한 삶이기에 천리(天理)나 자연의 섭리를 거역하는 과욕은 부리지 않기로 했다. 하지만 언제가 될지 모르는 내 삶의 끝자락이 험하게 일그러지거나 추하게 변색되지 않도록 최선을 다함으로써 평소의 모습을 유지하고픈 욕심이 절절하다. 뜻대로 지켜질지 모르지만 지금의 심정이 그렇다는 얘기이다.

그 옛날 남송시대 육유는 자신의 필체를 청천벽력이라고 비유했었다. 따라서 그것은 막힘없는 힘찬 붓놀림을 말했던 것으로 오늘날엔 뜻밖의 변 다시 말하면 날벼락을 뜻하는 의미로 쓰이고 있기에 가능하다면 누구라도 청천벽력과 맞닥뜨리지 않는 삶을 누렸으면 하는 바람이다.

청출어람

 뭔가 혹은 누군가를 능가하는 경우를 생각한다. 예를 들면 제자가 스승, 후배가 선배, 자식이 부모를 능가하는 것은 어느 모로 봐도 응원과 박수를 받아 마땅하다. 왜냐하면 스승이나 선배 혹은 부모가 갈고 닦으며 쌓았던 지식과 경험을 고스란히 전수 받은 상태에서 더 높은 수준이나 경지로 도약을 했다는 긍정적인 결과라는 이유에서이다. 또한 이는 배움이나 교육의 본질적인 철학의 구현이며 날이 갈수록 성장과 발전을 거듭하고 있음을 상징하는 징표이기도 하다. 이런 경우를 포괄적으로 나타내는 말이 청출어람(青出於藍)이다.
 본디 청출어람은 '제자가 스승을 능가하게 됨을 비유적으로 표현했던 말'로써 중국 《순자(荀子)》의 〈권학편(勸學篇)〉에서 유래 되었다. 처음엔 청출어람이청어람(青出於藍而青於藍)으로 쓰이다가 세월이 지나면서 오늘날처럼 줄임말로 청출어람(青出於藍)으로 표기하게 되었다고 한다. 이 말과 동의어로 청출어람이청어람(青出於藍而青於藍)과 출람(出藍)이 쓰이고 있다. 한편 유의어로 출람지예(出藍之譽), 출람지재(出藍之才), 후생각고(後生角高) 등을 열거할 수 있겠다. 청출어람에 관련된 내용은《순자》의 〈권학편〉 첫머리에서 이렇게 시작된다.

"군자가 이르기를(君子曰 : 군자왈) / 학문은 중단하면 안된다(學不可以已 : 학불가이이) / 푸른 빛(색)은 쪽(藍)*에서 취했을지라도(얻었지만)(青取之於藍 : 청취지어람) / 그 쪽보다 더 푸르고(而青於藍) / 얼음은 물이 변한 것이지만(冰水爲之) / 물보다 더더욱 차다(而寒於水) …… / "고.

위의 내용에서 청출어람이 탄생했으며 앞에서 언급한 바와 같이 '제자가 스승을 훌쩍 뛰어넘는 상황을 비유적으로 나타내는 말'이다. 원래의 뜻인 '푸른 빛(색)은 쪽(藍)으로부터 취했음에도 불구하고 그보다 더 푸르다.'라는 의미를 의역(意譯)하면 이렇지 싶다. '학문을 끊임없이 갈고 닦으면 능히 스승을 능가하는 경지에 다다를 수 있음을 이르는 말'이다.

너무도 유명해 뭇 사람들의 입에 자주 회자(膾炙)되는 청출어람의 대표적인 예이다. 중국 북조(北朝) 북위(北魏) 사람인 이밀(李謐)이 처음 학문을 시작할 때 공번(孔磻)*을 스승으로 뫼시고 공부를 했다. 불철주야 학문에 정진하며 몇 년이 지나면서 이밀의 학문은 일취월장을 거듭해 스승을 능가하는 경지에 이르렀다. 이에 저명한 학자로 명성이 자자했던 공번이 더 이상 가르칠 게 없다면서 되레 그(이밀)를 스승으로 삼겠다는 파격적인 청을 해 놀라게 했다. 전대미문의 상황을 지켜보던 주위의 지인들은 스승의 대단한 용기가 부러울 뿐 아니라 훌륭한 제자를 두었다는 맥락에서 청출어람이라고 칭송했다는 전언이다.

어쩌다가 대학에서 학문을 한답시고 31년을 머물다가 내려왔다. 지금은 그동안 연이 닿아 마주했던 수많은 학부생의 얼굴이나 이름도 까마득하게 잊은 경우가 태반이다. 하지만 기백(幾百)에 이르는 석사과정을 지도했던 경우는 거의 또렷하게 기억할 뿐 아니라 어디서 무엇을 하며 사는지 풍문으로라도 들어 얼추 꿰차고 있다. 오랫동안 얼굴을 맞대고 살아온 날들의 추억 때문일까. 박사과정을 함께 했던 경우는 여타의 경우보다 서로의 속내를 소상히 꿴 채 지낸다. 결국 대학에서 연을 맺었던 학부 졸업생의 극히 일부와 석·박사 과정을 함께했던 제자들과 변함없이 교류를 계속 이어가고 있다.

올해 여든의 대열에 합류했으며 퇴임 후 14년째에 접어 들어섰다. 때늦게 지난날을 돌아보니 천성적으로 모자라거나 매정한 성격이었던 것 같다. 지난날 나는 너그럽지 못했다. 그런데 적지 않은 제자들의 마음 씀씀이와 행동은 나를 부끄럽고 초라하게 만들기 충분한 청출어람의 본보기이다. 이들 중에 두 사례이다.

지난 1980년에 입학했던 학부 1회 졸업생들은 거의 퇴직하고 초로(初老)의 길을 걷고 있다. 당시 유일한 여학생으로 1학년 때 공대 전체 수석으로 발군의 성적을 자랑했던 Y도 이제는 세 손주의 할머니로 현재 수원에 둥지를 틀고 있다. 대학을 졸업하고 대학원 진학을 바랐는데 곧바로 결혼했다. 남편은 물리학을 전공한 S 박사로 서울의 K 대학에서 교수를 역임하고 정년퇴임 했다. 제자 Y의 남편인 S 박사는 나와 띠동갑이다. 이들 부부가 항상 나를 감동케 한다. 자기 가정에 인터넷으로 뭔가를 주문할 때면 의례적으로 우리 것도 함께 주문해 친정 부모님께 보내듯 하는 마음씨가 너무 황송해 이따금 Y에게 전화를 건다. "우리 집 살림 걱정하지 말고 자기 집이나 잘 챙기라."라고. 그보다 나를 감동하게 하는 것은 S 박사의 심성과 마음 씀씀이다. 매년 한 차례 정도 Y가 우리 집을 찾아오는 길엔 언제나 S 박사가 동행한다. 자기 아내의 학부 시절 은사라는 것 외에 나와는 학연이나 지연이 전혀 없는데 그리 행동하니 감동 그 자체이다. 나는 이제까지 아내가 은사를 만나던 자리의 언저리에도 가봤던 적이 아예 없어 더욱 송구한 마음으로 늘 부부에게 큰 빚을 지고 살아가는 기분이다.

 대학에서 석·박사과정에서 고락을 함께했던 제자 중에 대학에 적을 두었던 대부분은 퇴직했다. 그런 때문에 지금은 석사과정만 함께 하고 다른 대학에서 박사를 취득한 2명을 비롯해 박사과정까지 함께했던 3명 등 모두 다섯이 대학에 재직하고 있다. 특히 대학에 재직하던 제자들과는 다른 분야보다 더욱 직·간접적으로 얽히고설켜 유대 관계가 끈끈하게 마련이다. 그런 특별한 경우 중에서도 배움의 과정에서 달랑 석사과정 2년 동안 연을 맺었었고 현재 수도권의 B 대학에 재직 중인 H 박사는 내게 여러 가지로 자성하도록 일깨워 주고 있다.

옹졸하고 부족한 때문이었을 게다. 감히 은사들께 한 번도 H박사처럼 베풀어 보지 못했다. 물론 능력이 따르지 못했을 수도 있지만 마음도 미치지 못했음을 이실직고해야 할 것 같다. 그는 전국 교수들의 학술모임 단체인 학회(學會)의 회장을 여러 차례 역임하면서 국내외에서 국제논문발표 학술대회를 많이 개최했다. 그중에서 제주도(2회), 중국 청도(青島 : Qingdao)와 일본의 삿포로(サッポロ)에서 개최될 때 사비(私費)로 여행 경비를 자기가 몽땅 부담하고 초대했었다. 게다가 제주도와 청도에는 아내의 경비까지도 전담하여 초대해서 할 말을 잃게 만들기도 했다. 다시 강조하지만 나는 내 은사들께 꿈도 꾸지 못했던 일로 청출어람을 자랑하려니 낯이 절로 붉어진다.

=====

* 쪽(藍) : 마디풀과의 한해살이풀로서 한자로는 남(藍(남) 혹은, 람(藍)이라고 한다. 높이는 50~60cm이며, 잎은 어긋나고 긴 타원형 또는 달걀 모양이다. 7~8월에 붉은 꽃이 수상(穗狀) 화서로 피고 열매는 수과(瘦果)를 맺는다. 잎은 염료로 사용된다. 중국과 인도차이나가 원산지로서 아시아와 유럽에 분포한다.
* 공번(孔璠) : 북조(北朝)의 저명한 학자였다.

시와늪, 2024년 봄호(제63호), 2024년 3월 30일

출필곡반필면

그 옛날 젊은이들이 출타와 귀가 시에 행동 규범이었을 출필곡반필면(出必告反必面)에 대한 일화이다. 맹자나 공자의 가르침을 최고의 덕목으로 여기며 유교적 윤리가 지배하던 시절 자녀들의 행동 지침으로서 금과옥조로 여기던 내용 중의 하나이었으리라. 이는 '출타할 때는 반드시 부모님께 고하여 허락을 받아야 하고(出必告), 귀가하면 반드시 얼굴을 뵙고 돌아왔음을 알려야 한다(反必面).'라는 의미이다. 결국 출타하려고 할 때나 귀가했을 때 자식이 부모에게 지켜야할 도리를 이르는 말이다. 요즘에 비하면 출타를 하려고 할 경우는 "ㅇㅇ에 다녀오겠습니다."라고 말씀드리고 허락을 받은 다음에 집을 나서야 하며, 귀가했을 때는 반드시 부모님을 직접 뵙고 "잘 다녀왔습니다."라고 말씀드리는 게 도리라는 일깨움이다.

이에 얽힌 얘기이다. 대충 스무 해 전쯤이지 싶다. 한동안 연락이 뜸했던 서울의 J 시인에게서 전화가 왔었다. 수인사를 나눈 뒤 다짜고짜 "예로부터 자녀들이 밖에 출타하려 할 때와 외출에서 돌아와 반드시 부모님께 인사를 드려야 한다."라는 내용을 한자(漢字)로 어떻게 표현하느냐고 물었다. 한학자도 아닌 내게 갑자기 물으니 퍼뜩 떠오르지 않아 생각나면 곧바로 알려주겠다는 약속을 하고 전화를 끊었다. 대학 시절 교양 국어 시간에 들었지만 까마득하게 잊고 있었다. 급해진 마음에 서둘러 이런저런 자료를 뒤져「出必告反必面(출필곡반필면)」이라는 사실을 확인한 뒤에 지체하지 않고 연락해 줬던 기억이 새롭다.

며칠 전의 일이다. 어떤 문학지 최근호에서 출필곡반필면이라는 수필을 읽었다. 줄거리를 요약하면 문학지에 투고했던 글 중에 한자「出必告」을 한글로 출필곡이라고 바르게 표기했었단다. 하지만 마(魔)가 끼었던가? 문학지에서 교정하는 과정에 젊은 담당자가「출필고」라고 틀리게 수정한 사실을 인지하지 못한 채 그대로 넘겼더란다. 그런데 그 글을 필자의 지난날 직장 상사가 읽고서 전화로 당신의 글 중에 한자「出必告」을 한글로「출필고」로 오기(誤記)했더라고 알려줘 죄송한 마음에 모골이 송연했었단다. 그 후 똑같은 실수를 되풀이하지 않기 위해서 다른 글에 한자「出必告」을 쓰면서 특별히 신경을 써서「출필곡」으로 바르게 표기했더란다. 한데, 이번에는 초등학교 동창 하나가 어떤 경로를 통해 봤는지「출필고」가 맞는 표기로서「출필곡」은 틀렸다고 막무가내로 우기며 강력하게 몰아붙여 꿀 먹은 벙어리처럼 제대로 대꾸도 하지 못한 채 곤혹을 겪었다는 후일담이었다.

이 문구(文句)가 중국의 오경(五經) 중 하나인《예기(禮記)》의 〈곡예편(曲禮篇)〉에 한자로 표기된 원문과 뜻을 요약한 내용은 아래와 같다. 한편 지난날 학동들이 서당에서 천자문을 떼고 나서 배우던《사자소학(四字小學)》에도 「출필곡지/반필면지(出必告之 反必面之)」라는 내용이 나온다.

/ 사람의 자식 된 자는, 출타할 때는 반드시 부모님께 말씀을 드리고 허락을 받아야 하고, 귀가하면 반드시 얼굴을 뵙고 돌아왔음을 알려야 한다(夫爲人子者 出必告反必面 : 부위인자자 출필곡반필면). / 나들이하는 곳은 반드시 일정해야 하고, 학문을 할 때는 반드시 기록(장)해야 한다(所遊必有常 所習必有業 : 소유필유상 소습필유업). / 항상 자신이 늙었다고 말하지 않도록 유념해야 하고, 나이가 두 배 많은 이를 대할 경우는 부모처럼 섬겨야 한다(恒言不稱老 年長以倍則父事之 : 항언불칭노 연장이배즉부사지). / 10년 연장자를 대할 경우는 형처럼 따르고, 5년 연장자를 대할 경우는 어깨를 나란히 하되 뒤를 따른다(동년배로 지낼지라도 상대방을 윗사람처럼 대접하라는 의미)(十年以長則兄肩隨之 五年以長則肩隨之 : 십년이장즉형견수지 오년이장즉견수지). / 다섯 사람이 한 자리를 할 경우에는, 연장자의 좌석은 반드시 달리해야 한다(群居五人 則長者必異席 : 군거오인 즉장자필이석). /

요즈음엔 한자를 거의 배우지 않기 때문에 그 부분에 대해서 청맹과니이거나 어설프게 알고 있는 경우가 허다하다. 그런 이

유일 게다. 그다지 어렵지 않은 한자인 「告」가 「알릴 고」라고 알고 있어도, 「뵙고 청할 곡」으로도 쓰인다는 사실을 까마득하게 모르는 경우가 숱한 모양이다. 일반적으로 '알리다·알리고 허락받는다.'라는 의미로 쓰일 경우 「곡」이라고 읽어야 한다. 따라서 「出必告」는 한글로 「출필곡」으로 표기해야 맞다. 이 문제에 대해 현실적으로 어떤 상태인지 살펴보고 싶어 인터넷에 접속했더니 상당수가 한자 「出必告」를 한글로 「출필고」로 틀리게 표기하고 있어 당황스럽고 헷갈렸다. 이런 측면이 오늘날 우리 사회에서 문해력(文解力)에 심각한 문제가 있음을 단적으로 드러내는 대표적인 예가 아닐까. 아날로그 세대(analog generation)인 노년층들은 디지털 문화의 기본 원리나 개념을 비롯해 무수히 생겨나는 신조어에 까막눈이라서 새로운 문화를 따라가지 못한 채 날이 갈수록 현대문명의 사각지대로 내몰리는 안타까운 형국이다. 이들 기성세대에 비해 디지털 세대(digital generation)인 젊은이들은 우리말이나 글의 표현 중에 상당 부분이 한자를 기반으로 탄생했음에도 그 참뜻을 바르게 꿰뚫어 정통하지 못함으로써 겪는 어려움이나 단절의 문제를 두고 이르는 독백이다.

타산지석

　원래 타산지석(他山之石)은 '다른 산(他山)의 돌(石)'이라는 뜻으로 '다른 산의 쓸모없어 보이는 돌도 내게 도움이 될 수 있음'을 의미하는 말이다. 그러므로 이 말은 '타인의 허접한 일일지라도 자신을 갈고 닦는 수양에 도움이 될 수 있음'을 함축하고 있다. 따라서 '남들이 행했던 잘못된 언행이나 뼈저린 실패 따위도 귀감으로 삼아 가르침을 얻을 수 있다.'라는 철학을 바탕으로 하고 있기 때문에 '전혀 소용없어 보여도 쓰기에 따라서는 얼마든지 유용하게 활용할 수 있음'을 웅변하는 성어이다. 이의 생성 배경과 유래를 비롯해 담고 있는 철학에 대한 살핌이다.

　이의 출전(出典)은 공자(孔子)가 편찬했으며 중국에서 가장 오래된 시집인《시경(詩經)》의 〈소아편(小雅篇)〉에서 나오는 학명(鶴鳴 : 학의 울음)이라는 시이다. 한편 유래를 요약하면 학명의 시구(詩句)에서 '다른 산의 보잘것없는 돌'일지라도 첫째로 숫돌이 될 수도 있고, 둘째로 옥(玉)을 가는데, 사용할 수도 있다고 묘사한 데서 비롯되었다. 그리고 유사어로서 반면교사(反面教師), 공옥이석(攻玉以石)을 비롯하여 전차복철(前車覆轍) 따위가 있다. 이와 약간 궤를 달리할지라도 역행보살(逆行菩薩)도 의미 있지 싶기도 하다.

학명에서 나타나는 내용 대강이다. 한적한 산야에 고요가 깃든 평화로운 분위기가 감싸고 있던 때에 저쪽 언덕(皐) 위에서 한가로이 학이 우니 그 소리가 들판 가득하게 울려 퍼졌던가 보다. 너무도 평화롭고 고요해 연못 속에 물고기도 마냥 여유롭게 수초나 바위틈에 들어가 노닐다가 물가(渚)로 나와 유영하던 분위기였던 것 같다. 또한 한편으로는 여유롭고 즐거운 동산에는 박달나무(檀)가 있는데 그 아래엔 탁(擇 : 낙엽 혹은 풀이름) 뿐이었던 모양이다. 그런 산의 정경을 보며 읊었던 시구에서 나온 숫돌에 대한 내용이다.

/ 다른 산(他山)의 쓸모없는 돌이라도(他山之石 : 타산지석) / 숫돌(錯)이 될 수 있으리니(可以爲錯 : 가이위착) /

한편 그런 분위기에서 읊었던 내용 중에 '다른 산의 돌'을 옥(玉)을 가는데, 쓸 수 있음을 묘사한 시구 내용이다.

고요가 깃든 산야의 언덕(皐)에서 고고한 학(鶴)이 우니(鳴) 자연스럽게 그 소리가 하늘 가득히 울려 퍼져 마냥 평화로운 분위기였던 가보다. 연못(淵)에서 여유롭게 노닐던 물고기가 물가

(渚)로 나와 유영하다가 깊은 물속으로 자취를 감추기(潛)를 되풀이하는 정겨운 정경이었던가 보다. 그때 저만치 산을 바라보니 그 동산(園)에는 기쁜(樂) 마음으로 가꿔왔던 박달나무(檀)가 서 있을지라도 그 아래엔 하찮은 닥나무만 눈에 가득히 들어왔던 모양이다. 그런 상황을 지켜보다가 이렇게 읊었다.

/ 다른 산의 쓸모없는 돌이라도(他山之石 : 타산지석) / 옥을 갈 수 있으리니(可以攻玉 : 가이공옥) /

위의 내용에서 타산지석일지라도 첫째로 숫돌, 둘째로 옥을 가는 용도로 사용할 수 있음을 천명(闡明)하고 있다. 여기서 나타나는 돌(石)과 옥(玉)을 공자가 이렇게 이르고 있다. 돌은 소인(小人), 옥은 군자(君子)라고 말이다. 그런데 여기서 주목할 것은 돌(소인)은 옥(군자)을 헐뜯고 해하려 든다. 그렇지만 옥은 못난 돌을 폄하하거나 내치지 않고 품어 자신을 갈고 닦는데, 거울이나 본보기로 삼는다. 이와 같이 군자는 소인의 모자람을 통해 성찰의 화두를 찾아 자신을 돌아보며 나아갈 방향과 길을 찾는데 사표로 이용한다. 이런 대승적인 대처를 통해 군자의 식견은 한층 고매해지고 마음은 넓어져 세상 모든 것을 스승으로 삼음으로써 타산지석의 철학에 이르는 게 아닐까 싶다.

우리말에 대한 조예가 깊지 못해 엉뚱한 생각일지 모르지만 엇비슷하게 쓰이는 반면교사와 타산지석에 대한 용법의 차이에 대한 편감(片感)이다. '어떤 대상에서 가르침을 얻는다는 긍정적인 의미'일 경우엔 타산지석이 쓰이고, '부정적인 것에 대해서 의미를 부여할 경우'에는 반면교사가 사용되는 것으로 결론짓는 게 타당하지 싶다. 이런 맥락에서 '타인의 언행에서 나에게 도움이 되는 경우에 타산지석이 쓰인다. 한편 반면교사는 타인의 잘못된 언행으로부터 깨달음을 얻는 쪽에 쓰는 게 오늘날의 쓰임새라고 하겠다.'

유한한 삶에서 배움이 끊이지 않고 이어진다고 해도 새로 얻어야 할 지혜와 교훈은 무궁무진하다. 따라서 누구든 자만하거나 아집에 사로잡히지 않고 열린 마음에서 타산지석의 철학을 실천하는 삶의 자세는 열 번 강조해도 지나치지 않으리라. 이런 까닭에서 '소인의 하찮은 언행일지라도 그 모두가 군자가 자신을 수양하는데 도움이 된다는 사실'을 상기하는 계기가 된다면 더할 나위 없겠다. 아무리 생각해 봐도 막힘이 없고 열린 생각으로 무장해 긍정적인 마인드를 가진 관대한 이들과 궁합이 잘 맞는 타산지석이 아닐까. 왜냐하면 성질이 불같은 이에게서 인내를, 편협하기 이를 데 없는 이에게서 관용을, 불친절한 이에게서 친절을 배울 수 있지 아니한가? 이런 생각을 하다가 역시 공자가 《논어(論語)》의 〈술이편(述而篇)〉에서 일갈했던 "세 사람이 길을 같이 걸어가면 반드시 내 스승이 있다(三人行必有我師 : 삼인행필유아사)."라는 말이 불현듯 떠올랐다.

토사구팽

쓸모가 없어지면 냉혹하게 버리는 몰인정한 단면의 얘기다. 어렵고 힘든 고난했던 시절에 고락을 함께한 사이지만 그 고비를 넘기고 소용이 없다 싶으면 가차 없이 버리는 게 세상의 인심이다. 지푸라기라도 잡아야 하는 절체절명의 처지에서는 더할 수 없이 요긴하지만 사정이 바뀌어 계륵(鷄肋) 같은 존재로 전락하면 미련 없이 버리는 상황을 토사구팽(兎死狗烹)이라고 한다.

원래 토사구팽이란 '토끼(兎)가 죽으면 개(狗)를 삶아(烹) 먹는다.'라는 뜻이다. 그러므로 이는 '토끼 사냥 끝나면 개가 쓸모가 없어지기 때문에 잡아먹는다.'라는 의미로 해석되는 관계로 결국은 '소용이 닿을 경우에는 요긴하게 쓰다가 쓸모가 없어지면 가차 없이 버린다.'라는 뜻으로 확대 해석된다. 이 말은 사마천(司馬遷)이 편찬한 《사기(史記)》의 〈월왕구천세가(越王句踐世家)〉에서 범려(范蠡)가 자기 동료였던 문종(文種)에게 썼다는 서찰(書札)에 나온다. 한편 동의어나 유의어로서 구팽(狗

烹), 교토사양구팽(狡兔死良狗烹), 교토사주구팽(狡兔死走狗烹), 주구팽(走狗烹), 적국파모신망(敵國破謀臣亡), 비조진양궁장(蜚鳥盡良弓藏) 등이 있다.

토사구팽의 유래이다. 앞서 언급했듯이《사기》의 〈월왕구천세가〉에 나오는 내용의 대강이다. 중국 춘추시대의 일이다. 초(楚)나라 출신이었던 범려(范蠡)는 동료이며 친구인 문종(文種)과 함께 춘추오패(春秋五霸) 중의 하나인 월왕(越王) 구천(句踐)을 보필하여 오(吳)나라를 패망시키는데 큰 공을 세웠다. 하지만 범려는 구천왕을 지근에 모시면서 살펴보니 큰 재목이 아니라 세상이 평온해지면 가장 가까운 공신들을 크게, 해(害)할 위인이라고 판단하고 일찍이 제(齊)나라 땅으로 옮겨 살길을 확보해 두었다. 그런 연후에 친구인 문종의 신변과 목숨이 위태롭다고 여겨져 은밀히 서찰을 보냈다. 그 서찰 내용 중에 토사구팽이 나타나는 대목이다.

/ 날던 새(蜚鳥)를 몽땅 잡으면(盡) 좋은 활도(良弓) 창고에 처박히며(藏)(蜚鳥盡良弓藏 : 비조진양궁장) / 재빠른 토끼(狡兔)가 죽으면 사냥개(狗)는 삶아(烹) 먹는 법이라네(狡兔死走拘烹 : 교토사주구팽) /

이 내용에 이어 구천(句踐)의 됨됨이나 인품으로 볼 때 큰 그릇이 아닌 까닭에 슬픔을 함께 나눌 수는 있어도 즐거움이나 얻은 결과를 공유하며 천하를 논할 그릇이 아니다. 그런 때문에 하루 빨리 구천을 멀리하고 조정에서 물러나라는 구구절절한 내용이었다. 이에 단호하게 대처하지 못하고 차일피일하며 시간을 질질 끌다가 종국에는 구천의 곁을 떠나기로 작정했다. 그런 이유에서 겉으로는 칭병(稱病)을 내세워 조정에 나가지 않고 집에 칩거하고 있었다.

예나 지금이나 간신 혹은 모리배가 적지 않았던 모양이다. 그런 상황에서 어떤 간신이 얼토당토않게 문종이 반란을 획책하고 있다고 날조하여 구천에게 참소(讒訴)를 했다. 그러자 기다렸다는 듯이 격노한 구천이 자진(自盡)을 명해 '문종은 결구 자살했다(種遂自殺 : 종수자살).'라고 한다. 이런 맥락에서 볼 때 범려의 비범한 직관력은 범인의 경지를 훌쩍 넘어 도인의 경지가 아니었을까 싶다.

역사적으로 한 참 훗날의 얘기지만《회음후열전(淮陰侯列傳)》에서 한신(韓信)에 얽힌 일화에서도 토사구팽이 나타난다. 한고조(漢高祖) 유방(劉邦)이 한신을 반역으로 몰아 체포하자 울분을 토하며 일갈했던 말에서 토사구팽이 나타나 일반 사람들에게 널리 알려지는 계기가 되었다는 설도 있다. 사람들의 말처럼

/ 재빠른 토끼(狡兎)가 죽었기에 충직한 사냥개(良狗)는 삶고(烹)

(狡兎死良狗烹 : 교토사양구팽) /

나는 새를 모두 잡았으니 좋은 활은 창고에 처박히며, 적을 완전히 제압했기 때문에 책략을 세우던 신하가 필요 없어 죽이고,

천하가 제패 되었으니, 이제 내가 팽(烹) 당할 차례가 되었다면서 한탄하며 그 상황을 받아들였다는 전언이다.

토끼 사냥이라는 목적을 이룬 이후에 재빠른 토끼를 잡기 위해 입에서 쓴 내가 나도록 뛰었던 사냥개를 잡아먹는 상황은 아무리 생각해도 참혹하고 무자비한 처사다. 이는 심하게 표현해서 단물만 쏙쏙 빨아먹고 피도 눈물도 없이 냉혹하게 팽개치는 상황을 뜻한다. 결국 우리들의 관계나 사회적 현상에서 발생하는 냉혹한 단면을 에둘러 표현한 토사구팽을 곱씹지 않을 수 없는 것 같다.

파천황

 파천황(破天荒) 얘기다. 이를 곧이곧대로 해석하면 '천황(天荒 : 황무지)을 깨다(破).'라는 뜻이다. 그 옛날 중국 당대(唐代)의 형주(荊州)에서는 과거(科擧) 합격자가 나오지 않으면서 천황이라고 비아냥댔던 모양이다. 여기서 천황은 미개의 땅 혹은 흉작 등으로 잡초가 우거진 모습을 지칭하는 개념이었다. 그런데 형주 사람으로서는 유세(劉蛻)가 최초로 과거에 합격하면서 마침내 천황을 깨뜨렸다는 뜻으로 파천황이라고 표현했던 말에서 비롯된 성어이다. 그러므로 '이전에 아무도 한 적이 없는 일을 하는 것.'으로써 '유례(類例)가 없는 일을 처음 시작함'을 의미한다. 오늘날에는 '여태까지 아무도 못 했던 일을 성취한 것.'을 비유하거나, '벽성(僻姓)* 혹은 희성(稀姓)의 가문에서 인물이 배출되었거나', '무반향(無班鄕)*에서 인재가 출현해 미천한 상태를 벗어남'을 이르는 말로 통용되고 있다.
 파천황은 원래 중국 송(宋)나라 손광헌(孫光鉉)이 펴낸《북몽

쇄언(北夢瑣言)》에서 유래되었다는 전언이다. 이 말의 유의어로는 미증유(未曾有), 효시(嚆矢), 비조(鼻祖), 전인미답(前人未踏), 전대미문(前代未聞), 남상(濫觴) 따위가 사용되고 있다. 이 말에 대한 유래에 얽힌 사연의 대강이다.

그 옛날 중국에서 관리에 등용되기 위해서는 거주(출생) 지역에서 실시하는 향시(鄕試)에 합격하고 나서 중앙정부에서 시행하는 회시(會試)에 합격한 사람을 거인(擧人)*이라 칭하며 어엿한 관리에 등용될 수 있었다고 한다.

당(唐)나라 시절 형주(荊州)에서는 향시 출신들이 중앙에서 실시하는 회시에 매년 응시해도 오랫동안 합격자가 나오지 않자 '형주는 황무지 같은 미개 지역이라서 인지(人智)가 발달되지 않은 지방'이라는 멸시의 뜻을 담아 사람들은 형주를 천황이라고 은근히 멸시했던 것 같다. 그런 설음을 겪다가 유세가 처음으로 중앙의 회시에 합격하자 사람들은 천황을 깼다고 환호하며 그를 일컬어 파천황이라고 부르던 고사에서 시작되었다. 이런 관점에서 인물이 나지 않는 황무지에 비유해서 그렇게 어려운 환경을 극복하고 타파한다는 뜻이 되기 때문에 파천황 대신에 파벽(破僻)*이라고도 호칭한다.

당시 당나라 과거시험 중에 중앙에서 실시하는 회시는 주로 진사과(進士科)로서 응시 자격은 크게 두 갈래였다. 첫째는 지방의 국립학교 출신자 중에서 성적 우수자, 둘째로 지방의 향시에 합격하여 추천을 받은 자이었는데, 후자(後者)의 합격자를 해(解)라고 호칭했단다. 여기서 해는 '모든 면에서 달통한 사람'

이라는 의미로 통했다고 한다. 그런데 앞에서 열거한 손광헌의 《북몽쇄언》에서 '해'라는 말이 등장한단다. 형주에서 매년 어김없이 향시 출신을 중앙의 회시로 보내도 합격하지 못했다. 이 낙방자들을 싸잡아 천황해(天荒解)라고 불렀다. 이런 상황에서 형주의 해로 급제하여 파천황이라고 불리게 되었다는 얘기다.

얼마 전까지도 우리의 시골에서 자기 동네 출신이 크게 성공을 거뒀거나 각종 고시에 합격하면 주민 이름으로 환영 플래카드를 내거는 문화가 있었다. 이와 유사한 맥락이었을 게다. 유세의 과거급제가 형주 사람들에게 얼마나 대단한 일이라고 생각했으면 당시 형남군절도사(荊南軍節度使)였던 최현(崔鉉)까지 앞장서서 파천황전(破天荒錢)이라며 상금 70만 전을 내렸다고 하니 경천동지할 사건이 분명했나 보다.

"떡 본 김에 제사 지낸다."라는 말이 있다. 파천황을 살피다가 자연스럽게 떠오르는 미증유(未曾有)를 지나칠 수 없었다. 이 말은 파천황과 사촌쯤의 유사한 의미로 쓰이며 불교 경전에서 유래했다. 본디 일찍이 없었던 일을 뜻하는 말로서 '부처의 공덕을 기리거나 신령하여 도저히 믿기지 않는 일'을 일컬을 때 사용된다. 다른 말로는 미상유(未嘗有)라고 하며 파천황(破天荒), 전인미답(前人未踏), 공전(空前), 광고(曠古) 따위의 유의어가 있다.

미증유에 대해 알려진 유래에 관련 자료 두 가지이다. 먼저 《능엄경(楞嚴經)》에서 "부처의 설법 장소에 모였던 청중들이(法筵聽衆 : 법연청중) 미증유함을 얻었다(得未曾有 : 득미증유)."라는 표현이 있다는 기록이다. 그런가 하면 《중아함경(中阿含

經)》에서 수장자(手長子)*가 준수해야 할 8가지 미증법이 있다고 이르고 있다.

8가지 미증법을 이렇게 적시하고 있었다*. 수장자는 욕심이 적고(少欲 : 소욕), 믿음이 있으며(信 : 신), 양심의 부끄러움(慙 : 참)을 알고, 남에게 미안함(愧 : 괴)을 알며, 정진(精進 : 정진)이 있고, 생각(念 : 념)이 있으며, 마음이 산란하지(定 : 정) 않으며, 지혜(慧 : 혜)가 있다고 했다. 이 경우에도 미증유라는 말이 등장하고 있다. 이상과 같은 의미를 고려할 때 '이전에는 경험하지 못했던 놀라운 사건이나 일'을 표현한다는 사실을 다시 확인할 수 있다.

연이어 파천황과 미증유의 유래를 더듬으며 누구도 경험하지 못한 새로운 경험이나 시도를 비롯해 신천지를 열거나 혹은 걸어간다는 생각을 하다가 뚱딴지같이 서산대사의 답설가(踏雪歌)가 떠올랐다.

눈 덮인 들판을 걸을 제(踏雪野中去 : 답설야중거)

함부로 발걸음을 떼지마라(不須胡亂行 : 불수호란행)

오늘 내가 걸었던 지취가(今日我行跡 : 금일아행적)

뒤따르는 이의 이정표가 되리니(遂行後人程 : 수행후인정)

=====

* 벽성(僻姓) : 흔하게 볼 수 없는 아주 드문 성(姓).
* 무반향(無班鄕) : 양반이 살고 있지 않던 시골.

* 거인(擧人) : 중국에서 관리에 추천되거나 등용시험에 응시하는 자 또는 그 합격자를 이른다. 한편 우리의 고려와 조선시대에 크고 작은 과거시험에 응시했던 사람을 이르던 말이기도 하다.
* 파벽(破僻) : 드문 성씨(僻姓) 또는 양반이 없는 시골(無班鄕)에서 인재가 나와 본디의 미천한 상태를 벗어남.
* 수장자(手長者) :
https://gall.dcinside.com.mgallery/board/view/?id=buddhism&no=78535에서 이렇게 설명하고 있다.
"부처가 악귀인 광야(壙野)에게 살생하지 못하도록 계(戒)를 받게 했다. 이날 마을에서 죽을 차례가 된 장자가 있었다. 사람들이 그를 귀신에게 데려갔고 귀신은 그 장자를 나에게 보냈다. 나는 그를 받고서 다시 이름을 지어 수장자(手長者)라고 했다는 설명이었다(《대열반경(大涅槃經)》 제15경 〈20. 청정한 행〉의 설명을 그대로 옮김)."
* http://kr.buddhism.org/중아함경中阿含經-1/

평지풍파

본디 평지풍파(平地風波)는 '평지(平地)에 바람(風)과 파도(波)가 일어난다.'라는 의미이다. 이를 현실에서는 '고요한 상황에서 돌발하는 소란스러운 상황을 뜻하는 표현'으로 사용된다. 다시 말하면 '전혀 예상치 못한 다툼이나 분쟁 사태가 발생하는 경우'를 이르기 때문에 결국은 '공연한 일을 만들어 예상외의 분쟁을 일으키거나 사태를 어렵고 시끄럽게 만드는 경우'를 비유적으로 이를 때 통용된다. 이의 비롯된 유래와 함축하는 의미와 조우이다.

'평온한 상황에서 돌발적인 다툼이나 시비의 빌미를 제공하거나 사태를 꼬이게 만듦'을 비유적으로 이르는 평지풍파는 중국 당(唐)나라의 대표적인 시인이었던 유우석(劉禹錫)의 시(詩) 〈죽지사(竹枝詞)*〉에서 유래되었다. 원래 이 시는 칠언절구(七言絶句) 형식으로 최초 9수(首)로 구성되어 있었는데 그중의 하나가 구당협(瞿塘峽)*을 여울*져 흐르는 강물과 한(恨)이 켜켜이 쌓인 사람의 마음을 대비(對比) 시켜 묘사한 시구(詩句)에서 생겨났다. 한편 평지기파란(平地起波瀾)이 같은 뜻으로 사용된다. 그리고 〈죽지사〉 중에서 이 말이 나타나는 수(首)의 내용은 이렇다.

/ 구당협(瞿塘峽)에서 시끄러운(嘈嘈) 열두(十二) 여울(灘)이 있어(瞿塘嘈嘈十二灘 : 구당조조십이탄) / 사람들이 예로부터 어려운 길이라 일컫던 곳(人言道路古來難 : 인언도로고래난) / 한이 켜켜이 쌓인 사람 마음은 물과 같지 않아서(長恨人心不如水 : 장한인심부여수) / 공연히(等閑) 평지에 풍파(波瀾)를 일으키네(等閑平地起波瀾 : 등한평지기파란) /

위의 마지막 시구에서 보듯이 원래는 평지기파란(平地起波瀾)이었는데 오늘날엔 평지풍파(平地風波)로 바뀌었다. 한편 시구에 나타난 바와 같이 구당(瞿塘) 지역의 여울을 세차게 흐르는 강물과 켜켜이 한이 쌓인 사람의 마음을 견줘서 묘사하는 과정에서 생긴 말이다. 다시 말하면 한이 많은 사람의 마음은 장강에서 빠르고 세차게 흐르는 여울물과 같지 않아서 함부로 말을 내뱉어 평지에 파란을 일으켜 세상을 어지럽게 만든다는 취지이다. 결국 당협(塘峽)을 흐르는 물은 강바닥의 경사(傾斜)가 심해 급하게 흘러가도 아무런 불평을 토로하지 않는다. 그에 비해 사람은 한이 서리면 참고 견뎌내지 못하고 자기 편리한 대로 마구 발설하여 평지풍파를 일으켜 세상을 어지럽게 한다고 한탄하는 내용을 노래한 것이다.

결국 평지풍파에서 평지는 '아무 탈 없이 평온한 상황'을, 풍파는 '갑자기 평온이 깨져 혼란스러운 상황에 이른 상태'를 의미하기 때문에 한마디로 요약하면 "뜻밖에 분쟁이나 말썽이 발생함"을 비유적으로 나타내는데 쓰인다. 따라서 이 같은 상황을 유발하는 경우는 생각이 짧은 사람이나 사고뭉치 대접을 받게 마련이다. 이 같은 맥락에서 "긁어서 부스럼 만든다."라는 속담이 떠오르기도 한다.

=====

* 죽지사(竹枝詞) : 악부시(樂府詩)의 일종으로 죽지(竹枝)라고도 한다. 원래 중국 사천성(泗川省) 동부지역 일대의 민가(民歌)였으나 당나라 시인 유우석(劉禹錫)이 민가(民歌)를 근거로 하여 새로운 가사(歌詞)를 만들었다. 주로 삼협(三峽) 일대의 풍광이나 남녀 간의 연정을 노래한 것이 많으며 백거이(白居易)와 황보송(皇甫松)도 죽지사에 대해서 사(詞)를 달았다. 그런데 이 시는 유우석이 기주자사(夔州刺史)로 좌천되었을 때 건평(建平) 지역 아녀자(兒女子)들이 돌아가며 이 노래를 부르는 것을 보고 이를 채집하여 죽지사라는 새로운 노래 가사를 지은 것으로 추후에 추가된 2수(首)를 포함하여 모두 11수(首)로 되었다.
* 악부시(樂府詩) : 한시(漢詩) 형식의 하나이다. 인정이나 풍습을 읊은 것으로 글귀에 장단이 있다.
* 구당협(瞿塘峽) : 중국 장강(長江)에 있는 삼협(三峽) 중의 하나로서 여울져 흐르는 물이 하도 빠르게 흘러 뱃사람들에게는 죽음의 뱃길 혹은 험로(險路)라고 하여 악명이 높았던 것으로 알려졌다.
* 여울 : 물살이 빠르고 세게 흐르는 곳을 뜻한다. 그 이유는 강바닥이 평평하지 못하고 경사(傾斜)져 생긴 비탈 때문에 유속(流速)이 빨라지는 것이다.

풍수지탄

어쩌다 보니 선친(先親)이나 선비(先妣)보다 더 수(壽)를 잇고 있다. 때 늦게 돌이켜 생각하니 받은 것은 헤아리기 어려울 정도로 많은데 돌려드린 것은 아무것도 없다. 또한 효도를 했던 적이 없을 뿐 아니라 크게 불효를 했던 적도 없지 싶다. 불혹(不惑)의 중반 선친이, 지천명(知天命) 중반에 선비가 타계하셨다. 여든의 문턱을 넘어서며 곰곰이 생각하니 두 분이 생존해 계실 때 섭섭했을 법한 후회막급한 일들이 크게 되살아나면서 회한에 잠기게 만든다. 천만년 곁에서 지켜줄 것이라는 아둔함에 좀 더 살뜰하게 살필 지혜가 모자랐기에 풍수지탄(風樹之嘆)의 가슴앓이에서 벗어나지 못하지 싶다.

 풍수지탄을 곧이곧대로 직역하면 '바람과 나무의 탄식.'이다. 하지만 '효도를 하려고 해도 부모님이 타계하셔서 그 뜻을 이룰 수 없는 상황.'을 의미한다. 다시 말하면 '부모에게 효도하려는데 이미 유명을 달리하셔서 효행이 불가능한 상태.'를 뜻하는 개념으로 통용되고 있다. 한편 이의 동의어나 유의어는 풍수지탄(風樹之歎), 풍수지감(風樹之感), 풍수지비(風樹之悲), 수용정이풍부지(樹欲靜而風不止), 자욕양이친부대(子欲養而親不待) 등이 있다. 아울러 이 성어 출전(出典)은 한영(韓嬰)이 쓴《한시외전(韓詩外傳)*》이며, 여기에 등장하는 고어(皐魚)라는 사람의 말에서 유래되었다.

공자(孔子)가 제자들과 뭔가를 위해 나섰던 유랑 길이었다. 사람의 통행이 뜸해 한적한 구석에서 어떤 이의 슬피 흐느끼는 통곡의 소리가 이상하게도 가슴을 울렸다. 예사롭지 않다고 여겨져 다가가 수레에서 내려 궁금한 이것저것을 꼬치꼬치 캐물었다. 그는 고어(皐魚)라는 사람으로 허름한 베옷을 입고 한 손엔 낫을 들고 몹시 섧게 울고 있었다. 아무리 행색을 살펴봐도 상(喪)을 당한 것 같지 않았다. 그럼에도 그렇게 슬퍼하는 연유가 궁금해서 물었더니 입을 열고 떠듬떠듬 답했다. 제가 "여태까지 살아오면서 세 가지의 큰 잘못을 범해 그것이 괴롭고 슬퍼 흘리는 회한의 눈물이랍니다."라며 그 사연을 늘어놨다.

"젊은 날엔 공부를 하거나 제후(諸侯)를 사귄다는 핑계로 부모님이 살아 계실 때 모시지 못한 게 첫 번째 한이랍니다. 두 번째 잘못은 어쭙잖은 제 뜻이 제일이라는 어리석음에 겸손하지 못해 저를 받아줄 군주를 만나지 못했던 한이지요. 끝으로 세 번째 한은 흉금을 털어놓던 친구와 특별한 이유도 없이 자존심을 내세우다가 소원해졌던 옹졸함이랍니다."라고 했다. 이렇게 가슴속에 새겨진 한을 토로하면서 특히 저세상으로 떠나신 부모님에 대한 회한과 그리움을 가득 담은 이런 말을 계속했다.

/ 나무는 조용히 있고 싶어도 바람이 그치지 않고(樹欲靜而風不止 : 수욕정이풍부지) / 자식은 모시려 하나 부모는 기다려주지 않네(子欲養而親不待也 : 자욕양이친부대야) / 흘러가면 쫓아갈 수 없는 것이 세월이며(往而不可追者年也 : 왕이불가추자년야) / 가시면 다시 만날 수 없는 게 부모라네(去而不可得見者親也 : 거이불가득견친야) /

위와 같이 말하면서 "저처럼 지난 뒤에 후회하지 말고 두루두루 되새겨보기를 당부드리고 싶습니다."라고 이른 뒤에 조용히 눈을 감고 이승을 하직했다고 전해진다. 이름 없는 필부의 절절한 얘기에 깊은 공감을 했던 공자가 제자들에게 새겨듣고 깨우치라고 이르면서 적바림해 두라고도 조언을 했다. 또한 이에 전적으로 동감하며 뉘우치던 바가 컸던 제자 13명이 고향으로 돌아가 부모님을 뫼시겠다고 짐을 챙겨 떠났다고 한다. 결국 위의 내용에서 풍수지탄이라는 성어가 탄생했다.

결론적으로 풍수지탄은 '작고(作故)하신 부모님에 대한 그리움과 슬픔을 담은 의미로 쓰이고' 있기에 '효도를 제대로 하지 못한 자식의 슬픔'을 함축한다. 따라서 부모 살아생전에 효도하라는 무언의 웅변이기도 하다. 특별한 경우를 제외하곤 뭇사람들은 부모가 베풀어준 은혜만큼 효도하는 경우는 거의 없게 마련이 아닐까 싶다. 이런 이치를 꿰뚫고 부모에게 받았던 은혜를 대신 자식에게라도 전하며 빚을 갚으라는 맥락에서 '치사랑이 아닌 내리사랑' 철학을 우리 뇌리에 심어 준 게 아닌지 모르겠다.

=====

* 한시외전(韓詩外傳) : 중국 전한(前漢)의 학자 한영(韓嬰)이 쓴 〈시경(詩經) 해설서〉이다. 정확한 저술 시기는 미상(未詳)이지만 경제(景帝) 혹은 무제(武帝) 때로 추정된다. 《시경(詩經)》을 해설하면서 다양한 고사(故事)와 고어(古語)를 비롯해서 설화(說話) 따위를 인용하여 앞에 쓰고, 그 뒤에 《시경(詩經)》의 시구들을 기술하는 형태로 기술되어 있다.

경남문학, 2024년 여름호(통권 147호), 2024년 8월 25일

학수고대

간절한 기다림을 뜻하는 학수고대(鶴首苦待)와 조우이다. 우선 학(鶴) 하면 우아한 이미지 때문에 기호(嗜好)에 맞춰 태금(胎禽), 백학(白鶴), 선학(仙鶴), 선어(仙馭), 선금(仙禽), 노금(露禽), 백두루미, 두루미 등 다양하게 호칭됨에 놀랐다. 일반적으로 학수고대는 '학처럼 목을 길게 빼고 기다림'이라는 뜻으로 '매우 간절하게 기다림 혹은 바람'의 상황을 이르는 말이다. 따라서 '학처럼 우두커니 서서 하염없이 기다린다.'라는 의미의 학립기저(鶴立企佇)와 유사한 의미이다.

학수고대는 일부에서는 《동평지견(東平志堅)》에서도 나타난다고 적시하여 자료를 뒤져 봤으나 쉽지 않아 포기했다. 이 대신에 진서(晉書)인 《은일전(隱逸傳)》〈곽우편(郭瑀篇)〉에서 나타난 내용을 중심으로 그 유래를 짚어본다

곽우는 원래 동진(東晉) 사람으로 학문에 뛰어나고 인품 또한 뭇 사람들의 흠모에 대상이었던가 보다. 그런 그가 평소 존경

하면서 정성을 다해 받들던 스승이 별세하자 3년 상(喪)을 모신 뒤에 깊은 산속에 토굴을 파고 은거하면서 제자 양성을 하는 것으로 자족하며 세상을 탐내거나 넘보는 일이 없는 도인 같은 은둔 선인이었던가 보다.

산속 토굴에 은거하며 제자 양성을 제일로 여기던 그의 고매한 인품과 뛰어난 재능이 풍문으로 온 사방에 널리 퍼졌던가. 그런 연유로 자연스럽게 오호십육국(五胡十六國) 시대 전량(前涼)의 제9대이며 마지막 왕인 장천석(張天錫)의 귀에도 들어갔던 모양이다. 왕은 자신의 친필 서신을 써서 신하에게 지참시키며 예를 갖춰 정중하게 곽우를 찾아뵙도록 조치했다.

"선사(先師)께서는 세상을 화평하게 다스려 구제할 수 있는 지혜를 가지시고도 지켜보실 뿐 행동으로 옮기지 않으시니 왜 그러시는지 저로서는 의아할 따름입니다. 나라를 잘 이끌어야 할 처지에서 너무도 절실하여 믿을만한 신하를 보내오니 혜량하여 주시길 '학처럼 기다리렵니다(鶴企先生).' 나라를 위해 굽어 살펴주시길 앙원하나이다."라는 취지의 서찰을 함께 보내 청했다. 왕의 간곡한 청에도 벼슬에 전혀 뜻이 없던 곽우는 흔들리지 않고 단호하게 거절한 뒤에 다시 산속으로 들어갔다고 전해진다. 왕이 곽우에게 보냈던 서찰의 말미 부분에 '학기선생(鶴企先生)'이라는 표현에서 학기(鶴企)는 학수고대와 같은 의미라는 게 통설(通說)이다. 이는 '목 빠지게 기다린다.'와 또한 상통한다.

일상에서 흔히 사용하기 마련인 학수고대가 뜻하는 기다림은 보통의 기다림과는 격이 다르다. '간절하고 애타는 기다림으로 그 강도가 크고 셀 뿐 아니라 오랜 기다림'을 이른다고 보는 관점이 합당하지 싶다.

우리 말 중에 학수고대를 대신할 표현을 생각한다. '학처럼 목을 길게 뺀 채의 기다림이나 원하는 바가 이루어지기를 간절히 비는 모습을 일컫는 말.'이라는 개념으로 이해할 때 대신할 표현들은 다음과 같은 것들을 들 수 있지 않을까.

우리는 하염없이 오랫동안 기다리고 기다리다가 속이 타고 마음이 바빠질 경우 '목 빠지게 기다린다.'라고 표현한다. 또한 엇비슷한 의미를 담아 '손꼽아 기다린다.', '눈 빠지게 기다린다.', '애(腸)타게 기다린다.', '가슴 졸이며 기다린다.' 따위가 언뜻 떠오른다. 말은 쉽지만 긴 시간 기다림은 결코 녹록지 않은 자기와의 싸움이다. 몹시 어려운 일에 도전하여 온갖 고난을 겪으며 성공이나 바람직한 결실을 기대하는 과정에선 상상 이상의 많은 인내와 희생이 따름을 피할 수 없기 때문에 더욱 그러하다.

한단지몽

한단지몽(邯鄲之夢) 얘기다. 이를 직역하면 '한단(邯鄲)*에서 꾼 꿈'이라는 의미로서 '인생이 덧없으며 삶이 부질없고 허무함을 비유적으로 이르는 말'이다. 중국 당(唐)나라 제3대 황제인 현종(玄宗) 시절(開元七年)에 도사(道士)인 여옹(呂翁)과 촌부였던 노생(盧生)의 만남에서 비롯된 성어이다.

원래 이 얘기는 당나라 심기제(沈旣濟)가 쓴《침중기(枕中記)》라는 전기소설(傳奇小說)*에 나오며 덧없는 인생을 비유한 말이다. 한편 동의어(同義語)로서 노생지몽(盧生之夢), 일취지몽(一炊之夢)*, 황량지몽(黃粱之夢)*, 한단지침(邯鄲之枕), 한단몽침(邯鄲夢枕), 한단몽(邯鄲夢), 황량몽(黃粱夢), 여옹침(呂翁枕), 황량일취몽(黃粱一炊夢), 일취지몽(一炊之夢) 따위가 쓰이고 있다.

이 말이 생겨난 과정의 대략적인 요약이다. 도사인 여옹이 한단의 어떤 객점(客店)*에 머물 때 무지렁이 같은 행색으로 허름한 차림의 젊은 촌부 하나가 찾아들어 옆 빈자리에 쭈그리고 앉으며 자기는 산동(山東) 출신으로 노생이라고 소개했다. 그가 자신의 신세 한탄을 늘어놓다가 피곤했던지 꾸벅꾸벅 졸았다. 이때 여옹이 베개를 그 앞으로 슬쩍 밀면서 베고 자라고 권했다. 그 베개는 여옹이 짐 꾸러미에 넣고 다니던 것으로 속이 텅 비었고 양쪽으로 구멍이 뚫린 청자(青瓷)이었다.

「노생은 스르르 잠이 들 무렵 베개 끝의 구멍이 점점 커지며 그 안으로 빠져들었다. 그렇게 발길이 닿았던 어느 대가(大家)에 정차했다. 그리고 연이 닿아 그 대의 딸과 혼인해서 행복하게 살면서 관운도 활짝 열렸던지 무난히 과거에 급제하여 벼슬길에 나가 승승장구하다가 간신 재상(宰相)의 시샘으로 무고(誣告)를 당해 좌천되기도 했다. 하지만 이를 극복하고 다시 조정에 복귀하여 재상으로 승직하여 황제를 잘 보필하는 명재상으로서 10년 동안 태평성대를 이룩하는데, 주도적인 역할을 하며 입지를 탄탄하게 다졌다.

오호통재(嗚呼痛哉)라! 마(魔)가 끼었던 걸까. 이번에는 모반을 주도했다는 누명을 뒤집어쓰고 역적으로 몰려 포박당하는 절체절명의 위기에 처했다. 그때 "고향에서 농사나 짓고 촌부인 무지렁이로 살았다면 이런 험한 꼴을 당하지 않았을 터인데 왜 벼슬길에 발을 들여놓았는지 한탄스럽다는 푸념을 했다. 가로늦게 돌아보니 지난날 할 일 없어 한단의 거리 여기저기를 기웃거리던 시절이 그립지만 이런 후회가 무슨 소용이 있으랴."라고 말이다.

치욕스럽게 역적으로 몰린 처지가 서러워 자진(自盡)을 꾀했으나 가족들의 만류로 뜻을 이루지 못했다. 그 후 우여곡절을 겪고 나서 지난날 무고(誣告)는 원죄(冤罪)로 밝혀져 복권되었다. 그리고 곧바로 '중서령(中書令)을 제수(除授)받고 연국공(燕國公)에 책봉'되는 등의 하해와 같은 황제의 은총을 받았다. 한편 그의 다섯 아들도 모두 뼈대 있는 권문(權門)의 처자들과 혼인하여 탄탄대로의 벼슬길을 걷고 있었다. 게다가 여남은*에 이르는 손주들의 재롱을 지켜보며 말년을 다복하게 누리다가 팔순에 죽음을 맞이했다」.

이러한 일련의 생(生)은 현실이 아니라 꿈이었던 것이다. 노생이 정신을 차리고 눈을 떠보니 허망하게도 꿈이었다. 옆에는 얘기를 주고받던 여옹이 여전하게 앉아 있었다. 또한 잠들기 전에 객점 여주인이 기장밥을 안치고 불을 때기 시작했었는데 아직도 그 누런 기장밥(黃粱)은 다 되지 않은 채 뜸을 들이고 있었다. 그런 사실을 감안 할 때 겨우 선잠을 한숨 살포시 자다가 깨어났던 일장춘몽이었다. 너무도 어이가 없어 어리둥절한 채 멍한 모습을 하고 있던 노생을 물끄러미 건네다 보던 여옹이 보일 듯 말 듯 미소를 머금은 채 촌철살인의 한마디를 화두(話頭)처럼 툭 던졌다.

"인생은 다 그런 것."이라고.

다소곳이 듣고 있던 노생이 일깨움을 알아챘던지 여옹에게 정중하게 예를 갖춰 절을 하고 말없이 어디론가 총총히 떠났다. 노생의 온갖 부귀영화를 누림을 비롯해서 죽음까지 겪었던 꿈속의 경험은 인생사 모두가 부질없고 허망함의 가르침이라는 사실을 말해 주려고 했던 여옹의 크고 높은 뜻을 제대로 터득하고 떠났던 걸까?

올 갑진년(甲辰年)을 맞아 여든의 문턱을 넘어섰다. 결코 짧지 않은 지난날을 자꾸 돌아보게 된다. 한 우물을 판다고 했지만 타고난 재주나 후천적인 노력이 부족했는지 아무것도 남은 게 없다. 젊은 시절 무엇인가를 이룰 수 있을 것 같아 나름 야심을 가지고 최선을 다했었다. 그럼에도 지금 손아귀에 쥔 게 아무것도 없는 빈손이 허허롭다. 그런데다가 어린 시절의 기억이 점점 더 가물가물해지니 세월이 갈수록 한단지몽의 함의(含意)를 자꾸 새기게 된다.

=====

* 한단(邯鄲) : 중국 전국시대(戰國時代) 강대국이었던 조(趙)나라 수도(首都)이다.
* 전기소설(傳奇小說) : 기이하고 신기한 일을 내용으로 하는 소설이다.
* 일취(一炊) : '밥 한 번 짓는 시간'을 말한다.
* 황량(黃粱) : '누런 기장'을 말한다.
* 객점(客店) : 지난날 길손이 음식이나 술을 사 먹거나 쉬던 집으로 여점(旅店)이라고도 한다. 오늘날 여관이나 호텔에 해당하지 않을까 싶다.
* 여남은 : 열이 조금 넘는 수

해로동혈

 등산로 입구 언저리에서 이따금 마주치는 노부부가 있다. 나와 엇비슷하거나 조금 연배일성싶은데 부부가 언제나 손을 마주 잡고 느릿느릿 임도(林道)를 오간다. 처음엔 부부 중 하나가 시력을 잃었기 때문에 손을 꼭 쥐고 걷는 것으로 착각했는데 그게 아니었다. 같은 출입구 길이라도 5백 미터(m)쯤 지나면서부터 그들은 임도, 나는 정상으로 향하는 길로 갈라지기 때문에 자주 만나지는 못했었다. 같은 길을 걷는 사람들에 따르면 그 노부부는 몇 년 동안 손을 놓고 따로 걷는 경우를 보지 못했다는 전언이다. 그처럼 금실이 좋은 노부부라면 백년해로를 거쳐 해로동혈(偕老同穴)을 꿈꾸지 않을까.
 해로동혈을 직역하면 '함께 늙어(偕老) 같은 곳에 묻히다(同穴).'라고 정의할 수 있으며 '부부가 평생을 함께하며 늙은 후에 죽어서도 같이 무덤에 묻힌다.'라는 의미가 된다. 이의 유래는 중국의 《시경(詩經)》이고 유의어로 백년해로(百年偕老), 금

슬상화(琴瑟相和)가 있다. 해로(偕老)라는 말은《시경》의 〈격고(擊鼓)〉라는 시에서, 동혈(同穴)은 〈대거(大車)*〉라는 시에서 나타났기 때문에 이들 둘을 합성해서 해로동혈(偕老同穴)이 생겨났다.

이 시들은 전장에 내몰린 젊은이가 내일을 기약할 수 없는 참담한 심정을 시로 읊은 내용이다. 시작은 있어도 끝은 알 수 없는 상황에서 장수가 지시하는 대로 이 나라 저 나라 구석구석을 떠돌며 죽지 않으면 죽여야 하는 병사의 메마른 심경을 곧이곧대로 읊은 노래이다. 절박해진 젊은이의 참담한 심정과 두고 온 아내에 대한 뼈에 사무치는 그리움이 오롯이 담겨있다. 이들 중에 먼저 격고에서 나타난 해로이다.

/ 당신의 손을 꼭 쥐고(執子之手 : 지자지수) / 당신과 같이 늙어가고 싶소(與子偕老 : 여자해로) /

한편 살벌한 전쟁터에서 두려움과 절망 속에 이런저런 생각을 비롯해 고향에 두고 온 아내와 본의 아니게 떨어져 지내는 처지이다. 매우 절절한 심정이었을까. 훗날 죽음을 맞이했을 때 같이 무덤에 묻히고 싶다는 진솔한 마음이 고스란히 드러난 구절(句節)이 역시《시경》속에 담겨있는 시인 〈대거(大車)〉에 이렇게 등장한다.

/ 이승에서 사는 곳이 다를지라도(穀則異室 : 곡즉이실) / 사후엔

같은 무덤에 묻히고 싶어라(死則同穴 : 사즉동혈) /

위의 두 시(詩)에서 나타난 해로와 동혈에서 해로동혈이 생겨났다. 예나 지금이나 전쟁의 참혹함과 비정한 흔적은 형언하기 어려울 정도가 뚜렷했나 보다. 그 때문에 전쟁이 멈추고 꽤 세월이 흘러도 비감(悲感)을 벗어날 수 없게 했지 싶다. 우리의 6·25전쟁이 멈추고 한참 세월이 지난 뒤에 38선 부근에 배치 받았던 젊은 소대장(韓明熙)이 묘사했던 처연한 풍경의 묘사 내용으로 널리 알려진 〈비목(碑木)〉이라는 노래 가사 일부이다.

/ 초연(硝煙)이 쓸고 간 깊은 계곡 / 깊은 계곡 양지 녘에 / 비바람 긴 세월로 이름 모를 / 이름 모를 비목이여 / 먼 고향 초동(樵童) 친구 두고 온 하늘 가 / 그리워 마디마디 이끼 되어 맺혔네 /

가끔 텔레비전에서 노인들이 출연하는 경우에 듣는 말 중의 하나이다. 사회자가 장난삼아 묻는 내용은 "다시 태어나도 지금의 할아버지(혹은 할머니)와 결혼하겠느냐?"고. 부부가 모두 "예(Yes)"라고 답하는 경우는 매우 드물다. 이런 생각이 진실이라면 훗날 죽음을 맞이했을 때 부부가 같은 묘에 묻히는 해로동혈을 원하는 경우는 거의 없지 않을까 싶다. 최소한 작고한 어느 가수(하수영)가 부른 '아내에게 바치는 노래' 정도를 진정으로 부르는 마음이 되어야 해로동혈을 꿈꾸지 않을까. 왜냐하면, 노래의 후렴구에 "나는 다시 태어나도 당신만을 사랑하리라."라는 내용은 끔찍이도 아내를 사랑하는 마음을 더덜이 없이 나타내고 있기 때문이다.

/ 젖은 손이 애처로워 살며시 잡아 본 순간 / 거칠어진 손마디가 너무나도 안타까웠소 / 시린 손끝에 뜨거운 정성 고이 접어 다져온 이 행복 / 여민 옷깃에 스미는 바람 땀방울로 씻어 온 나날들 / 나는 다시 태어나도 당신만을 사랑하리라 /

결국 해로동혈은 '부부이 검은 머리가 파 뿌리처럼 희양게 될 때까지 살다가 죽음을 맞이해 같은 무덤에 묻힌다.'라는 의미를 초월해 부부의 진정한 믿음과 끝없는 애정을 에둘러 나타내는 말로 정의함이 옳다. 앞에서 얘기했던 두 시에서 전쟁에 징발된 젊은 병사가 내일을 담보할 수 없는 참담한 상황에서 고향에 돌아갈 희망이 없는 서럽고 안타까운 현실을 묘사하고 있다. 거기에 더하여 아울러 고향에 두고 온 아내에게 멀리 떨어져 있어도 훗날까지 해로하다가 죽음을 맞이하면 같은 무덤에 묻히고 싶다는 절절한 애정을 피력하고 있다. 이에 비해 우리 부부는 어떤 생각을 하는지 아내의 의중부터 슬며시 떠봐야겠다.

=====

* 대거(大車) : 큰 수레

한국수필, 2024년 10월호(통권 356호), 2024년 10월 1일

허장성세

허장성세(虛張聲勢)에 대한 자료를 들추다가 불현듯 우리 민속놀이인 강강술래가 떠올랐다. 이 말을 직역하면 '빈 상태에서 지나친 허세로 흰소리를 한다.'라는 뜻이다. 따라서 '쓸데없이 목소리의 기세만 높인다.' 혹은 '능력도 따르지 않는 주제에 허세를 떨며 온통 떠벌리는 상황'을 묘사하는 말이다.

민속놀이 강강술래가 정유재란(丁酉再亂)의 명량해전(鳴梁海戰) 때 왜군의 침공을 저지하기 위해 이용되었다고 한다. 이 내용이 중국 진(晉)나라 장군 선진(先軫)이 위(魏)나라 오록성(五鹿城)을 침공할 때 사용했다는 「깃발(旗) 작전」과 흡사했기 때문이다.

강강술래 유래 중에는 정유재란의 명량해전 당시 이순신 장군이 해남의 우수영(右水營)에서 왜군과 대치할 때의 일화로 전해지는 내용이다. 우리 수군이 많아 보이게 해서 왜군이 쉽게 침공하지 못하도록 할 계책으로 부녀자들을 남장(男裝) 차림을 하고 떼를 지어 옥매산(玉埋山) 중턱을 돌고 또 돌게 했다고 한다. 이 모습을 본 왜군들은 군사들의 움직임으로 판단하고 도주했다는 얘기다. 전쟁이 끝난 뒤에 그 인근의 부녀자들이 모여 이를 기념하기 위하여 강강술래라는 노래를 부르며 축제를 벌였던 것이 오늘날의 강강술래 시원(始原)이라는 얘기다.

허장성세의 유래는 대충 두 갈래가 있다는 전언이다. 첫째로 《두산백과사전》이나 국내 대부분 자료나 사이트에서 얘기하는 진나라 장군 선진의 위나라 오록성 전투에 관련한 일화, 둘째로 중국의 《바이두백과사전(百度百科 : Baidu)》을 비롯해 국내 일부 사이트*에서 밝히고 있는 전한(前漢)의 한경제(漢景帝) 시절 상군태수(上郡太守)였던 이광(李廣)의 일화 등에서 비롯되었다고 한다. 한편 유의어로 호왈백만(號曰百萬), 수상개화(樹上開花), 자기과장(自己誇張) 따위가 있다.

먼저 춘전국시대(春戰國時代) 진나라 장군 선진이 위나라 오록성을 침공하는 과정에서 허장성세라는 말이 생겨났다는 설이다. 침공 과정에서 오록성 부근에 도착했을 때 선진은 병사들에게 산이나 들을 막론하고 지나가면서 여기저기 깃발(旗)을 많이 꽂으라고 명했다. 동행했던 동료 장군인 위주(魏犨)가 '적진을 파고 침공할 때는 소리 소문 없이 쥐도 새도 모르게 쳐들어가야 하는 법인데 왜 이렇게 하는지 알 수 없다고 불평을 했다.' 그러자 선진은 '보잘것없이 약한 위나라 사람들에게 위압감을 주기 위함이라고 말'했다. 진나라 군사들이 침공해 온다는 소문에 놀란 오록성 주민들이 성루에 올라가 바라보니 산지사방에 진나라 기치(旗幟)가 펄럭여 겁을 잔뜩 먹고 하나같이 피난 짐을 꾸려 성을 빠져나갔다. 그래서 진나라 군사들은 오록성에 무혈입성하고 함락시켰다는 전설이다. 이 침공에서 진군이 꽂았던 깃발에서 허장성세라는 말이 비롯되었다는 얘기이다.

또 다른 유래는 전한의 한경제 시절 상군태수였던 이광이 흉노족(匈奴族)과 싸움에서 비롯되었다는 설이다. 그의 군사들이 첫 대결에서 만났던 흉노족 병사는 불과 3명이었는데 아군 수십 명이 대적했으나 오히려 밀렸다. 그 소식을 들은 이광은 그들이 물수리(雎)* 사냥꾼으로 용맹하다는 말을 듣고 기병 백여 병사를 출동시켜 그들을 제압했다. 바로 그때였다. 흉노의 수천 기병(騎兵)이 나타났지만, 그들은 이광이 자신들을 유인하기 위해 미끼로 내보낸 것으로 오판하고 도망가서 사방이 잘 보이는 산 위에 진을 쳤다. 이 상황에서 이광의 병사들도 흉노족을 보고 두려움에 퇴각할 것을 건의했다. 하지만 전장(戰場)에서 산전수전을 다 겪었던 여우같은 맹장 이광은 되레 적진을 향해 공격 명령을 내리고 독려했다.

불과 백여 기병이 수천을 헤아리는 자신들을 향해 보무도 당당히 다가오는 당당한 위세에 기가 질린 흉노 병사들은 대적할 엄두도 못 내고 진지에 숨어서 오로지 방어 태세만 취했다. 흉노족 병사들과 일정한 거리에 이르자 이광은 병사들에게 말에서 내려 적과 대치하도록 명했다. 그럼에도 흉노 병사들은 대적할 용기가 없어 마주 보며 상황을 살피다가 날이 어두워지자 깜깜한 야음(夜陰)을 틈타 모두 줄행랑을 쳤다. 이렇게 하여 흉노족은 스스로 물러가고 이광은 피 한 방울 흘리지 않고 전쟁을 끝내는 기념비적인 전과를 거뒀다. 이 전쟁에서 적은 병사로 교묘한 심리전을 펼쳐 열 배도 넘는 적을 물리침으로써 허장성세라는 말이 생겨났다는 얘기다.

예로부터 '입(말)으로 농사를 지으면 온 나라가 먹고도 남으며, 외상이면 소도 잡아먹는다.'라는 말이 있다. 이 말은 입(말)으로 하면 무엇이든지 거칠게 없이 허세를 부릴 개연성이 높으며, 외상 역시 뒷감당할 대책 없이 온갖 허세를 떨 위험이 큼을 에둘러 경고하는 말로서 허장성세를 경계해야 함을 뜻하는 것이 아닐까.

공작새를 볼 때마다 허장성세라는 말이 떠오른다. 그 새는 암컷 앞에서 수컷임을 자랑할 경우나 주위에 위협적인 존재가 있다거나 다가오면 엄청난 날개를 활짝 펴고 느릿느릿 움직이며 위용을 한껏 과시한다. 그 행동이 암컷에게는 유효한 몸짓이 되지만 자신을 해치려는 적에게는 아무런 무기가 될 수 없다는 이유에서 전형적인 허장성세의 자기 과시이며 연민이 아닐까. 오늘날 우리 주위에도 그럴듯한 겉치레와 허울만 보이려는 행위가 적지 않게 난무한다. 그런 행동이나 정책으로는 세상을 얻지 못할 뿐 아니라 무의미함에도 여기저기서 횡행하는 작태가 엿보임은 어디에서 연유할까.

=====

* https://thewiki.kr/w/허장성세
* 물수리(鵙) : 수릿과의 새로서 몸의 길이는 51~58cm이다. 한편 등은 어두운 갈색이고, 머리와 배는 흰색이고 가슴에 갈색 얼룩점이 있다. 부리가 길고 갈고리 모양이며 발가락이 크고 날카롭다. 강이나 호수를 비롯해서 바다 등지에서 물고기를 잡아먹고 살며, 전 세계에 분포한다. 한편 이를 어응(魚鷹), 불파(沸波), 왕저(王鴡)라고도 부른다.

효시

원래 효시(嚆矢)는 우는 화살 또는 소리 나는 화살을 뜻했다. 이는 주로 전쟁 때 공격 신호였는데 최근에는 어떤 사물이나 현상이 시작되어 나온 맨 처음을 비유적으로 이르는 말로 쓰이고 있다. 결국 모든 일의 시초 즉 모든 일의 맨 처음을 뜻한다. 이는 《장자(莊子)》의 〈재유편(在宥篇)〉에 나오는 말로 전쟁을 시작할 때 우는 화살(嚆矢)을 먼저 쐈다는 데서 유래한다.

효시의 유래이다. 이 화살을 쏘면 날아가면서 소리를 내기 때문에 붙여진 이름이 효시이다. 유의어로 남상(濫觴)·향전(響箭)·명적(鳴鏑)·대초명적(大哨鳴鏑)·비조(鼻祖)·최초(最初)가 있다. 그런데 효시는 주로 공격을 시작한다는 신호용으로 쓰였으며 화살 촉 대신에 소리 나는 물건을 매달거나 촉의 가운데에 명적(鳴鏑)*을 달아 쏘면 명적에 뚫려있는 구멍이 공기의 저항을 받아 우는 소리가 났단다. 이 명적은 뿔로 만든 각제(角製)와 청동제(靑銅製)가 있다. 한편 누가 이 명적을 만들었을까.

《사기(史記)》의 〈흉노전(匈奴傳)〉에 의하면 "흉노의 묵돌선우(冒頓單于 : 기원전 209~174년)가 처음 만들었다."라고 기록되어 있다는 전언이다.

효시에 대한 기록이 나타나는 출전(出典)이다.《장자(莊子)》〈재유편(在宥篇)〉에서 효시(嚆矢)가 이렇게 기술되어 있다.

/ 증삼(曾參)과 사추(史鰌)가 걸왕(桀王)과 도척(盜跖)의 효시(嚆矢)가 되지 않았음을 어떻게 말할 수 있는가(焉知曾史之不爲桀跖 嚆矢也 : 언지증사지불위걸척효시야)?* /

다시 말하면 효시의 원래 의미는 전쟁을 시작한다는 신호로 쐈던 화살이었다. 결국 전쟁의 시작을 알리는 최초의 화살이었다는 의미를 그대로 살려 어떤 사물이나 현상이 시작된 맨 처음을 이르는 말로 전용되었지 싶다.

효시와 거의 같은 뜻으로 쓰이는 단어 중에 맹아(萌芽)가 있다. 이들 둘의 차이를 가름하기 어려운데 이에 대해 다음과 같은 견해에 따르면 무리가 없지 싶다. 먼저 효시는 '시작되는 맨 처음의 사물이나 현상의 범위가 비교적 분명하고 구체적인 경우'에 사용된다. 다음으로 맹아는 '그 범위가 광범위하고 추상적인 경우에 적용'한다고 보면 될 것 같다. 한편 우리가 여기서 살피는 효시(嚆矢)는 '원래 많은 사람을 깨우치게 한다.'라는 뜻이었지만 '죄인의 목을 베어 나무 위에 매달아 두는 행위'인 효시(梟示)와 전혀 다른 개념임을 바로 인식해야 한다. 이 효시는 지난

왕정시대 반역을 꾀했거나 도저히 용서할 수 없는 대역 죄인들을 참수하여 저잣거리의 장대 위에 목을 걸어놓고 일반 백성들에게 경고와 교훈을 주기 위한 형벌의 일종이었다.

보통 사람들은 한 시대를 살면서 진인사대천명(盡人事待天命)의 자세로 삶을 꾸려도 어떤 분야에서 가장 권위 있는 사람을 비유적으로 말하는 태산북두(泰山北斗)* 즉 태두(泰斗)에 이르는 것도 언감생심이다. 그런데 하물며 어떤 사물이나 현상이 시작되어 나온 맨 처음을 나타내는 효시가 된다는 것은 하늘의 뜻이지 개인의 욕심으로 이룰 수 있는 성취가 아니지 싶다.

=====

* 명적(鳴鏑) : 예전에 전쟁 때 쓰던 화살의 하나로서 화살촉 대신에 속이 빈 깍지를 달아 붙인 것으로 화살을 쏘면 공기 저항을 받아 소리가 난다.
* 증(曾)·사(史)·걸(桀)·척(跖)은 각각 다음 인물을 뜻한다.

(1) 증(曾) : 증삼(曾參)으로 공자의 제자이며 효심이 지극했던 것으로 알려짐.
(2) 사(史) : 사추(史鰌)로 중국 춘추시대 사람으로 강직했다고 알려짐.
(3) 걸(桀) : 걸왕(桀王)으로 중국 고대의 대표적인 폭군이었음.
(4) 척(跖) : 도척(盜跖)으로 춘추시대 대표적인 도둑이었음.

* 태산북두(泰山北斗) : 태산(泰山)과 북두칠성을 아울러 이르는 말.